清代的
國際貿易

白銀流入、貨幣危機和晚清工業化

李隆生 ◆ 著

推薦序一

　　本書是一部晚清經濟史。作者隆生兄透過對清代白銀數量的估計，探討貨幣與中英鴉片戰爭的關係，以及評價晚清工業化的發展。隆生兄對此二主題皆提出獨到的見解。

　　首先在貨幣與鴉片戰爭的關係方面，傳統觀點認為十九世紀前半期，鴉片走私進口中國，造成白銀大量外流引發貨幣危機，進而導致中英鴉片戰爭。而隆生兄引用統計數據，說明十九世紀前半期，實體白銀雖然減少，但民間銀票卻是增加，因此流通的白銀貨幣總數仍然增長，故隆生兄不認為當時曾發生貨幣危機，當然貨幣危機就不可能成為引起鴉片戰爭的原因。

　　其次在晚清工業化發展方面，傳統觀點認為當時西方主要強權皆已改成金本位制，而中國仍然實施過時的銀本位制，雖然有助於中國出口，但卻不利於機器設備的進口，以致於阻礙了晚清工業發展。隆生兄透過迴歸分析，發現白銀對黃金貶值，導致出口增加，但進口增加更快，只是進口的多是民生必需品、原物料和鴉片。至於為何機器設備少進口，隆生兄認為當時工業化始於通商口岸，而中國太大，改變比較緩慢，與銀本位的實施應無關係。

　　本書的特點是除了蒐集大量的國內外數據加以印證外，隆生兄尚運用經濟與統計分析方法，對某些數據加以推估，譬如運用總體經濟學的費雪方程式，估計清代民間銀票數量；運用統計學中的非線性迴歸模組，估計晚清的進出口金額。使得本書所引用的數據更具科學觀與說服力，是一部可讀性頗高的經濟史。

　　隆生兄學養深厚，他擁有經濟、物理與歷史學博士學位，因此在考證清代貨幣與經濟發展的關係時，他是從科技整合的角度，做全方位的檢討，才能提出別於傳統觀點的獨到見解，我對其治學嚴謹，非常敬佩。

　　經濟學家凱恩斯指出，振興經濟不能光靠貨幣政策，尚要靠財政政策與動物本性（animal spirits）。本書似乎在呼應凱恩斯的主張。讀完本書，本人感到隆生兄似乎認為清代貨幣政策不足以導致經濟衰退，政府稅收、外債的失控與整體投資的不足固然不利於經濟發展，但傲慢自大、政治腐敗等這些人類的劣根性在當時無法加以規範，才可能是導致鴉片戰爭與工業發展緩慢的主因。

　　這與2008年美國華爾街人士的貪婪，所引發的金融海嘯又有某種程度的雷同。本書給我最大的啟發是，政府發展經濟，不能只靠貨幣政策與財政政策，政府尚要有能力規範人民的動物本性，引導人民向善，恢復人民信心而非過度自信，經濟才能走向良性循環。

　　這是一本具啟發性、值得深恩的好書。

劉維琪

財團法人高等教育評鑑中心基金會董事長
前國立中山大學校長

推薦序二

　　李隆生教授有新書出版，很榮幸能閱初稿並為序。隆生兄是一位學養深厚的好學者，他最為人稱道之處，就是他有三個扎扎實實的博士學位。他先後曾在美國Michigan State University取得物理學博士，又在University of Connecticut取得經濟學博士，而後又在上海復旦大學取得歷史學博士。

　　這一本新著，就是隆生兄在歷史領域的研究心得，清代雖不久遠，但是當時中國經濟體的運作與情形，對大多數人來講是一個謎。在一個銀本位的清朝，貨幣存量與流量可能受國內經濟與對外貿易的影響，貨幣量的變動對民生與產業的發展又有何影響，進而塑造出當時的社會。

　　這是一個有趣的經濟歷史議題，需要大量之資料彙整與考證，在此數據上嘗試對當時的經濟、社會與歷史事件有所瞭解，本書就是此脈絡下的一項工程。

　　許多教授好友，無論是理、工、醫、農學科出生，到了中年後自然對歷史上的經濟、社會產生濃厚的興趣。隆生兄先我等而行，將此興趣導向具體研究。

俞明德

靜宜大學　校長
台灣・台中・沙鹿
www.pu.edu.tw

推薦序三

隆生是我敬佩的學者。

大家都知道，博士其實並不博，而是「專士」。因為拿了博士學位，充其量只是在專業領域裡面優游自在。跨領域，隔行如隔山之下，其他學科的範疇，就只能是望洋興嘆。但是隆生，一個人就有三個博士：物理、經濟、歷史，單一個博士，對一般人可能就要窮畢生之力。但是隆生集三個博士學位於一身，自然是不得了。而且這三個領域並不是那麼的相近，要三個領域都達到博士的水準，當然是不簡單。因為一旦有了某個博士學位，很自然的，思維就難以跳脫專業的束縛；甚至因為專業的學術術語，往往就受到制約了溝通的情境。常發生的是兩個不同領域的博士，常常一開始不知道對方在講什麼。經過一番溝通，原來才知道在講相同的事。因此不同領域的專業術語，往往是門外漢的夢魘，也是拿另外一個學位一個必須克服的阻礙。先要將自己騰空之後，才能將另一個專業裝入，當然之後還要努力，才能有成。這需要相當的毅力，也就讓我很佩服隆生。

隆生這本書，雖然充滿了數據，卻是非常有趣的一本歷史書。數據是表現專業學者做研究的嚴謹性，用數據來論證他想要說的話。做學問，往往可以為了一個數字，皓首窮經，花費很多的光陰。因此，對於隆生可以收集這麼多清代的貨幣、貿易、海關，……，資料，所用的功夫之深，就值得學術肯定。本書第二章書，就整理了清代的中、西貿易演變及貿易統計資料。第三章則蒐集中、外和世界的白銀數量，也估計了清代中國每年流入中

國的白銀及交易的貨幣數量。我也相信，有了這些資料，隆生未來還可以產出更多清代相關的經濟研究。請大家拭目以待。

其實光有數據，就好像一堆食材，沒有過人的廚藝，也不見得能煮出一桌的好菜。這一本書中最重要的學術創見就是在第四章。隆生利用前兩章的數據來探討當時的全球金融／貨幣／匯率制度、國際貿易和中國現代早期的經濟發展，並重新思考鴉片戰爭發生的必然性及其影響。隆生除了肯定鴉片戰爭產生的正面積極意義：中國開始追求工業化和制度改革，因此走上了現代經濟發展之路外，他也以專業的角度分析國際貿易對中國現代經濟的發展產生深遠和重大影響。

全書我覺得最有趣的論點是推翻了傳統以來認為鴉片戰爭發生的原因為大量的鴉片輸入和白銀流出的論點，而是以中國和全球互動的客觀性來看，鴉片戰爭是一個歷史的必然。因為中國的鎖國造成井底之蛙，以管窺天，不知天高地厚的「傲慢自大」。當西方在理性主義、啟蒙運動的薰陶中，經歷工業革命的發展，最後船堅砲利的要求中國開放市場貿易。中國的拒絕，戰爭自然是解決紛爭的唯一途徑。

隆生描述了鴉片戰爭後，中國知識份子及有志之士開始面對全新的局面和否定過去的榮耀，心理上難以接受，也因此需要花很長的時間來進行調整的現象。藉此來說明十九世紀的中國不是愚昧無知，而是悲哀。甚至這種調整的痛苦的，即使一百多年過去，到今天仍餘波盪漾。一語道盡身為炎黃子孫的痛楚與無奈。最後，隆生對照現代人對高爾（Al Gore）《不願面對的真相》無動於衷的批判，可真是神來之筆，也讓大家對鴉片戰爭出了一口怨氣。

　　說了這麼多，你還是應該自己讀一下隆生的這一本書，才是最佳的選擇。

林建甫

台大經濟系教授、台大人文社會高等研究院副院長
台灣競爭力論壇總召集人

自序

本書最初源自於2002年在復旦大學歷史學系博士班求學期間和指導教授的一席談話，樊樹志恩師問我日後是否會繼續從事經濟史的研究，我答道：會接續做清代的海外貿易研究。為了信守承諾，於是從本校的九十三和九十四學年度的研究計畫「海外貿易對清朝貨幣政策和經濟發展的研究」開始做起、總預算新台幣十萬元正，然後斷斷續續獨力研究做了好多年，至今方大致成形。

研究和投稿期間，要感謝很多人的幫助——匿名審稿人所提供的寶貴意見，讓我受益良多，也減少了本書很多的錯誤。然而敝人才疏學淺，書中必然還有很多謬誤之處，亟待先進的指正。此外，非常感謝劉維琪教授、俞明德教授和林建甫教授為拙著寫序，愛徒廖珮君以一般讀者的身份詳閱了書稿，研究夥伴王葳教授給於的幫助和支持，以及秀威出版社和編輯藍志成先生所付出的心力。最後，本書要獻給摯愛的親親老婆和始終相挺的家人。

李隆生

台北市溝子口家中
2009.11.07

摘要

本書使用的貿易和經濟數據，日本部份，主要依據Ôtake Fumio和Yamawaki Teijirô的研究，以及永積洋子《唐船輸出入品數量一覽1637~1833年》。拉丁美洲經菲律賓和中國的貿易，使用 P. Chaunu 所著*Les Philippines et le Pacifique des Iberiques*。十七世紀末、十八世紀和十九世紀初的中、西廣州貿易，主要使用H. B. Morse整理的英國東印度公司檔案，散見在*The Chronicles of the East India Company Trading to China 1635-1834*和其他書裡。十九世紀和二十世紀初年，主要參考了余捷瓊《1700-1937年中國銀貨輸出入的一個估計》，蕭亮林在*China's Foreign Trade Statistics 1864-1949*整理的中國海關數字，以及嚴中平所著《中國近代經濟史統計資料選輯》。另外，還大量參考了全漢昇、王業鍵、林滿紅、鄭友揆等人的著作。順帶一提，本書是作者2005年出版《晚明海外貿易數量研究——兼論江南絲綢產業與白銀流入的影響》的後續研究，自然而然沿用了該書的許多觀點，亦即嘗試以中國和全球互動的客觀性，來作為研究的視角和觀點。

作者估計或找出了1645-1911年，每年淨輸入中國的白銀數量，結果發現清代流入中國的海外白銀約5億兩。雖然嘗試整合各時期、各家的數據，以求得正確和一致的結果，非常困難，但既然未有這樣的研究，便值得拋磚引玉一試。最後，作者將估計得到的白銀數字和前人研究的數字進行比較，發現本研究的估計數字應該落在合理範圍之內。

　　過去檢視中國十九世紀前半葉的白銀危機時，都是從白銀供給減少和銀貴錢賤的觀點，認定中國發生了貨幣危機，並認為鴉片戰爭和太平天國之亂皆和白銀危機有很高的關聯。但在十九世紀前期，中國民間私票（作者使用費雪方程式估計了當時民間銀票的流通數量）和私鑄銀元，應已廣泛流通，加上檢視升斗小民的實質所得，所以作者認為單從實體白銀存量／流量和銀貴錢賤的觀點，似乎不足以推論中國在十九世紀發生了白銀危機。職是之故，或許諸如人地壓力、政治敗壞、鴉片進口（貿易問題）、中英的不平等關係等更傳統的看法，才是引起太平天國之亂／鴉片戰爭的主要因素。

　　作者嘗試從國際貿易和全球金融（貨幣、匯率）體系的角度，以及透過文獻探討和經濟學的原理，來理解和評價晚清中國現代工業的發展。發現在各項內部因素皆不利晚清工業化的發展下，主要受到對外連結、特別是國際貿易的驅動（但和當時中國實施的銀本位制應並無關聯），晚清中國的工業化開始了萌芽和極為顛簸之路。

　　晚清中國的景況和現在人類的處境卻有很大的類似，發人深省：資本主義（一昧追求經濟成長和注重消費）和科技至上／人定勝天這種過去極為成功的發展模式，可能並不足以讓我們面對未來的挑戰，例如對地球生存環境造成過度不可逆的破壞，但人類至今仍難以面對這些「令人不悅的真相」。就像第一、第二次鴉片戰爭失敗後，中國仍難以忘懷過往的輝煌和正視殘酷的事實，因此極不情願做出改變，更不能對症下藥，以正確回應攸關生存的挑戰。

目　次

圖目次

表目次

第一章　序論

第一節　時代背景

　　十五世紀末、十六世紀早期，新航路的發現，開始了全球化「現代世界體系」的最初階段，[1]也拉開了國際貿易和海權時代的序幕。[2]中、西海上貿易日益發展，和美洲白銀的大量產出、中國對白銀近乎無止盡的需求有很大關連。

　　經常性的中、西貿易最早發生在中國漢代，透過極為複雜的貿易網絡，亞洲的奢侈品（如中國的絲、印度尼西亞的香料、印度的紡織品）輾轉輸往歐洲。海上貿易逐步發展，漸漸發展出連結廣州和紅海口亞丁（Aden）之間的直接航路，這條航線最早由

---

[1]　「1514-1662 年間，中國的政府和人民捲入和受到『現代世界體系』發展最初階段的影響。這些牽涉和影響是經由連接全球各大洲（南極和澳洲除外）的海上航線所導致，經由這些航線，商品、作物、疾病、概念進行了交換。」參見 Wills, J. E. Jr.（1998），Relations with maritime Europeans 1514-1662, in D. Twitchett and F. W. Mote ed. The Cambridge History of China （Vol. 8）──The Ming Dynasty 1368-1644 （Part 2），333-375, Cambridge: Cambridge University Press.

[2]　「十七世紀初，所有想成為帝國的新興勢力都已明白，帝國的未來不在於去無謂征服新的阿茲特克帝國、印加帝國……帝國的未來在於貿易。一七〇四年，蘇格蘭人弗萊徹把貿易稱為新的『黃金球』，他說『世界上所有國家都會爭奪這顆球』。而保護這顆新黃金球的唯一方式，就是先成為海洋的主人。連唯一自稱為『征服者』的英國人羅利爵士都看到了這一點。他說：『誰掌控海洋就掌控了貿易。掌控了世界的貿易，就等於掌控了世界的財富，最後也就掌控了全世界。』」參見 Pagden, A.（2004），《西方帝國簡史》，台北：左岸文化，頁 108。

波斯人經營，後來是阿拉伯人，到了十二世紀，中國商人開始航抵印度西海岸。

直到元朝，中國政府對海外貿易基本上持著開放和鼓勵的態度。1405-1433年的鄭和遠航是中國海權實力達於頂點的標示，最遠抵達非洲東岸。但自此而後的明、清兩朝，政府改弦易轍採取閉守的海洋政策，對中國的海外貿易進行了過度管制。

葡萄牙人在1510年代起到中國進行貿易，西班牙、荷蘭和英國等國接踵而來。直到十八世紀末、工業革命發生以前，歐洲人在亞洲的貿易，並未取得支配性的地位，亞洲的航海者和商人仍能佔一席之地；另外，貴金屬換商品為此一時期歐亞貿易的重要特徵。[3]近代西方各國首次來華貿易時間表，請參見表1-1。

表 1-1：近代西方各國首次來華貿易時間

國名	最初來華時間	來華人名或船名	初到地點	備註
葡萄牙	1516年 明正德十一年	商人： Rafael Perestrello	廣州	次年又有葡船 8 艘來廣東，是為近代中、歐海上貿易之始。
俄國	1567年 明隆慶元年	使節： Petroff 和 Yallsheff	北京	要求互市，未帶貢物，不獲觀見而返。
西班牙	1575年 明萬曆三年	教士： Martinus de Rada 和 Urdaneta	廣州	雖受熱烈招待，但通商事無結果，遂回菲律賓馬尼拉。
荷蘭	1604年 明萬曆三十二年	Wijbrand van Warwijk 率一船	廈門	自荷屬東印度群島直航上述地點。
英國	1637年 明崇禎十年	John Weddell 率五艘船的艦隊	澳門	但為葡人所拒，後英船抵虎門，與清軍衝突激戰數小時後，清廷允英人通商。
法國	1660年 清順治十八年	商船一艘	廣州	經營與印度及中國之貿易，是為中法海上貿易之始。

---

[3]　李隆生（2005），《晚明海外貿易數量研究》，台北：秀威，頁 1-4。

瑞典	1732 年 清雍正十年	商船一艘	廣州	H. B. Morse 謂瑞典人早已在 1627 年已來華，不過當時是乘他國船隻抵華。1732 年乃王之春的記載。
普魯士	1752 年 清乾隆十七年	船隻： Koenig von Preussen 號	廣州	自耶姆登港直航廣州，是為中、德海上直接貿易之始。
美國	1784 年 清乾隆四十九年	船隻： Empress of China 號	廣州	載有大批人參等貨自美直航廣東，並購買茶和絲，是為中、美直接海上貿易之始。

資料來源：王之春，《國朝通商始末記》，清光緒乙未冬月刊本，寶善書局石印，卷一到卷四；侯厚培，〈五口通商以前我國國際貿易之概況〉，《中國經濟發展史論文選集》（下），1458-1460；武堉幹，《中國國際貿易史》，頁48-59；方豪，《中西交通史》（下），頁 971；劉選民，〈中俄早期貿易考〉，《中國近代史論叢》，第一輯第三冊，頁 14。摘錄自余文堂（1995），《中德早期貿易關係》，台北：稻禾，頁 39-40。

　　在工業革命後，西方開始進入一個根基於科技進步的現代經濟成長時期。[4]工業革命最早出現在英國，1760年代發明的紡織機為產業革命拉開序幕。其後陸續出現重大發明：1780年代的蒸汽機、1830年代的發電機、1860年代的內燃機、十九世紀末日漸成熟的液壓傳動技術，讓整個工業面貌和人類物質世界產生重大變化。[5]瓦特改良和發明的蒸汽機，無疑是工業革命最重要的發明。到了1830年代，蒸汽機廣泛應用在紡織、冶金、採煤、交通等部門，很快引起了一系列的技術革命。美國人富爾頓發明用瓦特蒸汽機作動力的輪船；英國人斯蒂芬森發明用瓦特蒸汽機作動力的火車，促進了產業革命的進一步發展，推動世界工業在十九世紀

---

[4]　Feuerwerker, A.（1992），Presidential address, The Journal of Asian Studies, 51: 4, 757-769.

[5]　陳准（1993），《工業化》，北京：中國人民大學，頁 2-3。

進入了「蒸汽時代」。[6]交通運輸的便捷,讓經濟全球化得到進一步的發展。

中國在十五世紀末,仍是全球唯一的經濟強權,[7]但在1450-1700年間,世界權力和經濟力量開始了一個巨大變化,從中國向西歐移轉。[8]但直到十八世紀末、十九世紀初,上升中的西方強權、特別是英國,它的整體國力才超越中國。[9]1815年滑鐵盧戰役,英國和其聯軍擊敗法國後,在往後一個世紀,主要因著它的海軍實力,英國成了全球最強的國家;當然最早進入工業化也是重要因素。1815年時,英國海軍總噸數為60.93萬噸,約略等於全球其他所有國家海軍噸數的總和。[10]

---

[6] 孫鐵(2006),《影響世界歷史的重大事件》,台北:大地,頁276-279。

[7] 「事實上,在 15 世紀晚期,中國仍然是全球唯一的經濟強權。人口或許超過 1 億、驚人的農業生產力、龐大和複雜的國內市場網絡,以及毫無疑問在各方面都領先世界的手工業。」參見 Atwell, W. S.(1998),Ming China and the emerging word economy c. 1470-1650, in D. Twitchett and F. W. Mote ed. The Cambridge History of China(Vol. 8)──The Ming Dynasty 1368-1644(Part 2),376-416, Cambridge: Cambridge University Press.

[8] Boxer, C. R.(1990),The Dutch Seaborne Empire 1600-1800, Harmondswoth: Penguin, p. xix.

[9] 「但是事實上,只有極少的證據顯示西歐在 1800 年以前存在資本存量數量上的領先,或是一組可持久的情況(人口或其它的)給歐洲在資本累積上顯著的優勢。歐洲不太可能有明顯較優秀的人力資源和生產力,也不是靠長期緩慢累積優勢而勝過亞洲較先進的地區」。參見 Pomeranz, K.(2000),The Great Divergence, Princeton: Princeton University Press, pp. 31-32. 以及「中國經濟只是在 19 世紀初才急劇失序……這種衰敗過程在鴉片戰爭和中國『崩潰』時達到頂峰」。參見弗蘭克(2001),《白銀資本》,北京:中央編譯,頁 368。但從人均 GDP 的角度來看,西方超越中國就更早一些,據估計 1820 年時,平均每人所得最高的兩個國家,英國和荷蘭分別是中國的 3.5 倍和 3 倍。參見吳聰敏(2004),〈從平均每人所得的變動看臺灣長期經濟的發展〉,《經濟論文叢刊》,32:3,293-319。

[10] 唐晉(2006),《大國崛起》,北京:人民,頁 164。

從1815年到19世紀中葉，英國的商船與戰艦出現在全球各個角落，他們獲取領地、開設口岸、掠奪原料、傾銷產品⋯⋯19世紀40、50年代兩場鴉片戰爭打開了中國的市場，1858年英國與法國、荷蘭一起強迫日本簽訂了一系列不平等條約，1836年和1857年英國與伊朗簽約，1838年和1861年英國與土耳其簽約，這些條約內容雖不盡相同，但共有一個核心內容，即英國要求得到貿易、投資等方面的特權。為確保帝國安全及貿易的暢通，英國這一時期還佔領了一些軍事要塞與貿易據點，如1819年佔領新加坡，1839年佔領亞丁港，1841年佔領香港，這樣從好望角到印度洋，再到太平洋，英國建立了一條極為通暢的海外貿易通道。如果說歷史上龐大輝煌的羅馬帝國也只不過是一個以地中海為中心的區域帝國，那麼，英國人建立的「日不落帝國」卻是一個真正的世界帝國，英國殖民地遍及全球，其開拓的疆域之大，統治的人口之多，絕非人類歷史上任何一個帝國所能比擬。龐大的「日不落帝國」是英國成為世界最強國的一個標誌，帝國本身與英國的海上霸權與工業霸權一起，共同將英國推上了世界霸主的寶座。英國的霸權地位一直延續到20世紀，小小島國能在世界稱霸一個世紀之久，這是它一系列的制度領先所造成的結果。[11]

另一方面，中國不僅停滯不前，且整體國力和中央政府的控制力在十八世紀末的乾隆晚期開始日益衰微。「在道光朝中央政府的力量變得更為衰弱，國庫存銀逐漸枯竭，在十八世紀初期還有六千萬兩銀子，到了1850年只剩下八百萬兩。軍隊也慢慢腐化。皇帝不

---

[11] 唐晉（2006），《大國崛起》，北京：人民，頁165-166。

再像十七、十八世紀時擁有至高無上的權威。力圖改革的一些地方官，已經隱約地體認到帝國衰微的事實，而這種理解在1840和50年代，得到了明顯的印證⋯⋯朝代衰微的歷史感和感覺到1775-1780年為清朝歷史由盛轉衰的轉捩點，這兩者都普遍地出現在十九世紀早期官吏和學者評論政治、社會的文章之中。」[12]

柯文（P. A. Cohen）認為「中國最近幾百年歷史有一條自身的『劇情主線』（story line）[13]，即使在1800或1840年，都沒有完全中斷，也沒有被西方搶占和替代。」[14]1839-1842年發生的中、英鴉片戰爭開始打破中國的孤立狀態，全球因素開始融入中國的

---

[12] Twitchett, D. and J. K. Fairbank（1987），《劍橋中國史——晚清篇（上）1800-1911》，台北：南天，頁172-173 & 189。

[13] 劇情主線指的是農業文明的框架、帝國制度的超穩定結構和一再重複的治亂循環。「小農經濟的分散自給特性決定了農民階級以兩種型態交替存在：和平生產時期的一盤散沙狀態與造反時期的集團狀態⋯⋯王朝建立初期，農民造反集團的餘威尚存，儒家正式秩序實現的程度偏高。承平日久，潛規則在軟弱可欺的零散小農的土壤上成長發育⋯⋯人口增加之時，農業依賴的土地資源便日漸緊張，帝國各階層對土地資源的爭奪也日趨激烈。資源競爭導致了嚴重的兩極分化，一方面破壞了帝國賴以生存的小農經濟制度，另一方面，又把大量人口逼入了在生存競爭中佔據優勢地位的官吏集團，加劇了帝國官吏集團膨脹和腐敗的原有趨勢，更大幅度地偏離儒家對基本秩序的規定。最後導致秩序崩潰，天下大亂，人口銳減⋯⋯而在爭奪天下的混戰中，最後獲得競爭優勢的體系，又勢必屬於駕輕就熟、無須冒險試驗的帝國制度⋯⋯帝國制度輪回十餘次而基本結構不改，根本的原因，是不能形成衝出農業文明的力量⋯⋯中國的資本並不缺乏控制政府制定法令的願望，但是在大一統的帝國制度下，儘管有蘇州和景德鎮那樣的工商業高度發達的城市，資本的利益仍是帝國統治下的一個局部的集團利益，其興衰不過是帝國財政中一筆不難替代的數字⋯⋯在和平環境中，他們要求的發展和擴張條件很難得到帝國官員的支持配合；在帝國的危機時期，民間工商業通常是一次又一次勸捐勸賑甚至無償剝奪的對象。」參見吳思（2002），《潛規則》，台北：究竟，頁262-265。

[14] 李慶新（2004），《明代海洋貿易制度研究》，天津：南開大學歷史學研究所博士論文，頁308。

發展，並越來越重要。[15]接下來中國進入一百多年的衰落階段，這一段百多年的歷史，傳統上許多人將之視為帝國主義擴張對中國的侵略，以致讓中國淪入次殖民地的地位。[16]但少部份人將之視為中國接受文明洗禮的過程，讓中國得以擺脫舊有的循環性發展模式。全球因素透過國際科技、貿易和政治的影響，重新塑造了現代中國。[17]例如《西方帝國簡史》裡提到：

[15] 「太平天國之變（1850-1864）是世界上最具災難性的內戰……在隨之而來的恢復時期中，使人口稠密地區的生活得到了新的緩和……歷史學家被吸引，是因為太平叛亂是中國歷史長河的分水線……它不過是中國常見的農民叛亂的新形式，還是那種在日後年代中形成或改變中國新力量的表現？……這樣，兩個進程——內部的及世界的——匯合，變得更混亂了……中國在時間、空間上都與這個人類革命的進程相隔絕。這種孤立狀態延續的時間越長，當這個最後的巨大的獨立歷史的文化藩籬被打碎時，它所感到的震動就越劇烈，這一突然打擊的戲劇是盡人皆知的……即鴉片戰爭（1839-1942）及中國的大門被打開。」參見 Wakeman, F（2004），《大門口的陌生人》，台北：時英，頁 ix-xii。

[16] 唐德剛（1999），《晚清七十年》，長沙：岳麓書社，頁 9-12。另外，關於晚清時期，列強對中國的軍事侵略：「據不完全的統計，自 1840 年鴉片戰爭開始的百餘年間，英、法、日、俄、美、德等帝國主義列強，從海上入侵中國達 84 次，入侵艦艇達 1860 艘，入侵兵力達 47 萬人」。參見許華（1998），〈海權與近代中國的歷史命運〉，《福建論壇（文史哲版）》，5，25-28。

[17] 參見 Twitchett, D. and J. K. Fairbank（1987），《劍橋中國史——晚清篇（下）1800-1911》，台北：南天，頁 xxiv。以及「後來的歷史說明，西方的大潮衝擊了中國的舊有模式……但在客觀上為中國提供了擺脫循環的新途徑。從短期上解，負面作用大於正面效應，而從長期來看，負面作用在不斷退隱，正面效應在逐漸生長。」參見茅海建（1995），《天朝的崩潰》，北京：三聯，頁 483-484。又如對宋徽宗的評價，古、今就大不相同，現代的人更在意的是他的藝術成就，而不是他是一個怎樣的皇帝——一個搞到家破國亡的爛皇帝。「他的字那麼瘦，人還挺豐滿的，但是那種瘦法，卻囂張的要命……那是一種有姿態的，而且是高姿態的、任性的瘦……當時可能有一百萬人恨著這個敗家子；而之後陸陸續續的，可能有一百億人感謝他，人數還在增加中。歷史，最迷人的地方，不就在這裡？你還看得到皇上寫字，在台北故宮。」參見中國時報 E7 版，〈皇上寫字〉，2007/09/02。

　　歐洲人順利地以他們的方式建立霸權，直到十九世紀中期，他們的競爭者只剩下中國和鄂圖曼帝國……中國被視為一個有價值的龐大貿易夥伴，然而當馬戞爾尼代表東印度公司與喬治三世在一七九三年造訪中國時，它在貪婪的英國眼中已顯得非常脆弱……在他眼中，一個多疑、內向、保守的文明，將無法長期抵擋自由貿易的力量——最後也絕對無法抵擋西方科技的力量。中國很明顯是個古老、停滯的社會。德國哲學家赫德說，它像「身處於世界邊緣的老舊遺跡」。要有人推它，它才會往前走。創新、不拘形式、懷抱個人主義的歐洲人，當然就是負責推它的人……強大的中華帝國滅亡〔衰弱〕後，整個世界落入了歐洲列強、俄羅斯、美國三方的手中。一八〇〇年，這些勢力大致佔有或控制了地球表面的百分之三十五；一八七八年，擴張到百分之六十七；到了一九一四年，已經超過百分之八十四。[18]

　　近代歐洲的興起，不僅對中國產生巨大挑戰，也改變了整個世界。簡言之，不論以何種角度（侵略VS.文明洗禮）看待這段歷史，不可否認十九世紀中期，中國和西方的互動，讓中國走上一條和傳統大相逕庭的道路——中國的經濟現代化開始於第二次鴉片戰爭、英法聯軍之役以後的1861年，之後的進展緩慢而曲折。蔣廷黻說道：「我們近六十年來的新政都是自上而下，並非自下而上，一切新的事業都是由少數先知先覺者提倡，費盡苦心，慢慢奮鬥出來的。在甲午以前，這少數先覺者都是在朝的人。甲午以後，革新的領袖權纔慢慢的轉到在野的人手裏，可是這些在野

---

[18] Pagden, A.（2004），《西方帝國簡史》，台北：左岸文化，頁172-174。

的領袖都是知識份子，不是民眾。嚴格說來，民眾的迷信，是我民族近代接受西洋文化大阻礙之一。」[19]

1400-1911年的世界歷史大事紀，敬請參見附錄。

第二節　研究目的、研究視角和章節安排

如前所述，國際貿易是近代西方帝國財富的泉源。[20]另外，國際貿易的興盛，也常帶動國內經濟的發展，尤其是各國的工業化和國際貿易有著很大的關連。[21]鄭友揆認為中國在鴉片戰爭以後一個世紀的國際貿易，促使「中國的資本主義成份從〔帝國主義侵略的〕夾縫裡發展起來」。[22]另以日本為例，國際貿易是日本現代經濟發展初期一項非常重要的因素。明治初期、中期大量輸出的銅、煤炭、生絲等的初期產品或準初期產品，對日本的經濟成長貢獻不少。例如1888-1900年，日本商品國際貿易依存度介於14%到18%之間，輸出增加使國內有效需求增加了10%。更重要的是，透過對外交流／對外貿易，不斷引進先進國家的技術，生

---

[19] 蔣廷黻（1982），《中國近代史研究》，台北：里仁，頁271-276。

[20] 參見註2。

[21] 「18世紀以後人類社會全面大發展的歷史和國際經驗表明，發展的中心內容是工業化。雖然各國工業化進程的模式、道路不盡相同，但是，工業化卻是任何國家經濟成長過程中都必然經歷的一個歷史階段，也是任何國家由傳統經濟到現代經濟的一個必然選擇。如果進一步分析世界各國工業化的實踐，可以看到，外貿在工業化進程中有著重要的作用，各國都無一例外地把對外貿易的發展同實現工業化緊密地聯繫起來……因此，工業化和對外貿易問題的不可分割性是歷史和現實決定的。」參見周澤喜、胡金根（1992），《中國工業化進程中的對外貿易》，北京：中國物價，頁1。

[22] 鄭友揆（1984），《中國的對外貿易和工業發展（1840-1948年）》，上海：上海社科院，頁x-xi。

產力因之大幅提高，加速了日本的經濟發展。[23]另一方面，巨大的貿易利益和貿易體制的分歧，是中、英鴉片戰爭爆發的重要原因。所以本書第二章，扼要整理了清代的中、西貿易，主要焦點放在貿易資料的統計上。[24]

十六世紀中期以後，白銀已成為中國大額交易的媒介。白銀作為貨幣—經濟運作的潤滑劑，對明、清中國的經濟有著很大影響。第一、除明前期和清末以外的明、清時期，白銀的主要來源為國際貿易產生的順差；[25]第二、白銀作為秤重貨幣在交易使用上相當的不方便；[26]第三、政府喪失對貨幣數量的控制，因白銀

---

[23] 行政院經濟建設委員會經濟研究處（1988），《日本對外貿易》，台北：行政院經濟建設委員會，頁 12 & 20-21。近代中國和日本的對比是相當有趣的，對解釋中國的現代化進程，可以提供不少洞見。

[24] 中國和東南亞間的貿易往來也很密切，但一是受限於史料，二是本書的一個焦點是流入中國的白銀，所以作者不談論中國和東亞國家（日本除外）的貿易狀況。清代中國和東南亞國家的貿易基本上是以物易物的格局，例如 Mohammad Raduan bin Mohd Ariff 說道：「1750-1850 年間，（以和樂 Jolo 為中心的蘇祿地區）銷往中國的主要項目就是珍珠、玳瑁、海參、珠母貝、魚翅、燕窩、蠟、樟腦、肉桂、胡椒、藤以及黑檀。這些東西體積、重量並不大，可是價值高，而且商人的獲利空間很大。中國帆船出口到此一地區的則有中國製造的物品，諸如瓷器、磚瓦、絲綢衣物、黑白棉布、薄細棉布、印花棉布、銅器、熟鐵、武器彈藥、米、糖、植物油及豬油。」參見 "The Sulu Sea （1750-1990）: The regionalism of national histories", paper presented in 13th IAHA （Tokyo, 1994）. 轉引自陳國棟（2005），《東亞海域一千年》，台北：遠流，頁 29-30。

[25] 清末 20 餘年的貿易巨額赤字，主要靠外資在中國的投資，以及清政府的對外借款所抵消，小部份則為海外華人的匯款和黃金流出。參見 Twitchett, D. and J. K. Fairbank （1987），《劍橋中國史——晚清篇（下）1800-1911》，台北：南天，頁 53。

[26] 「明朝政府從未有過鑄銀幣的打算……純銀塊的流通非常不便，因為各地用的『兩』，單位大小不同，主要商品——如鹽或棉布——各用各的銀兩，買賣外地的貨物又要用別種銀兩。流通中的每錠銀子還要秤，要驗純度。這些條件造成銀兩單位雜亂，兌換方式繁多。」參見費正清（1994），《費正清論中國》，台北：正中，頁 139-140。

供給的增長會受到國際貿易狀況好壞的影響，而全球白銀的產量變化，也會對中國的國際貿易產生了影響，1561-1910年全球的白銀產量，請參見表1-2和圖1-1（美洲當時是全球白銀最重要的產地）；第四、持續大量的白銀流入，可能是明、清中國滯留在白銀經濟框架下的主因。[27]

清代流入中國的白銀，美洲白銀（西班牙銀元和之後的墨西哥銀元）佔了絕大部分。約到了1800年，美洲銀元已廣泛流通於中國南部、特別是江南。在十九世紀，西班牙／墨西哥比索和中國民間仿鑄銀元成了中國南方主要的交易媒介，元（yuan）也成了普遍接受的貨幣單位。[28]

表 1-2：1561-1910 年全球白銀產量

年份	銀產量（百萬盎斯）		金產量（萬盎斯）	
	年均	累計	年均	累計
1561-1580	9.6	192	22	440
1581-1600	13.5	462	23.7	694
1601-1620	13.6	734	27.4	1242
1621-1640	12.7	988	26.7	1776
1641-1660	11.8	1224	28.2	2340
1661-1680	10.8	1440	29.8	2936
1681-1700	11	1660	34.6	3628
1701-1720	11.4	1888	41.2	4452
1721-1740	13.9	2166	61.3	5678
1741-1760	17.1	2508	79.1	7260
1761-1780	21	2928	66.5	8590

---

[27] 李隆生（2004），〈海外白銀對明後期中國經濟影響的研究〉，《香港社會科學學報》，28，141-156。

[28] von Glahn, R. （2007），Foreign silver coins in the market culture of nineteenth century China, The International Journal of Asian Studies, 4, 51-78. 附帶一提，西班牙美洲殖民地鑄造的銀幣，始自 1536 年，並慢慢成為全球貿易使用的清帳工具。1732 年改採機器製造，1773 年開始鑄上國王肖像。1773-1821 年間，共有「卡洛斯三世」、「卡洛斯四世」和「斐迪南七世」三種銀幣。

1781-1800	28.3	3494	57.2	9734
1801-1810	28.7	3781	57.2	10306
1811-1820	17.4	3955	36.8	10674
1821-1830	14.8	4103	45.7	11131
1831-1840	19.2	4295	65.2	11783
1841-1850	25	4545	176.1	13544
1851-1860	28.5	4830	631.3	19857
1861-1870	39	5220	610.8	25965
1871-1880	66.8	5888	547.2	31437
1881-1890	97.2	6860	520.0	36637
1891-1900	161.4	8474	1016.5	46802
1901-1910	182.6	10300	1827.9	65081

資料來源：Vilar P. (1991), A History of Gold and Money 1450 to 1920, London: Verso, pp. 351-352. 1 盎斯 = 0.756 兩。附帶一提，估計在 1900 年，全球白銀存量為 120 億盎斯。[29]

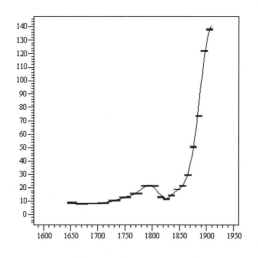

圖 1-1：1645-1910 年全球年均白銀產量（百萬兩）；
平滑曲線為配適線。

---

[29] Why the silver price is set to soar，http://www.gold.ie/Articles_of_Interest/AOI_08-05-07_Why_the_Silver_Price_Is_Set_to_Soar.htm（2007/10/20 查詢）。

　　林滿紅認為因鴉片的進口，大量白銀流出，中國經濟在十九世紀上半期經歷了嚴重的貨幣危機。[30]傳統的看法認為，1839-1842年的中、英鴉片戰爭發生的原因為大量的鴉片輸入和白銀流出。另外，全漢昇認為中國過時的銀本位制，阻礙了中國的工業發展。[31]所以第三章估計了清代中國每年流入中國的白銀數量。

　　第四章，探討全球金融／貨幣／匯率制度、國際貿易和中國現代早期的經濟發展（本書的近代和現代以鴉片戰爭作為分界，c.1500-1840為近代、1841以後為現代，晚清這段期間稱為中國的現代早期階段），並重新思考鴉片戰爭發生的必然性及其影響。如前所述，鴉片戰爭以後，為回應西方強權的挑戰，中國走上了現代經濟發展之路，包括追求工業化和制度改革。中國的現代經濟發展和對外戰爭的失利有著很大的關係，例如第二次鴉片戰爭之後，中國開始了自強運動；中、日甲午戰爭之後，有百日維新和清末新政的出現。此外，我們發現國際貿易也對中國現代經濟的發展產生深遠和重大影響。

　　第五章是簡單的結語，基本上僅對本書內容做個摘要。這是因為需要討論的部份，已散見於第三章和第四章。

　　戴逸認為「要更深刻地理解某個時段、某個地區的歷史，應該跳出時空的限制，把它放在更廣大的範圍中，以克服時段和地區的狹隘性。中國是世界的一部份，只有把中國放在世界的座標

---

[30] 林滿紅（1990），〈明清的朝代危機與世界經濟蕭條〉，《新史學》，1: 4，127-147。以及林滿紅（1991），〈中國的白銀外流與世界金銀減產（1814-1850）〉，《中國海洋發展史論文集（第四輯）》，1-44，台北：中央研究院人文社會科學研究中心。

[31] 全漢昇（1990），〈從貨幣制度看中國經濟的發展〉，《中國經濟史研究（二）》，405-429，台北：稻鄉。

系中，才能認識中國的真實地位和狀態，而世界中又必須包括中國這樣一個巨大的有機組成部份，如果拋開了中國史，世界就不是完全的真正的世界史」。[32]另外，黃仁宇認為研究中國歷史，需要以「宏觀」、「放寬視野」和看清「歷史上長期的合理性」來進行探究和理解。[33]

職是之故，本書嘗試以中國和全球互動的客觀性，來作為研究的視角和觀點，特別是對於晚清七十年的中國歷史。例如，十六世紀末開始大量開採的南美洲波托西銀礦，就對歷史的進程產生很大的影響，推動了世界的貿易，亞洲的商品、包括中國的絲綢源源不絕地從菲律賓隨著馬尼拉大帆船運到墨西哥；大量的美洲白銀也因此流進中國。1848年，美國加州發現了蘊藏極豐的金礦；1848-1860年加州的黃金產量比之前150年的全球產量還來得多。加州黃金不僅是促成1850-1870年全球貿易興盛的重要原因，也為黃金取代白銀，成為世界貨幣奠定了基礎。十九世紀下半期，各國開始陸續實施金本位，文獻指出可能對晚清中國的經濟發展也帶來了深遠的影響，詳見第四章。[34]

在附錄中，列出了匯率和度量衡。為了有一個統一比較的標準（例如不同來源、不同時期流入中國的白銀數量），本書通常將貨幣金額轉化成銀兩；不過若非必要如此做，有時僅附上匯

---

[32] 戴逸（1999），〈導言〉《18世紀的中國與世界》，瀋陽，遼海，頁18。

[33] 「宏觀」和「放寬視野」的字句參見黃仁宇（1993），〈中文版自序〉，《中國大歷史》，台北：聯經，頁1。關於「歷史上長期的合理性」，參見「我認為一件重大事情的發生業已經過二十年（這也只是一個大概的標準），其情形又不可逆轉，則我們務必看清它在歷史上長期的合理性，雖然它的結果不盡與我們個人的好惡符合。」引自黃仁宇（1995），《近代中國的出路》，台北：聯經，頁52。

[34] Pomeranz, K. and S. Topik（2007），《貿易打造的世界》，台北：如果，頁178-181、236-239。

率，而不動原文的記載，這是因為國際匯率經常變動，所用的轉化匯率只是一個合理的數字而已，談不上精確。在附錄的其他部份，附上清代帝系表和明、清時期世界歷史大事年表等等。原則上，本文中出現的地名，使用中文地名或譯名，必要時於其後括弧內加上外文地名以為參考。另外，文中出現的外國人名，基本上使用參考文獻中的現成譯名或直接使用英文名字。除此，由於牽涉中、外史料（外文史料較多），時間採西元紀年為主。文中出現的學者，一律直書其名，略去諸如教授、先生、權威、院長等的尊稱和頭銜，以符合國際學術慣例。[35]最後，外文著作引文部份，除極少數例外，作者一律譯成中文，不附原文。

最後要指出，清代中國海外貿易的數據資料，仍然存在片段、不完整的問題，甚至有不一致或互相矛盾的情況，所以本書只能儘量引用知名學者從原始文獻整理得出的數據，作為討論的基礎。另外，由於數據不完整，作者在書中做了一些的推估和假定。但欠缺數據和推估、假定，不可避免成為本書重要的研究限制。

第三節　使用文獻

有關探討清代國際貿易的研究，很早以來就受到國內外學者的重視，而絕大部份的原始資料都為外文資料，中文的相較稀

---

[35] 這裡沿用李伯重的做法。「遵循現在的國際學術慣例，在有關討論中涉及到的學者，除個別特殊的場合外，都直書其名，而略去諸如先生、教授等尊稱或頭銜。這樣做並不是對有關作者不敬，而是因為在學術討論中，所有學者都應處於平等的地位。我們應當注意的只是他們發表的意見和看法，而非其身分與地位」。參見李伯重（2003），《多視角看江南經濟史（1250-1580）》，北京：三聯，頁13。

少。既然相關研究非常豐富，散在專著和論文的原始史料也已大致足夠，所以本書只採用次級資料進行研究。Andre Gunder Frank 所著的《白銀資本——重視經濟全球化中的東方》（*Reorient: The Global Economy in the Asian Age*），獲得1999年世界歷史學會圖書獎首獎，顯示了一本經濟史專著的價值，和是否使用原始資料並無一定的關係。[36]

Philip D.Curtin認為：「大型歐洲公司的紀錄被良好地集中保存在檔案室裡，而絕大部分的亞洲商人為民間商人，他們並不認為在航行和交易完成後，保留紀錄會有多大用處。所以亞洲和歐洲的歷史學家皆必須使用歐洲的紀錄，因這些紀錄是亞洲商業的最佳資料來源，即使對那些歐洲人未直接牽涉的部份，也是如此」。[37]

---

[36] 「這部著作具有重大理論意義。從根本上反思世界歷史，是絕對必要的……這是一部極為重要的著作，令人耳目一新。氣勢之大，無與倫比……作者重新界定了我們評價『歐洲的興起』的基礎……。這是一部總結千年歷史的書，會從根本上影響下一代研究者的學術理解……《白銀資本》是改變我們對近代早期世界經濟的認識的壯舉……這部著作是向流行觀念挑戰的原點。它激發和迫使人們反思長期以來習以為常的歷史……《白銀資本》的最大優點在於，它迫使讀者用另一種眼光來看世界歷史。正統觀念認為，歐洲創造了資本主義和工業化，歐洲的這種領先地位決定了以後的世界發展。而這部著作的精彩分析對這種正統觀念的根基提出了挑戰……無論從學術角度還是從人格角度看，這部著作都勇氣非凡。它主張改變學術和政治觀念的方向。事實會證明，它是一部必讀書……《白銀資本》應該成為當下一部經典之作……無論是對整個世界經濟史的研究，或是對亞洲、特別是中國在世界經濟中歷史地位的研究，本書都做出了重要貢獻……。」參見 Frank, A. G.（2001），〈書評摘要〉，《白銀資本》，北京：中央編譯。

[37] Curtin, P. D.（1984），Cross-Cultural Trade in World History, Cambridge: Cambridge University Press, p. 158.

　　職是之故，本書使用的貿易和經濟數據，日本部份，主要依據
Ôtake Fumio和Yamawaki Teijirô的研究[38]（轉引自林滿紅*China
Upside Down*），以及永積洋子《唐船輸出入品數量一覽1637~1833
年》。[39]拉丁美洲經菲律賓和中國的貿易，使用P. Chaunu 所著*Les
Philippines et le Pacifique des Iberiques*。[40]十七世紀末、十八世紀和
十九世紀初的中、西廣州貿易，主要使用H. B. Morse整理的英國東
印度公司檔案，散見在*The Chronicles of the East India Company
Trading to China 1635-1834*和其他書裡。十九世紀和二十世紀初
年，主要參考了余捷瓊《1700-1937年中國銀貨輸出入的一個估
計》，[41]蕭亮林在*China's Foreign Trade Statistics 1864-1949*整理的中
國海關數字，以及嚴中平所著《中國近代經濟史統計資料選輯》。
另外，還大量參考了全漢昇、王業鍵、林滿紅、鄭友揆等人的著
作。[42]順帶一提，本書是作者2005年出版《晚明海外貿易數量研究
——兼論江南絲綢產業與白銀流入的影響》的後續著作，自然而然
沿用了該書的許多觀點。

---

[38] 根據當時長崎所存記錄。

[39] 永積洋子使用荷蘭商館日記。

[40] 根據馬尼拉海關記錄。

[41] 余捷瓊使用西方資料來進行估計。

[42] 嚴中平、全漢昇、王業鍵、林滿紅、鄭友揆等的相關著作也常引用西方文
獻裡的次級資料。

第二章　清代對外貿易

第一節　前言

　　清代中國的對外貿易分成四個階段：清初海禁時期（1644-1684）、四口通商時期（1684-1757）、一口通商時期（1757-1842）和開放貿易時期（1842-1911）。清初海禁時期和四口通商前期，基本上延續晚明的格局，中國的主要貿易夥伴為日本、西屬馬尼拉、葡萄牙的澳門和荷蘭東印度公司。廣州一口通商時期，直至清朝滅亡，英國和其殖民地成了中國最重要的貿易夥伴。1839-1842年鴉片戰爭以後，中國被迫開放口岸，與列強進行貿易。中國的出口以絲貨和茶葉為主（十八世紀中葉，茶葉變成最重要的出口商品），[1]進口商品起初以白銀為主；[2]十八世紀末，鴉片漸漸取代白銀；十九世紀末，棉布和棉紗的比重再次越來越高（部份原因：中國自種鴉片）；印度棉花自1704年輸入中

---

[1]　十八世紀 20 年代以前，生絲為中國最主要的出口品；另外，晚明中國生絲出口，最高每年可達 10,000 擔，相較於 1836 年的 14,000 擔，並不遜色。參見汪敬虞（1983），《十九世紀西方資本主義對中國的經濟侵略》，北京：人民，頁 78；以及 Chinese Repository，1840 年 8 月，卷 9，頁 191。轉引自全漢昇（1996），〈明清間中國絲綢的輸出貿易及其影響〉，《中國近代經濟史論叢》，台北：稻禾，頁 99-105。另外，十九世紀末英屬印度和錫蘭開始大量種茶，才慢慢取代中國茶葉在全球市場上的壟斷地位。參見 Pomeranz, K. and S. Topik（2007），《貿易打造的世界》，台北：如果，頁 128-131。

[2]　十七世紀末到十八世紀前半，中國自日本輸入了大量的銅，不過本書的焦點放在中、西貿易和白銀。

國，到了十八世紀中葉成了主要的進口商品，後在十九世紀初才被鴉片進口所超越。

　　清初的前十年（1644-54），基本沿襲晚明較開放的海貿政策。但為對抗海外的反清勢力／鄭氏政權，便改變做法，分別在1655、1656、1662、1665、1675年5次頒佈禁海令；1660、1662、1678年3次實施了遷海令，如1661年3月，清政府遷福建同安等縣88萬人於內地，沿岸30里（1里＝576公尺）不准居住和農耕。[3]

　　清初海禁時期，中國的海外貿易存在下述四種形式：第一、明朝鄭氏控制下的國際貿易；第二、平南王經營的對外貿易；第三、民間走私貿易；第四、朝貢貿易。雖然清政府厲行海禁，但非法的海外貿易仍以各種不同形式在持續進行，合法的朝貢貿易只佔整個對外貿易的很小部份。

　　1684年，清政府收復台灣後的次一年，即宣佈開放海禁，允許500石以下的船隻出海貿易，由地方官吏負責管理。於是私人的海外貿易，又興盛起來，大批華船駛往東亞海域。[4]清政府開海禁的原因很多，諸如考量福建和廣東沿海居民的生計，以及獲得海外商品和白銀，當然財政因素／關稅收入也是不可忽略的原因。例如1758-1767、1768-1777、1778-1787、1788-1797、1798-1807年，清政府的關稅收入分別為4,560,913、4,655,717、7,118,031、10,258,066、14,510,196兩銀，[5]1758-1807年合計達4,110萬兩銀，平均每年82萬兩銀。另外，關稅收入的逐年增加，也反應貿易的日益興旺。

---

[3]　韓昇（1996），〈清初福建與日本的貿易〉，《中國社會經濟史研究》，2，59-64。

[4]　「商船交於四省，遍於占城、暹邏、真臘、滿剌加、渤泥、荷蘭〔巴達維亞〕、呂宋、日本、蘇祿、琉球諸國⋯⋯極一時之勝矣」。參見《重纂福建通志》卷87，轉引自李金明（1995），〈清康熙末年禁止南洋貿易對華僑的影響〉，《南洋問題研究》，4，41-45。

[5]　陳耀權（1997），《清代前期中英貿易關係研究》，香港：新亞研究所碩士論文，頁84。

　　1685年，設定廣州、漳州、寧波、雲台山四地為對外通商口岸，並相應設置粵海關、閩海關、浙海關和江海關，以徵收關稅和管理對外貿易，史稱「四口通商」。根據海關收入，此一時期的對外貿易，主要集中於廣州進行。[6]

　　1717年，清政府勒令禁止南洋貿易，以及規定國人出海貿易，每次在海外停留最長不得超過3年。為補救南洋貿易禁令過於嚴苛，清政府在1718年宣佈，澳門外國船不受此限，並准許華船前往安南貿易。許多華商，便以前往安南為幌子，實際赴其他南洋國家進行貿易。清政府懼怕太多華人前往東南亞地區定居，會產生像台灣的鄭氏集團，形成龐大勢力，威脅到清朝的統治。因此南洋禁令裡，3年停留期限，被執行得相當徹底，海外華僑受到很大影響。直到1893年，才明令廢止。[7]

　　1757年，清政府撤銷漳州、寧波、雲台山通商口岸，此後直至1839-1842年鴉片戰爭爆發，[8]廣州一直是中國唯一的對外通商口岸，史稱「一口通商」。[9]1760年，廣州建立「公行」制度，外商必須透過公行進行貿易，以及和官府打交道。[10]

---

[6]　例如 1742 年，浙海關的收入約在 9 萬兩，而粵海關的收入達 40 餘萬兩。參見陳君靜（2002），〈略論清代前期寧波口岸的中英貿易〉，《寧波大學學報（人文版）》，15: 1，83-87。另外，江海關的所在地另有一說——位於鎮江，尚無定論。

[7]　李金明（1995），〈清康熙末年禁止南洋貿易對華僑的影響〉，《南洋問題研究》，4，41-45。

[8]　從《南京條約》：中國開放廣州、廈門、福州、寧波、上海為通商口岸開始，到清朝滅亡，中國共有 48 個港口被迫對外開放通商。參見劉光欽（2003），〈晚清時期的對外經濟貿易〉，《南通師範學院學報（哲社版）》，19: 4，89-93。

[9]　李登峰（2002），〈簡論明清時期廣東對外絲綢貿易〉，《五邑大學學報（社科版）》，4: 1，58-62。

[10]　公行制度詳見陳國棟（2005），《東亞海域一千年》，台北：遠流，頁369-392。

　　清乾隆年間，對生絲和絲織品的出口，開始採限制政策，如1757年有「嚴絲斤出洋之禁」。另一方面，加上英國人對茶葉的需求，[11]茶葉取代了絲綢，成了廣東出口的最重要商品。但絲綢出口的數量仍然不小，乾隆年間，每年出口生絲和絲織品約介於20-33萬斤；1830年（道光10年），廣州出口生絲71萬斤，其中廣東絲37萬斤、南京絲34萬斤。[12]「一口通商」時代結束後的1845年，上海也開始出口生絲，廣州的絲貨出口便大受影響。鴉片戰爭後，全中國的對外貿易中心，也逐漸從廣州移往上海。[13]

　　中國和英國的貿易，十八世紀中期以前金額都不大。到了十八世紀晚期，英國已成了中國的最大貿易國。以1792年為例，英國輸入中國／廣州的商品價值為438萬兩、輸出商品價值為553萬兩；法國相對只有5萬和36萬兩。[14]

　　十八世紀晚期開始，西方國家（特別是英國）為平衡與中國貿易的逆差和支應採買中國商品所需的龐大週轉資金，[15]開始將

[11] 1757 年以後，英國對茶葉的需求大量增長；到了 1784 年前後，中、英茶葉貿易非常興盛。參見張國剛（2003），〈明清之際中歐貿易格局的演變〉，《天津社會科學》，6，125-129。

[12] 李登峰（2002），〈簡論明清時期廣東對外絲綢貿易〉，《五邑大學學報（社科版）》，4: 1，58-62。

[13] 李登峰（2002），〈簡論明清時期廣東對外絲綢貿易〉，《五邑大學學報（社科版）》，4: 1，58-62。為了維持生絲出口的競爭力，廣東商人引進機器繰絲，如 1872 年，僑商陳啟源在廣東南海縣興辦繼昌隆機器繰絲廠。到了 1910 年，廣東全省繰絲業皆採機器，總計有 300 餘家絲廠，雇用女工 15 萬人。

[14] 張國剛（2003），〈明清之際中歐貿易格局的演變〉，《天津社會科學》，6，125-129。

[15] 例如英國東印度公司在廣州採買中國商品所需的資金需求非常龐大，以 1786-1787 的貿易年為例，廣州「特別委員會」估計需要的資金總數為 5,585,497 兩銀，相當 7,757,634 西元。參見倫敦 India Office Library and

鴉片走私進入中國，很快就變成中國最主要的進口品。據估計，十九世紀的前40年，至少有42.7萬箱的鴉片運進中國，價值達3億元以上。[16]由於大量的鴉片輸入中國，約從1820年，中國的對外貿易開始產生逆差。直到十九世紀末，棉紗和棉布才再取代鴉片成了中國最大金額的進口品。另外，1860年代起，隨著西方其他國家工業化的發展，英國對中國貿易的獨霸權開始動搖；1895年鴉片戰爭後，中、日貿易成長很快。

鴉片貿易不僅對中國的影響很大，它對晚清時期的全球經濟成長也助益良多。英國自1830、1840年代改採自由貿易，但與此同時的北美和歐洲的大部分地區仍堅持保護主義。隨著工業化的發展，英國大量輸入諸如茶、糖、煙草、棉花、穀物和肉等原物料，但在其他歐美國家銷售英國產品卻受到保護主義的抵制。這樣的國際環境雖然幫助其他歐美先進國家的經濟發展，但卻導致英國對這些先進國家存在可觀的貿易赤字。這些赤字主要靠著和亞洲的貿易來彌補，其中對中國輸出的鴉片產生頗大的幫助。[17]

第二節敘述清前期（1644－c. 1750）的對外貿易；第三節是c. 1700-1840年的中、西貿易，以探討廣州的中、英貿易為主；第四節是鴉片戰爭、門戶開放後晚清的對外貿易。

Records 所藏 Factory Records 檔案 83-2, p. 88. 轉引自陳國棟（2005），《東亞海域一千年》，台北：遠流，頁 311。

[16] 劉光欽（2003），〈晚清時期的對外經濟貿易〉，《南通師範學院學報（哲社版）》，19：4，89-93。

[17] Pomeranz, K. and S. Topik（2007），《貿易打造的世界》，台北：如果，頁 147-151。

第二節　清前期的對外貿易

本節先簡略敘述清初海禁時期（1644-1684）[18]，中國的對外貿易狀況。另外，基於晚明的貿易格局大致上仍延續到十八世紀前期，所以本節內容還包括中國與傳統重要貿易夥伴的貿易關係──中、日貿易、中國與西屬馬尼拉的貿易、澳門的對外貿易，以及中國和荷蘭東印度公司的貿易。這部份的內容，不僅有其本身的重要性，也是第三章估計流入中國白銀數量的基礎之一。至於整體的中、西貿易，請參見第三節和第四節。

一、海禁時期的貿易[19]

（一）明鄭政權的對外貿易

1646-1663年間，鄭氏以廈門為基地，福建和廣東東北部為腹地，對抗清政府，並經營東亞的海上貿易。1661年鄭成功喪失了東南沿海的大部分領土，僅剩福建廈門的根據地，被迫率兵親征台灣；1662年2月，從荷蘭人手上取得台灣，同年5月在台病逝。其子鄭經繼位後不久的1664年1月，在荷蘭人的協助下，清軍攻佔廈門，鄭氏退守台灣。

---

[18] 這裡只是參照部份文獻所作的一個大略的分期；嚴格說起來，清政府在1662年全面遷界以後，才算真正實施海禁。

[19] 除特別註名外，本小節內容來自李金明（1995），〈清初遷海時期的海外貿易形式〉，《南洋問題研究》，3，1-8 & 25。

　　鄭經以台灣為基地，繼續從事「經營以日本貿易為軸心、與中國和東南亞各地結成網路」的東亞貿易。根據1672年英國東印度公司台灣商館的報告，鄭氏外貿船，「有五或六艘船，每年一月開往馬尼拉，四、五月自馬尼拉回台灣後，準備駛往日本，在六、七月間有十二至十四艘，有時候更多的船開去，而於十一月或十二月回到台灣。或者鄭氏船隻自台灣開往暹邏、柬埔寨、萬丹等地貿易再去日本」。

　　1670年，英國東印度公司萬丹商館的兩艘船來到台灣貿易，1672年在台灣設立商館，並簽訂正式的通商協議。公司希望用英國毛料交易砂糖和鹿皮輸往日本，而鄭氏需要英國提供軍需品。[20]除此，希望透過和英國的結盟，對抗荷蘭在東南亞海域的劫掠。

　　1674年，鄭經反攻大陸，初期頗為順利；1676年，英國東印度公司在廈門設立商館，期待從廈門來發展中國和亞洲的貿易；1680年，清軍攻陷廈門，鄭經率軍退回台灣。1681年鄭經去世，其子鄭克塽繼位，1683年，鄭克塽降清。1684年，清政府解除海禁。[21]

　　英國東印度公司在廈門商館的短暫時期，從事和中國的直接貿易。1678年自廈門購進12,000匹的絲綢，1679年，購進9,000匹絲綢、10箱生絲，以及黃金和銅。

---

[20]　例如 1670 年鄭氏政權要求英國東印度公司，以後每艘來台貿易的船隻，必須攜帶以下貨物：火藥 200 桶、每擔 15 西元，火繩槍 200 枝、每枝 4 西元。1675 年 7 月，英國飛鷹號來到台灣，鄭氏收購了該船所載的全部軍火。此一時期，英國對台灣的輸出，幾乎都是軍火而已。參見林仁川（1998），〈清初台灣鄭氏政權與英國東印度公司的貿易〉，《中國社會經濟史研究》，1，8-15 & 38。

[21]　關於英國和鄭氏台灣政權，參見曹永和（2000），《台灣早期歷史研究續集》，台北：聯經，頁 248-258。

　　海禁時期，中國前往日本貿易的商船數目，請參見表2-1；岩生成一認為清初海禁時期，前往日本貿易的中國商船，平均每艘載運價值四萬兩銀的貨物。[22]到日本貿易的華船，鄭氏的船隻佔了大部分，以1650年為例，70艘華船裡，59艘為鄭氏船隻。當時華船對日本出口的大宗為生絲和絲織品，進口以白銀為主。據記載，1648-1672年期間，華船從日本進口商品（含銀、銅）總金額為32萬貫（3,200萬兩、1日本貫 = 100兩銀），[23]其中白銀就近20萬貫（2,000萬兩）、約佔61%，接下來是佔9%的黃金。另外，鄭氏貿易船每年平均約派近20艘船，前往東南亞貿易，主要為購進香料。[24]

表 2-1：海禁時期華船到日本貿易的艘數

年	總船數	福建船數	鄭氏船數	年	總船數	福建船數	鄭氏船數
1645	(76)			1665	36		
1646	(31)			1666	37		
1647	(?)			1667	30		
1648	(20)			1668	43		
1649	(59)			1669	38		
1650	(70)			1670	36		
1651	(40)			1671	38		
1652	(50)			1672	43		
1653	(56)			1673	20		
1654	(51)			1674	22		
1655	57 (45)	49	2	1675	29		

---

[22] 岩生成一（1953），〈近世日支貿易に関する数量的考察〉，《史學雜誌》，62: 11。轉引自林仁川（1987），《明末清初私人海上貿易》，上海：華東師範大學出版社，頁 266。

[23] 劉序楓（1999），〈財稅與貿易：日本「鎖國」期間中日商品之展開〉，《財政與近代歷史論文集》，275-318，台北：中央研究院近代史研究所。

[24] 馮立軍（2000），〈清初遷海與鄭氏勢力控制下的廈門海外貿易〉，《南洋問題研究》，104，85-94。

1656	57	34	3	1676	24		
1657	51	30		1677	29		
1658	43	22		1678	26		
1659	60	6 艘以上		1679	33		
1660	45	20		1680	29		
1661	39	17	8	1681	9		
1662	42			1682	26	1	8
1663	29	10	3	1683	(27)		
1664	38						
1635	40			1641	97		
1637	64			1642	34		
1639	93			1643	34		
1640	74			1644	54		

資料來源：韓昇（1996），〈清初福建與日本的貿易〉，《中國社會經濟史研究》，2，59-64。韓昇根據永積洋子（1987），《唐船輸出入品一覽 1637～1833年》一書的數據編製，但須注意，永積洋子的資料有闕漏和不清楚之處。圓括弧內的數字摘錄自林仁川（1987），《明末清初私人海上貿易》，上海：華東師範大學出版社，頁 258-261。這些數字整理自荷蘭東印度公司的商館日記。附帶一提，1656-1682 年華船總船數的數目，兩者皆相同。表中最下面的部份，是明末 1635-1644 年的數字，資料來源為岩生成一（1953），〈近世日支貿易關する數量的考察〉，《史學雜誌》，11。轉引自劉序楓（1999），〈明末清初的中日貿易與日本華僑社會〉，《人文及社會科學集刊》，11: 3，435-473。顯而易見，清政府在實施海禁後，赴日貿易的華船明顯減少。明末 1635-1644 年的船隻數，可作為清初 1645-1683 年的參照。

（二）平南王、民間走私和朝貢貿易

據有雲貴的平西王吳三桂、廣東的平南王尚可喜父子，以及福建的靖南王耿精忠合稱清初三藩。三藩在各自領地，實際上形成半獨立的割據。三藩之亂開始於1674年，吳三桂首先發動叛亂，其餘二藩和台灣鄭氏響應，但在1681年，三藩被清政府完全平定，台灣鄭氏也在1683年降清。尚氏父子在1650-1680年統治廣

東，為增加財政收入和擴大軍事實力，尚氏父子對清政府的禁海政策，陽奉陰違，私下積極推動海外貿易。1673年，尚可喜致書日本長崎奉行，請求通商，其後數年，尚氏每年皆派船前往長崎。尚氏亦透過澳門，從事對日本和東南亞的貿易。另外，福建的耿精忠在1674-1676年間，也曾短暫從事海外貿易。

雖然清政府厲行禁海，但仍有私人海商在金錢利益的驅動下出海犯禁，從事走私貿易。要不是透過行賄、特權，取得地方官同意出海，就是藏匿於近海小島，做起亦商亦寇的海賈。中國東南沿海到日本長崎的走私貿易船，1662-1672年平均每年14艘，1673-1684年平均每年6艘。[25]

清政府承襲前朝的做法，歡迎海外國家以朝貢的方式前來貿易。這段時期，以琉球和暹羅最常到中國進行朝貢貿易。1654年，清政府將琉球入貢訂為2年一貢，從福建福州進到中國，除1674年和1676年外，因藩王耿精忠（三藩之亂）叛變暫停外，琉球通常準時進貢。1678年，除原來的2艘進貢船外，清政府同意琉球增派1艘接貢船，接貢船通常在派出進貢船的隔年前往福州，將勒書、賞賜物、和進貢人員接回琉球。這使得名義上的兩年一貢，變成實際上每年都有船隻前來中國貿易。除此，清初琉球和中國的貿易，基本上為日本和中國的間接貿易。《清史稿‧琉球傳》云：「其資本多貸諸日本……所販各貨，運日本者十常八、九，其數貢中國，非唯恭順，亦其國勢然也」。

除琉球外，暹羅亦常到中國進貢，入口港為廣州。1667年，規定其3年一貢，貢船至多3艘，貨物最多30,000擔。所帶貨物，

---

25 Taiwan as an Enter port in East Asia in the Seventeenth Century. 轉引自李金明（1995），〈清初遷海時期的海外貿易形式〉，《南洋問題研究》，3，1-8 & 25。

可自由在廣東或北京貿易。雖然名為3年一貢，但實際上，經常每年都有暹邏貢船前往中國。至於荷蘭東印度公司的情形，1656年曾遣使「朝貢」，清政府規定可以8年一貢。其後在1667年和1687年，荷蘭又遣使「朝貢」。

二、中日直接貿易

清初的中、日貿易，中國對日本主要出口生絲、絲織品、藥材和砂糖等，從日本主要進口白銀、銅和海產。到了十八世紀初期以後，隨著日本金、銀、銅礦的枯竭，日本增加海產品的出口以平衡貿易，甚至從華船和荷蘭船進口貴金屬。[26]

清朝廢除海禁後，赴日貿易的中國商船迅速增加，1684年去長崎貿易的中國商船數為24艘，1685年增為85艘，1686年再增為102艘，1688年達194艘。日本幕府為減少貴金屬的流出，於1685年發佈「貞享令」，限制中國商船的貿易金額每年不得超過6,000貫（60萬兩銀、1日本貫=100兩銀），1695年放寬規定，允許在定額貿易外，中國商船得再以貨品交換價值4,200貫（42萬兩銀）的銅，1699年，再開放中國商船交換價值2,000貫（20萬兩銀）的日本海產品（主要是海參、鮑魚、魚翅、海帶等）和雜貨。

1684-1695年間，中國每年從日本進口300-400萬斤的銅；1696-1710年間，中國每年從日本進口400-700萬斤的銅。由於日本銅產減少，1715年便發佈「正德新例」來限制貿易，重新規定了貿易船數、貿易額和輸出的銅量，其後又經幾次的修正，詳見表2-2。

---

[26] 劉序楓（1999），〈論清代的中日貿易與貿易結帳方式〉，《淡江史學》，10，185-202。

表 2-2：1715-1791 年日本對華船赴日貿易的限制

	船數	貿易額 （貫）	輸出銅量 （萬斤）	備註
1715	30	6000	300	有餘賣 3000 貫
1717	40	8000	300	
1720	30	4000	300	享保新銀、貿易半減，有餘賣 700 貫
1733	29	4000	300	同上
1736	25	4000	300	同上
1740	20	4000	300	同上
1742	10	2000	150	同上，有餘賣 1000 貫
1749	15	4050	150	同上，有餘賣 60 貫
1765	13	3510	150	同上，增額補償 600 貫
1791	10	2740	100	同上，增額補償 493.7 貫

資料來源：劉序楓，〈清康熙～乾隆年間洋銅的進口與流通問題〉。轉引自劉序楓
　　　　（1999），〈論清代的中日貿易與貿易結帳方式〉，《淡江史學》，10，
　　　　185-202。1 日本貫等於 100 兩銀。

　　十七世紀中期以後，日本白銀產量開始減少，所以輸中的商
品，銅材漸漸取代白銀的地位。清初以後，隨著中國經濟的發
展，鑄造銅錢的銅材供給不足，因此從日本進口。後來由於雲南
銅的供給增加和運輸條件改善，到了十八世紀下半葉，基本上才
達到供需平衡。十八世紀初期以後，日本銅產漸減，海產出口因
此增加；1739年，日本海產的出口佔總出口金額的8成以上。

　　清中國對日出口，原先以絲綢為主，但到了十八世紀中期，
由於中國國內需求增加、絲價大漲，絲綢出口日本的數量便大幅
減少；日本自行生產為另一原因。1760年代以後，藥材取代絲
綢，成了中國輸日的最大宗商品。十九世紀以後，赴日貿易的華
船日減。[27]

---

[27] 劉序楓（1999），〈論清代的中日貿易與貿易結帳方式〉，《淡江史
　　學》，10，185-202。另外，黃啟臣指出在 1664 年，日本對中國輸出銅 28

　　表2-3、2-4、2-5和2-6總結了清初到十九世紀初的中、日貿易（華船赴日貿易）。隨著日本國內生絲產量的增加，中國輸往日本的生絲數量也隨之減少，到了十八世紀前期以後，中國生絲的輸入量就已所剩不多了。[28]最晚在1710年代，中國每年從日本直接輸入的白銀就已減少到只有數千兩的地步；1720年代中期到1759年，每年最多只剩幾百兩；1760年（含）以後，華船就完全停止從日本輸出白銀，反而反向對日本輸出白銀。

表 2-3：1645-1722 年中、日兩國生絲、砂糖和銅的貿易

年	中國到日本長崎的商船數	中國輸入日本生絲數量（斤）	中國輸入日本砂糖數量（斤）	中國運回銅的數量（斤）
1645		188668	3377800	
1646	54	174414	1195100	
1647	29			
1648		65835	103083	
1649		168108	737250	
1650	70	235727	797110	
1651		143802	514950	
1652		225895	1236000	
1653		195520	774220	
1654		174980	760580	
1655	45	177784	1731480	

萬斤，1696 年增加到 748 萬斤的高峰（請參見表 2-3），佔當年日本銅產總量的 84%，之後就因日本銅礦枯竭而逐漸減少。除此，1686 年，中國向日本輸出商品總值達 60.54 萬兩銀，進口商品（含銅）總值 44.06 萬兩銀；1693 年，中國向日本輸出商品總值達 59.18 萬兩銀，進口商品（含銅）總值 43.41 萬兩銀。白銀是平衡貿易的工具，所以 1680 年代和 1690 年代，日本因華船貿易每年向中國輸出的白銀數量可能在 15 萬兩左右。參見黃啟臣（2003），〈明中葉至清初的中日私商貿易〉，《文化雜誌》，49（冬），69-88。進出口金額使用 1 日本貫等於 100 兩銀進行換算。

[28] 永積洋子（1987），《唐船輸出入品數量一覽 1637~1833 年》，東京：創文社，頁 24-25。日本國內生絲產量，十七世紀中葉約近 900 擔、十八世紀上半葉增為 2,000-3,000 擔，到了十九世紀之時，再增為 22,000 餘擔。

1656	57	234664	1870260	
1657	51	127069	711610	
1658	43	135720	1686335	
1659	60	263367	3113600	
1660		210383	1241636	
1661	39	254145	988790	
1662		390647	3993393	
1663		47641	1946940	
1664		119208	2391514	283800
1665		163042	2577120	343700
1666				526400
1667				748200
1668				
1669				
1670				
1671		298271		
1672				1518100
1673				1096650
1674		220000		1831900
1675				1935400
1676		133282		1044200
1677				1200000
1678				1800000
1679				1847770
1680		190853	2418134	
1681			2600165	
1682		173323	2120644	3283925
1683		11291		2825355
1684				2675100
1685	84			3288100
1686	102			4455700
1687	136			3830200
1688	194			3370600
1689	79			3352568
1690	90			3766873
1691	90			2961840
1692	74			2270250
1693	81			3312317
1694	73			3359100

1695	61			4445262
1696	81			7477502
1697	102			7139968
1698	71			6402000
1699	73			2026400
1700	53			1808400
1701	66			
1702	68			
1703	41			
1704	84			
1705	13			
1706	24			
1707	25			
1708	94			
1709	35			
1710	37			
1711	34			
1712	2			
1713				
1714				
1715				
1716	8			
1717	44			
1718	42			
1719	25			
1720	31			
1721	22			
1722	33			

資料來源：1645-1661 年的船隻數參見岩生成一（1953），〈近世日支貿易關する數量的考察〉，《史學雜誌》，11。1685-1716 年的船隻數參見《華夷變態》。1717-1722 年的船隻數參見《崎港商說》。1645-1683 年的生絲數量參見岩生成一（1953），〈近世日支貿易關する數量的考察〉，《史學雜誌》，11；以及永積洋子（1987），《唐船輸出入品數量一覽1637-1883》。砂糖數量根據岩生成一（1953），〈近世日支貿易關する數量的考察〉，《史學雜誌》，11。銅的數量參見岩生成一（1953），〈近世日支貿易關する數量的考察〉，《史學雜誌》，11；以及山脇悌二郎（1964），《長崎の唐人貿易》。轉引自黃啟臣（2003），〈明中葉至清初的中日私商貿易〉，《文化雜誌》，49（冬），69-88。

表 2-4：1645-1832 年華船對日本出口的絲貨
（絲單位：擔；銀單位：兩）

	艘數	白絲	生絲	（白）撚り絲	黃絲	絹縫絲、各種絹絲	東京、廣南、交趾生絲	ボギー糸	ボイル糸	フロス糸（散絲）
1645		1029[29]	0	0	0	44.06	13	185.35	111.2	0
1646	41	730.5	150.5			13.5	37	104	9	21.25
1647	4	214	6	0	0	0	0	12.6	0	0
1648	19	28.65	0	0	0	5.28	1	48 擔 + 156 籠	13.5 擔 + 35 籠	2.5
1649	12	304.2	73.6	13.5	40.3	1.92	0	0	0	0
1650	68	788.9	6.5	4.3	4.9	10.27	564	4.9	8.6	3.06
1651	37	143.7	39.6	0	2	8.5	614[30]	90.34	0	3.5
1652	2	0	26.5	0	0	0	0	0	0	0
1653	56	767.5	10.5	0	69.5	26.66	457.2[31]	15.5	14.5	3.5
1654	52	722.5	74	5	0	4.31	510	86.17	0	4
1655	45	1285.77	0	0.3	94.75	9.28	231.5	32	0	1
1656	51	927.7	0		59	1.32	888	2.5	0	0
1657	49	3355.2[32]	19	0	0	4.65	50.59	51.26	0	0
1658	35	794.8		0.7	0	1.29	527	26.7	0	0
1659	19	532.5	641.2	0	0	0.87	6	2.5	0	0
1660	39	1643.8	0	0	0	7.96	13	0	0	0
1661	8	290.5	16	0	0	2.9	0	0	0	0
1662	6	1026.8	0	0	0	0.87	0	1.4	0	0
1663	29	368.28	93.9	0	2	29.25	4.5	0	0	0
1666	1	160	0	0	0	2.9	0	4.5	0	0
1682	25	583.71	69.4[33]	0	0	7.66	1148.44	0	0	0
1725	8	0	0	0	0	0	0	0	0	0
1733	1	30	0	0	0	0	0	0	0	0

---

[29]　很可能合計生絲。
[30]　除 25.5 擔的廣南黃絲外，其餘為生絲。
[31]　除 82.5 擔的廣南黃絲外，其餘為生絲。
[32]　一艘安海船載了 2,800 擔的白絲。
[33]　含 22.28 擔木綿絲。

1734	2	6	0	0	0	0	0	0	0	0
1735	13	237.1	0	0	0	18.7	0	0	0	0
1736	4	21.8	0	0	0	4.8	0	0	0	0
1737	3	4	0	0	0	2	0	0	0	0
1738	3	21.6	0	0	0	3	0	0	0	0
1739	17	92.5	20.55	0	0	0	0	0	0	0
1740	26	45.1	20.8	0	11[34]	2	0	0	0	0
1741	14	32.8 +6包	14.5	0	0	10.5	0	0	0	0
1742	17	671.44	16	0	0	0	0	0	0	0
1743	14	243.66	0	0	4[35]	10	0	0	0	0
1744	20	66.6	242.4	0	0	23	0	0	0	10
1745	16	139.1	12	0	0	0.4	0	0	0	13.5
1746	10	21	66.28 +1200 ボンド	0	0	5.68	0	0	0	0
1747	11	157.2	14.4	0	0	2	0	0	0	0
1748	10	19	0	0	0	0	0	0	0	0
1749	15	150	196 +1200 ボンド	0	0	4	0	0	0	0
1750	8	41	136.5	59	0	0	0	0	0	0
1751	12	87.4	90.5	0	0	0	0	0	0	0
1752	11	61.4	13.2[36]	3	16.7 [37]	25	0	0	0	0
1753	28	107.8 +9包	15.3	0	2.8[38]	7	0	0	0	0
1754	22	185.02	47.3	0	24[39]	14.03	0	0	0	15

[34] 中國色絲。

[35] 色絲。

[36] 含12擔モフタ生絲。

[37] 色絲。

[38] 色生絲。

[39] 中國色絲等24擔。

1755	14	0	127[40]	0	0	0	0	0	0	0
1756	6	57.05	15	0	0	0	0	0	0	0
1757	10	48.44	22	0	0	1.1	0	0	0	0
1758	4	0	0	0	0	0	0	0	0	0
1759	13	30	7.8	0	0	20	0	0	0	0
1760	11	30	8.23	0	0	14.66	0	0	0	0
1761	10	31	0	0	0	0	0	0	0	0
1762	15	30	11 + 1箱	0	0	16	0	0	0	0
1763	14	20.13	0.16[41]	2	0	0.03	0	0	0	0
1764	15	36	131	0	0	1[42]	0	0	0	0
1765	12	76.4	0	0	0	0	0	0	0	0
1766	11	0	0	0	0	37.5	0	0	0	0
1767	11	0	0	0	0	0	0	0	0	0
1768	10	0	16.8	0	0	23	0	0	0	0
1769	16	0	22.1	0	0	0	0	0	0	0
1770	16	0	18	0	0	0.1	0	0	0	0
1771	12	11.4	12.4	0	0	1.45	0	0	0	0
1772	10	0	108.88	0	0	6	0	0	0	0
1773	16	0	0	0	0	0	0	0	0	0
1774	12	0	15.4	0	0	0	0	0	0	0
1775	11	37.4	44.8	0	0	0	0	0	0	0
1776	10	0	0	0	0	5	0	0	0	0
1777	10	0	10.85	0	0	10	0	0	0	0
1778	13	0	0	0	0	0	0	0	0	0
1779	9	18.02	20	0	0	0	0	0	0	0
1780	11	0	0	0	0	0	0	0	0	0
1781	15	0	102.5	0	0	0	0	0	0	0
1782	4	0	1.1	0	0	0	0	0	0	0
1783	15	0	0	22.2	0	0	0	0	0	0
1784	20	0	0	0	0	0	0	0	0	0

[40]　含モヘア生絲109擔。
[41]　中國赤絲6斤、赤白生絲10斤。
[42]　縫絲。

1785	10	0	0	0	0	36	0	0	0	0
1786	10	0	0	0	0	0	0	0	0	0
1787	14	0	10.5[43]	0	0	0	0	0	0	0
1788	15	0	0	0	0	0	0	0	0	0
1789	10	0	0	0	0	0	0	0	0	0
1790	17	0	0	0	0	0.8[44]	0	0	0	0
1791	12	0	0	0	0	0	0	0	0	0
1792	16	0	0	0	0	0	0	0	0	0
1793	6	0	0	0	0	0	0	0	0	0
1794	8	0	0	0	0	0	0	0	0	0
1795	5	0	0	0	0	0	0	0	0	0
1796	12	0	0	0	0	0	0	0	0	0
1797		0	0	0	0	0	0	0	0	0
1798	8	0	0	0	0	0	0	0	0	0
1799	10	0	0	0	0	0	0	0	0	0
1800	7	0	0	0	0	0	0	0	0	0
1801	14	0	0	0	0	0	0	0	0	0
1802	10	0	30[45]	0	0	0	0	0	0	0
1803	8	0	0	0	0	0	0	0	0	0
1804	13	0	13.35[46]	0	0	0	0	0	0	0
1805	10	0	4.78[47]	0	0	0	0	0	0	0
1806	8	0	0	0	0	0	0	0	0	0
1807	8	0	0	0	0	0	0	0	0	0
1808	6	0	7.13	0	0	0	0	0	0	0
1809	11	8.4	0	0	0	0	0	0	0	0
1810	6	0	0	0	0	0	0	0	0	0
1811	10	0	10.4	0	0	0	0	0	0	0
1812	14	0.5	0	0	0.06	18.14	0	0	0	0
1813	11	0	0	0	0	0	0	0	0	0

[43] 1786.11.21 – 1787.11.30。
[44] 1789.11.24 – 1790.12.31。
[45] 1801.12.27 – 1802.08.06、中國絲。
[46] 1803.12.22 – 1804.07.29。
[47] 1804.12.21 – 1805.07.23。

年	艘										
1814	9	0	0	0	0	0	0	0	0	0	0
1815	11	19.9	8.86	0	0	0	0	0	0	0	0
1816	11	16.1	0	0	0	0	0	0	0	0	0
1817	8	0	0	0	0	0	0	0	0	0	0
1818	8	0	24	0	0	0	0	0	0	0	0
1819	7	0	14.39	0	0	0	0	0	0	0	0
1820	11	0	0	0	0	19.16[48]	0	0	0	0	0
1821	7	0	8.95	0	0	0	0	0	0	0	0
1822	6	0	0	0	0	0	0	0	0	0	0
1823	7	0	0	0	0	21 包[49]	0	0	0	0	0
1827	8	0	0	0	0	0	0	0	0	0	0
1829	8	0	0	0	0	0	0	0	0	0	0
1831	6	0	46.23	0	0	0	0	0	0	0	0
1832	5	0	0	0	0	0	0	0	0	0	0

資料來源：永積洋子（1987），《唐船輸出入品數量一覽 1637~1833 年》，東京：創文社，頁 4-5 & 38-252 & 334。作者整理。

表 2-5：1679-1833 年華船從日本輸出的銀和銅

年	艘	記載日期	銅（斤）	銀（兩）
1679		1678.11.04 – 1679.06.11	1847770	0
1681	8	1681.12.08 – 1681.12.29	170280	42770
1682	2	1682.01.10 – 1682.07.01	159100	4340
1683	25	1682.10.20 – 1683.11.08	2830646	298731
1718	7	1718.03.13	1035500	3850
1724	12	1724.12.9 – 1724.12.24	895104	2200
1725	8	1725.08.03	583000	1570
1738	11	1738.03.04	712000	0
1739	4	1739.12.07	520900	0
1741	16	1741.01.10 – 1741.02.20	1636300	0
1742	7	1742.11.29 – 1742.12.30	1002000	0

---

[48]　縫絲。

[49]　縫絲。

1743	10	1743.01.28 – 1743.12.15	1530000	443
1744	5	1744.06.07 – 1744.10.29	560364	0
1745	12	1745.02.14 – 1745.12.23	1837627	0
1746	3	1746.02.23	441900	0
1747	12	1747.01.13 – 1747.04.10	1871850	0
1748	12	1748.06.13	1604800	0
1749	19	1749.01.06 – 1749.11.01	2423987	0
1750	8	1750.06.30 – 1750.11.24	1241290	403+
1751	5	1751.02.05	630450	100
1752	3	1752.06.13	409918	0
1753	10	1753.02.07 – 1753.08.28	1010300	0
1756	5	1756.11.25	586596	440
1757	9	1757.09.12 – 1757.10.24	992710	0
1759	9	1759.01.07 – 1759.06.11	1573404	110
1760	10	1760.02.29 – 1760.10.29	1274858	0
1761	12	1761.05.01 – 1761.12.07	1625733	0
1762	4	1762.04.18 – 1762.07.06	347795	0
1763	12	1763.01.14 – 1763.12.09	1366682	0
1764	8	1764.04.14 – 1764.12.15	913017	0
1765	19	1765.02.01 – 1765.12.19	2140030	0
1766	14	1766.01.21 – 1766.11.10	877550	0
1767	12	1767.01.17 – 1767.11.27	1194020	0
1768	11	1768.03.04 – 1768.11.30	1305000	0
1769	12	1769.02.15 – 1769.11.29	1510000	0
1770	13	1770.05.20 – 1770.12.10	1300000	0
1771	15	1771.02.21 – 1771.12.24	1500000	0
1772	10	1772.05.31 – 1772.12.20	1366268	0
1773	4	1773.04.12 – 1773.08.07	400558	0
1774	19	1774.02.02 – 1774.12.18	2180000	0
1775	12	1775.04.26 – 1775.12.28	1255000	0
1776	2	1776.05.26	200000	0
1777	21	1777.01.11 – 1777.12.16	2170000	0

1778	2	1778.05.09	200000	0
1779	15	1779.01.13 – 1779.05.17	1520000	0
1780	12	1780.04.16 – 1780.10.21	1200000	0
1781	13	1781.06.08 – 1781.11.24	1300000	0
1782	7	1782.08.10 – 1782.08.20	750000	0
1783	16	1783.07.27 – 1783.11.30	1894621	0
1784	10	1784.02.01 – 1784.05.23	1325874	0
1785	13	1785.06.27 – 1785.10.31	1449138	0
1786	11	1785.11.25 – 1786.11.16	1123058	0
1787	11	1786.11.21 – 1787.11.30	1482533	0
1788	14	1787.12.01 – 1788.11.29	1601600	0
1789	9	1788.12.01 – 1789.11.23	868085	0
1790	11	1789.11.24 – 1790.11.13	1108000	0
1791	15	1791.03.10 – 1791.10.11	1500861	0
1792	12	1792.04.15 – 1792.11.03	804063	0
1793	13	1793.04.22 – 1793.10.30	1068000	0
1794	7	1794.04.26 – 1794.10.12	560000	0
1795	8	1795.04.01 – 1795.05.30	640000	0
1796	6	1795.11.18 – 1796.10.31	600000	0
1798	8	1797.11.21 – 1798.11.23	800000	0
1799	8	1798.11.24 – 1799.11.23	800000	0
1800	7	1799.10.05 – 1800.11.06	700000	0
1801	13	1800.11.06 – 1801.10.27	1300123	0
1802	11	1801.12.27 – 1802.10.16	1100486	0
1803	10	1803.05.09 – 1803.10.15	999500	0
1804	11	1804.05.16 – 1804.10.16	1104100	0
1805	11	1805.05.01 – 1805.10.28	1100030	0
1806	5	1805.12.16 – 1806.08.15	900220	0
1807	6	1807.07	595000	0
1808	8	1808.05	800000	0
1809	11	1809.05 – 1809.10	1102372	0
1810	11	1810.05 – 1810.10	1100083	0

1811	10		1000345	0
1812	14		1400000	0
1813	11		1100000	0
1814	9		900000	0
1815	11		1100000	0
1816	11		1100000	0
1817	6		600000	0
1818	8		800527	0
1819	7		700121	0
1820	11		1100130	0
1821	7		700356	0
1822	6		600000	0
1823	6		501000	0
1826	5		500000	0
1829	8		800000	0
1831	6		600000	0
1833	5	1833.05	420000	0

資料來源：永積洋子（1987），《唐船輸出入品數量一覽 1637~1833 年》，東京：創文社，頁 254-328。作者整理。

表 2-6：1767-1831 年華船輸進日本的金、銀

年	明確記載的時段	銀	金、銀
1767		200 貫目	
1768		14014 枚 ＋銀箔 10000 枚	
1770		1737 枚	
1775		100 兩＋34140 枚	
1778		4776.4 兩	
1779		1962 枚	
1782		10000 枚 （價值 7515.96 兩）	
1789	1788.12.01 – 1789.11.23	銀盃 8 個	

1803	1802.12.23 – 1803.07.15	1.4 斤 + 4160 枚	
1804	1803.12.22 – 1804.07.29	8002 枚	
1806	1805.12.26 – 1806.08.15	7849 兩	
1807	1807.07.22 – 1807.12	420 兩	
1808	1808.01.10 – 1808.07	2453 兩 + 1430 枚	
1809		12041 兩	100 枚
1810		150 枚	
1811		10820 兩	
1812			4 種 + 2 包
1813		2390 兩 + 400 枚	
1815			1915（單位不詳）
1816		銀絲 940 連	
1818			7 箱
1819			10 箱
1821		25360.6 兩	
1823			3 束
1827			2 種
1831			數量不詳

資料來源：永積洋子（1987），《唐船輸出入品數量一覽 1637~1833 年》，東京：創文社，頁 ii & 153-251。作者整理。

三、中國和西屬菲律賓馬尼拉的貿易[50]

中國和西屬美洲的貿易，以菲律賓馬尼拉作為轉運站。從 1565-1815年，每年有1-4艘的大帆船（以2艘最為常見、史稱「馬尼

---

[50] 本節內容除特別註明外，皆參考喻常森（2000），〈明清時期中國與西屬菲律賓的貿易〉，《中國社會經濟史研究》，1，43-49。

拉大帆船」和「絲船」），往返於墨西哥阿卡普爾科（Acapulco）
和菲律賓馬尼拉。[51]

　　Katharine Bjork認為西屬美洲和西屬菲律賓的貿易，雖然遭
到母國都會手工業者的反對，但還是持續繁榮了250年（1571-
1815）之久。原因是西屬墨西哥的官員和商人在其中扮演了重
要角色，他們從這條貿易線攫取了大部分的利潤。「菲律賓的
官員抱怨『全部的利潤被墨西哥居民所佔。這是因為他們具有
更多的資本以及不須對菲律賓向外擴展、戰爭和強化負起責
任。另外，他們得以在他們的房子裡暫存貨物，等待好價錢再
賣出，也因此可以在馬尼拉出較高的價錢進貨』。」馬尼拉大
帆船向亞洲輸出了大量的白銀，從亞洲換取以絲（產自中國）
為主的各式各樣商品。西班牙帝國的貿易政策和規範常常沒有
真正執行。如1593年，限制西屬美洲對西屬馬尼拉的白銀輸
出，每年不得超過25萬西元，1702年上限增加到30萬西元，
1734年再增加到50萬西元，最後在1769年增加到75萬西元。但
因墨西哥官員參與馬尼拉的貿易，所以此一政策基本上未被嚴
格執行。美洲白銀產量和輸往歐洲的白銀數量之間，存在很大
的差距，這顯示可能有很大數量的白銀留在生產地或是運往菲
律賓，據估計一年最高可多至135公噸（相當360萬兩），其中
的大部分流向中國。[52]

　　晚明為中國和西屬菲律賓貿易的極盛時期，1580-1643年，共
有1,677艘中國商船到馬尼拉進行貿易，平均每年26.2艘；1644-

[51] 全漢昇（1996），〈略論新航路發現後的中國海外貿易〉，《中國近代經濟史論叢》，75-90，台北：稻禾。
[52] Bjork, K.（1998），The link that kept the Philippines Spanish, Journal of World History, 9: 1, 25-50.

1684年，受到清朝海禁政策（為對付鄭氏政權）的影響，駛入馬尼拉港的中國商船減少為271艘，平均每年6.6艘。清朝開放海禁的1684-1716年間，貿易出現了復甦，每年抵達馬尼拉的中國商船一般在20艘左右。1717年，清政府擔憂海外華人形成勢力，會演變成如鄭氏海商的反抗集團，因而頒佈「南洋禁航令」，加上英國東印度公司的競爭，前往馬尼拉貿易的中國商船數目開始大幅減少，1717-1760年間，到達馬尼拉的中國商船數，總計549艘，年均僅剩12.4艘。

從十八世紀晚期開始，歐洲的商船逐漸取代中國商船。1797-1812年，抵達菲律賓的中國商船數目，平均每年只有8艘；1839-1849年，年均船數降到平均每年4艘，僅佔抵菲貿易商船總數的2%；1870年以後，就不再有中國帆船赴菲貿易。1850-1880年間，中、菲貿易主要由航行於馬尼拉和香港、澳門間的西班牙船來進行；1880年以後，英國船取代了西班牙船。

1570-1760年間，中國帆船貿易的興盛時期，中國主要對西屬菲律賓輸出絲綢[53]和紡織品，並進口白銀；據估計，此一期間，經由菲律賓流入中國的美洲白銀數量為24,337萬兩，約佔中國自菲律賓進口總價值的95%。但到了十八世紀晚期，由於中國人口的增長，特別是東南沿海的福建和廣東，糧食生產嚴重不足，所以中國開始自菲律賓大量進口大米。中國對菲律賓

---

[53] 晚明時期（c. 1570-1644），中國對菲律賓的出口，絲貨佔了絕大部份；1611-1615 年比例高達 91.5%。1684 年清初開海禁後，絲貨仍佔極大比例。例如在 1723 年，西班牙議會宣稱：大帆船自菲運進墨西哥的生絲，雖以 4 千包為限，但實際上常高達 10,000-12,000 包，每包約重一擔。參見全漢昇（1996），〈略論新航路發現後的中國海外貿易〉，《中國近代經濟史論叢》，75-90，台北：稻禾。

的貿易，隨著帆船貿易的衰弱和大米進口，貿易順差很快地便轉為逆差。

表2-7和表2-8提供了1641-1790期間，華船到西屬菲律賓貿易的詳細海關數據。可據以得到1645-1777年間，平均每年11.0564艘華船抵達馬尼拉、平均每艘輸入價值13,272西元（9,954兩銀）的商品、平均每年輸入價值146,741（110,056兩銀）西元的商品，1645-1777年間合計輸入1,952萬西元（1,464萬兩銀）的商品。

表 2-7：1641-1790 年中國和西屬菲律賓馬尼拉的貿易（西元）

	馬尼拉年均進口總值	年均入口稅總值	年均入口稅稅率（%）[54]	中國商船入口稅[55]	澳門商船入口稅	台灣商船入口稅	中國對馬尼拉年均輸出的估計值[56]	年均中國商船數	每艘中國商船年均輸出商品金額
1641-45	566208	22075	3.90	12249.4	6294	56	314188	18.2	17263
1646-50	379535.2	14316	3.77	9991	0	0	264874	13	20375
1651-55	192093.8	7504	3.91	4905	0	0	125562	6.4	19619
1656-60	214904.4	6676	3.11	2786.2	0	0	89689	5.2	17248
1661-65	277736.4	4858	1.75	2412.4	0	89.4	137919	6.4	21550
1666-70	186176.6	3884	2.09	1313.8	0	247.2	62976	0.4	157440
1671-75	280530.75	4464	1.59	222	0	628.25	13951	1	13951
1676-80	233199.6	9279	3.98	2910.2	0	539.2	73139	6	12190
1681-85	210587.6	19769	9.39	4227.25	1200	614.5	45030	4.25	10595
1686-90	185504.75	26074	14.06	13304.5	475.5	0	94656	15.25	6207
1691-95	302250.8	29763	9.85	15882.4		0	161290	15.2	10611
1696-1700	283037.2	55213	19.51	30761.6	3740	0	157693	17.2	9168
1701-05	228064	40089	17.58	22284.25	550	0	126774	15	8452

[54] 入口稅除以進口總值。

[55] 僅指來自中國大陸的商船。

[56] 中國商船入口稅除以平均入口稅率。

1706-10	256469.2	39349	15.34	23938.4	100	0	156026	30.2	5166
1711-15	233191.5	34886	14.96	17720	100	23	118447	14.25	8312
1716-20	252798.4	21528	8.52	7960.2	0	375.4	93475	5.8	16116
1721-25	265133	28746	10.84	9120.8	240	58	84124	13.8	6096
1726-30	305386	19692	6.45	12204.8	1640	0	189274	9.8	19314
1731-35	290237.8	38526	13.27	17085	120	0	128711	11.2	11492
1736-40	301997.8	49980	16.55	30355.5	1025	0	183419	18.75	9782
1741-45	246145.4	25792	10.48	11690	1100	0	111563	16	6973
1746-50	322787.8	14546	4.51	8128.75	475	0	180384	15.5	11638
1751-55	369864	26261	7.10	9377.4	1920	0	132073	13.2	10006
1756-60	308712.4	26972	8.74	15414.6	140	0	176430	12.2	14462
1761-65	412083.5	36615	8.89	27679	441	0	311513	8	38939
1766-70	414529.8	30779	7.43	12856.6	1666.6	7	173152	8.2	21116
1771-75	576745.6	43523	7.55	25212.8	2040	64.4	334108	9	37123
1776-80	660758.5	55179	8.35	28691	458.5	0	343570	9	38174
1781-85									
1786-90		81772		42350.5[57]	3985[58]	0[59]		12[60]	

資料來源：Chaunu, P.（1960），Les Philippines et le Pacifique des Iberiques, Paris: S.E.V.P.E.N. 進口總值和入口稅參見頁 78-83；中國商船繳納的入口稅參見頁 205-219。中國商船數參見頁 161-197。原文使用西班牙銀元，可使用 1 西元＝0.75 兩銀進行換算。

表 2-8：1645-1777 年中國航抵馬尼拉的船隻數和估計的貿易額（元）

年	艘	平均每艘輸入商品價值	輸入商品總值	年	艘	平均每艘輸入商品價值	輸入商品總值
1645	11	17263	189893	1721	6	6096	36576
1646	17	20375	346375	1722	21	6096	128016
1647	17	20375	346375	1723	18	6096	109728
1648	7	20375	142625	1724	12	6096	73152
1649	14	20375	285250	1725	12	6096	73152

---

[57] 1787 年的數字。
[58] 1787 年的數字。
[59] 1787 年的數字。
[60] 1787 年的數字。

1650	10	20375	203750	1726	13	19314	251082
1651	9	19619	176571	1727	5	19314	96570
1652	4	19619	78476	1728	6	19314	115884
1653	8	19619	156952	1729	13	19314	251082
1654	8	19619	156952	1730	12	19314	231768
1655	3	19619	58857	1731	7	11492	80444
1656	0		0	1732	15	11492	172380
1657	0		0	1733	16	11492	183872
1658	5+	17248	86240+	1734	10	11492	114920
1659	10	17248	172480	1735	8	11492	91936
1660	11	17248	189728	1736	14	9782	136948
1661	10	21550	215500	1737	17*	9782	166294
1662	6	21550	129300	1738	20	9782	195640
1663	2	21550	43100	1739	25	9782	244550
1664	4	21550	86200	1740	16	9782	156512
1665	10	21550	215500	1741	15	6973	104595
1666	2	157440	314880	1742	17	6973	118541
1667	0		0	1743	19	6973	132487
1668	0		0	1744	16*	6973	111568
1669	0		0	1745	13	6973	90649
1670	0		0	1746	16*	11638	186208
1671	0		0	1747	19	11638	221122
1672	0		0	1748	13	11638	151294
1673	2	13951	27902	1749	19	11638	221122
1674	2*	13951	27902	1750	11	11638	128018
1675	2	13951	27902	1751	14	10006	140084
1676	7	12190	85330	1752	13	10006	130078
1677	9	12190	109710	1753	9	10006	90054
1678	3	12190	36570	1754	12	10006	120072
1679	6	12190	73140	1755	18	10006	180108
1680	5	12190	60950	1756	20	14462	289240
1681	0		0	1757	7	14462	101234
1682	0*	10595	0	1758	10	14462	144620
1683	0		0	1759	11	14462	159082
1684	1	10595	10595	1760	13	14462	188006
1685	16	10595	169520	1761	11*	38939	428329
1686	27	6207	167589	1762	9*	38939	350451
1687	13	6207	80691	1763	7*	38939	272573
1688	7	6207	43449	1764	5	38939	194695

1689	10.5*	6207	65174	1765	11	38939	428329
1690	14	6207	86898	1766	6	21116	126696
1691	13	10611	137943	1767	9	21116	190044
1692	14	10611	148554	1768	13	21116	274508
1693	18	10611	190998	1769	7	21116	147812
1694	12	10611	127332	1770	6	21116	126696
1695	19	10611	201609	1771	8	37123	296984
1696	16	9168	146688	1772	11	37123	408353
1697	15	9168	137520	1773	10	37123	371230
1698	23	9168	210864	1774	6	37123	222738
1699	17	9168	155856	1775	10	37123	371230
1700	15	9168	137520	1776	5	38174	190870
1701	9	8452	76068	1777	13	38174	496262
1702	15	8452	126780	1778	?		
1703	20	8452	169040	1779	?		
1704	18*	8452	152136	1780	?		
1705	16	8452	135232	1781	?		
1706	26	5166	134316	1782	?		
1707	15	5166	77490	1783	?		
1708	32	5166	165312	1784	?		
1709	43	5166	222138	1785	?		
1710	25	5166	129150	1786	?		
1711	12	8312	99744	1787	12		
1712	13*	8312	108056	1788	?		
1713	14	8312	116368	1789	?		
1714	17	8312	141304	1790	?		
1715	14	8312	116368				
1716	9	16116	145044				
1717	8	16116	128928				
1718	3	16116	48348				
1719	2	16116	32232				
1720	7	16116	112812				

資料來源：Chaunu, P.（1960），Les Philippines et le Pacifique des Iberiques, Paris: S.E.V.P.E.N. 船隻數參見頁 161-197。年均每艘輸入值使用表 2-7 的五年期間平均值。沒有記載船隻數的年份，以線性內差估計，右上方的星號標明是船數的估計值。華船輸入總值等於船數乘以平均每艘輸入值。1778 年以後，無從估計。原文使用西班牙銀元，可使用 1 西元＝0.75 兩銀進行換算。

四、葡澳的對外貿易

　　晚明是澳門國際貿易的黃金期，但明末的1640年代起，澳門對外貿易便開始衰退。十七世紀末到十八世紀初，曾出現了短暫的復興：1670年葡、荷戰爭結束，以及1684年清政府開海禁，導致葡澳–馬六甲–印度果阿–葡萄牙里斯本航線和葡澳——荷屬巴達維亞航線的恢復和興盛。據統計，1684-1699年間，有14艘葡澳商船抵達馬六甲；1718-1723年間，每年有1-2艘葡籍商船對向往返澳門和果阿間；1684-1716年間，澳門前往巴達維亞的船隻達52艘，平均每年1.6艘。1688年，澳門海關徵稅29,600兩白銀，佔粵海關收入的36%。但到了十八世紀中期以後，由於葡萄牙國勢衰弱，無法和來華貿易的西歐列強競爭，以及喪失從事中國對外貿易的特權，[61]葡澳的對外貿易就因而從此一蹶不振，再無起色。[62]

　　十八世紀中期以前，葡澳主要進口奢侈品（如香料），出口以茶葉和絲織品為主。[63]但到了十八世紀中期以後，隨著葡澳對

---

[61] 1680 年，清朝恢復澳門對中國內地的貿易，並對澳門採優惠政策。1717年清政府的「南洋禁海令」，讓澳門對馬尼拉和巴達維亞的貿易大幅增加。但好景不常，1727 年，清政府重新開放海禁，華船可以合法前往南洋貿易，澳門對外貿易就大受影響。參見陳小錦（2001），〈明清時期澳門在中西貿易中的地位〉，《廣西師院學報（哲社版）》，22：2，114-118。

[62] 黃鴻釗（1999），〈明清時期澳門海外貿易的興衰〉，《江海學刊》，6，118-132。

[63] 例如在 1720-1723 年間，共計 30 艘船從澳門航向荷屬巴達維亞，主要向巴達維亞輸出中國茶葉（每年將 2,000-3,000 擔的茶葉運進巴達維亞）、購入胡椒。1718 和 1719 年，葡商從巴達維亞運回 2 萬擔和 1.1 萬擔的胡椒回澳門。參見張廷茂（2003），〈清康雍時期遠東商業優勢的爭奪〉，《江海學刊》，3，158-163。另外，這篇論文列出 1665-1735 期間的部份年度，往來於澳門和巴達維亞之間的商船數目。

外貿易的衰弱和西歐工業革命後的產業結構變化，葡澳的進口品改為以棉花、棉紗和棉布為主，並從事大量的苦力貿易。[64]據統計，1856-1873年，澳門共出口華工182,504人。[65]

　　清初的頭幾年，載貨前往澳門貿易的商人，常私自從澳門轉往海外貿易，如至日本和呂宋等地。十七世紀的50-60年代，雖然清政府實行海禁，但廣州的尚可喜、尚之信父子，為獲取海貿利潤，仍私自與葡澳進行貿易。1661年，清政府頒佈遷界令，有些中國商人便利用澳門出洋貿易以為應變。雖然如此，清政府實施海禁後，澳門還是受到不小的打擊。於是澳門在1670年遣使至北京交涉，但無結果。直到1678年，澳門商人Bento Pereyra de Faria再度以葡王名義朝貢，才讓清政府同意先恢復廣州和澳門之間的陸路貿易。1684年廢除海禁，隔年在廣州設立海關，澳門作為廣州的外港，很快就轉型為各國與廣州貿易的根據地，進口船隻在澳門雇用引船人和代理人，以及辦理出口手續。[66]

　　1688年，清政府在澳門設立粵海關關部行臺，來管理澳門的對外貿易。澳門為粵海關關稅正口，下設南灣、娘媽角、大馬頭、關閘四小口，對進出澳門的商船徵收稅費。鴉片戰爭後，葡萄牙趁中國國勢中衰，1845年宣佈澳門為自由港，1849年關閉粵海關關部行臺，1887年，取得對澳門的永租權。由於1840年代以

---

[64] 黃鴻釗（1999），〈明清時期澳門海外貿易的興衰〉，《江海學刊》，6，118-132。

[65] 陳小錦（2001），〈明清時期澳門在中西貿易中的地位〉，《廣西師院學報（哲社版）》，22：2，114-118。

[66] 聶德寧（1994），〈明末清初的海外貿易〉，《廈門大學學報（哲社版）》，3，64-70。另外，《廣東新語》卷2〈地語‧澳門〉載：「向者海禁甚嚴，人民不得通澳〔門〕，而藩王〔尚可喜父子〕左右陰與為市，利盡歸之。」以及陳國棟（2005），《東亞海域一千年》，台北：遠流，頁261。

後，中國喪失對澳門的貿易管理權，許多私人商船，便從澳門走私貨物運入廣東各地，其中以鴉片為大宗。據估計，每年約有10,000-15,000箱的鴉片從香港運入澳門後再流入廣東。[67]另外，茶葉透過澳門走私出口，以規避出口關稅和厘金，每年中國政府因此損失約6萬兩銀的收入。[68]

到了1887年4月2日，拱北海關正式開辦，對往來澳門的中國商船課稅，走私貿易的情況才獲得控制。拱北關的設立，乃是在中國海關總稅務司赫德的斡旋下，中國用允許葡萄牙永遠使用澳門的條件，來換取葡萄牙同意比照香港九龍海關（1886年設立）的模式，讓中國在澳門內港對岸1,000-1,500公尺遠的氹仔島（Taipa）設立海關。拱北海關隸屬於中國海關總稅務司署，凡廣東省西南沿海地區、西江地區和海南島前往澳門貿易的民船，都須在拱北關報關繳稅。[69]

五、中國和荷蘭東印度公司的貿易

十七世紀前期，荷蘭東印度公司主要從事中、日的轉口貿易，但隨著日本在十七世紀中葉白銀產量開始減少，荷蘭東印度

---

[67] 除此，根據當時英國人的統計，1883-1885 年，每年輸入中國的鴉片在 9 萬擔左右，其中 2 萬擔為非法走私，而從澳門走私進入中國的鴉片，每年約 9,000-10,000 擔。參見陳小錦（2001），〈明清時期澳門在中西貿易中的地位〉，《廣西師院學報（哲社版）》，22：2，114-118。

[68] 戴一峰（1995），〈赫德與澳門〉，《中國經濟史研究》，3，83-90。附帶一提，據估計，1883-1885 年，民船從澳門走私到廣東的鴉片，分別為 4,188 擔、5,962 擔和 6,514 擔。參見 China, Maritime Customs: Special Series No. 10. Opium: Crude and Prepared, Lappa. 1888, p. 69. 轉引自戴一峰（1995），〈赫德與澳門〉，《中國經濟史研究》，3，83-90。

[69] 戴一峰（1995），〈赫德與澳門〉，《中國經濟史研究》，3，83-90。

公司便改變經營策略，將中國商品運往歐洲販賣，所需的資本為
西班牙人自美洲獲得的白銀。[70]

　　中國對荷蘭東印度公司主要出口生絲、瓷器和茶葉；主要進
口熱帶產品和白銀[71]。十七世紀初到十八世紀初，以台灣（1624-
1662年荷蘭佔領台灣）和巴達維亞（1619年在巴城設立總部）為
基地，和前來的中國商船進行貿易。到了1728年，荷蘭東印度公
司開闢荷蘭——廣州航線，貿易從間接貿易改成直接貿易和間接貿
易並行。[72]1728-1734年間，計11艘荷蘭船從荷蘭出發，其中2艘沉
沒、9艘船抵達廣州，回程共載運135萬磅的茶葉，佔總值的
73.9%。1735年停止荷蘭母國和廣州的直接貿易，改由巴達維亞派
船前往廣州，到了1755年，才又恢復。[73]

　　生絲為十七世紀前期中國對荷蘭輸出的最重要商品，但1650
年以後，重要性就日益下降。至於茶葉，在1610年，荷蘭東印度
公司便從中國出口茶葉，比英國的1669年要早上50年。1690-1719
年間，荷蘭東印度公司向華商和葡商（澳門），購進的中國茶葉

---

[70] 陳國棟（2005），《東亞海域一千年》，台北：遠流，頁22-23。

[71] 根據 I. Schoffer and F. S. Gaastra，1700-1750 年，荷蘭向亞洲輸出總值
100,600,131 荷蘭盾的貨物，以及價值 228,265,232 荷蘭盾的貴金屬（以白
銀為主），平均每年約相當 128 萬兩銀。轉引自全漢昇（1996），〈美洲
白銀與明清間中國海外貿易的關係〉，《中國近代經濟史論叢》，45-
66，台北：稻禾。1 兩銀約等於 3.5 荷蘭盾。

[72] 首艘船於 1728 年 12 月 5 日自荷蘭出發，載了 30 萬盾的銀幣（約相當 8.5
萬兩銀），1729 年 8 月 2 日抵達澳門，廣州做完生意後，在 1730 年初離
開中國，1730 年 7 月 13 日返抵荷蘭，運回 27 萬荷磅（約 29.5 萬英磅）
的茶葉、570 疋絲綢和一些瓷器，賣出後獲利 32.5 萬荷盾、毛利
106.4%。參見全漢昇（1996），〈再論十七八世紀的中荷貿易〉，《中國
近代經濟史論叢》，183-216，台北：稻禾。

[73] 詳見 Zhuang, G. （1993）, Tea, Silver, Opium and War, Xiamen: Ximen
University Press, pp.104-121.

僅佔所有購入中國商品的20-50%，每年平均500-600擔。[74]但到了1729年和1760年，華茶分別佔輸入華貨總價值的85.1%和89.6%，直至十八世紀末，這個比例都維持在70%以上。[75]另外，1602-1682年，荷蘭東印度公司從中國輸入瓷器超過1,600萬件，其中1,200萬件輸往歐洲；1730-1789年，荷蘭東印度公司從中國輸入瓷器超過4,269萬件。[76]

　　由於中國商船在荷屬巴達維亞購進大量熱帶產品、特別是胡椒，因此荷蘭東印度公司通常不須準備大量白銀，有時還能享有小額貿易順差。例如十八世紀的頭十年，荷蘭東印度公司每年享有10-50萬荷蘭盾（florin）的順差、相當3-14萬兩白銀。開海禁後，中國在荷屬巴達維亞的貿易於1730年代抵達高峰，據估計1730年代，每年從中國戎克船輸入約3萬擔的茶葉。1750年代，中國和巴達維亞的茶葉貿易劃下句點。原因如下：第一、1740年巴達維亞發生對中國人的大屠殺，使得當地與中國的貿易網絡瓦解；第二、英國東印度公司向廣州輸入熱帶產品，巴達維亞的生意受到很大影響；第三、從巴達維亞購入中國茶葉再轉販歐洲，無論在品質和運送速度上皆無法與其他歐洲國家競爭。因此在1755年，荷蘭東印度公司決定重新開啟荷蘭和廣州的直航航線。1756-1763的七年戰爭，讓荷蘭幾乎席捲了整個廣州市場，平均利潤率高達134.9%，但此後最終還是不敵英國的競爭，1788年，荷

---

[74] 全漢昇（1996），〈美洲白銀與明清間中國海外貿易的關係〉，《中國近代經濟史論叢》，45-66，台北：稻禾。以及全漢昇（1996），〈略論十七八世紀的中荷貿易〉，《中國近代經濟史論叢》，175-181，台北：稻禾。

[75] 以 1730 年為例，巴達維亞輸入的中國茶可能在 15,000 擔左右。作者根據 Glamann, K. （1958），Dutch-Asiatic Trade 1620-1740, Hague: Martinus Nijhoff, p. 235. 所作估計。

[76] 本段除特別註明外，其餘皆引自全漢昇（1996），〈明清間美洲白銀輸入中國的估計〉，《中國近代經濟史論叢》，31-43，台北：稻禾。

蘭輸入歐洲的中國茶開始快速減少，1830年，荷蘭決定終止從中國進口茶葉。[77]

　　1780-1784年的第四次英、荷戰爭（the 4th Anglo-Dutch War），英國海軍切斷了荷蘭母國和東亞殖民地之間的聯繫，貿易中斷，荷蘭東印度公司因此債務纏身。更糟的是，英國在1784年實施「折抵法案」（The Commutation Act），大幅度降低茶葉進口稅率，消除了茶葉走私貿易。荷蘭從中國進口的茶葉，不能夠再賣給英國的走私者，銷路受到很大影響。隨著財務狀況的不斷惡化，公司終於在1799年宣告破產，1800年1月1日生效，誕生於1602年的荷蘭東印度公司自此走入歷史。[78]

---

[77] 詳情請參見 Zhuang, G.（1993），Tea, Silver, Opium and War, Xiamen: Ximen University Press, pp.104-121.《漳州府志·蔡新傳》載：「閩、粵洋船不下百十號，每船大者造作近萬金，小者亦四、五千金；一旦禁止，則船皆無用，已棄民間五、六十之萬矣。開洋市鎮，如廈門、廣州等處，所積貨物不下數百萬。一旦禁止，勢必虧折耗蝕，又棄民間數百萬之積矣。洋船往來，無業貧民仰食於此者，不下千百家；一旦禁止，則以商無貨，以農無產，勢將流離失所，又棄民間千百生民之食矣。此其病在目前者也。數年之後，其害更甚。閩、廣兩省所用皆番錢，統計兩省歲入內地約近千萬。若一概禁絕，東西〔南〕之地每歲頓少千萬之入，不獨民生日蹙，而國計亦絀，此重可憂也。」引自沈定均等修（1965），《漳州府志》（朱商羊影印本），卷三十三、人物六、頁 64-65。可見當時中國帆船貿易興盛的狀況。全漢昇認為「根據蔡新的議論，我們可以推知在乾隆（1736-1795）初葉前後，因為中國貨物對荷蘭東印度的大量輸出，福建、廣東每年輸入銀多至將近一千萬兩。」參見全漢昇（1996），〈美洲白銀與明清間中國海外貿易的關係〉，《中國近代經濟史論叢》，45-66，台北：稻禾。但作者認為這個數字遠遠高估了實際的金額，「千萬」並非精確之詞，應該解釋為很多之意。敬請參考前註關於 1700-1750 年荷蘭東印度公司輸入亞洲的貴金屬數量便可得知。
[78] 陳國棟（2005），《東亞海域一千年》，台北：遠流，頁 26-27。

　　表2-9提供了1729-1793年荷蘭在廣州的茶葉、生絲和瓷器的貿易金額和比重；貨幣單位使用的是荷蘭盾，1兩銀約等於3.5荷蘭盾。其餘的貿易數據，請參見第三節。

表 2-9：1729-1793 年荷蘭從廣州的進口（廣州進價、荷蘭盾）

	貨物總值	生絲	%	紡織品（以絲綢為主）	%	瓷器	%	茶葉	%
1729	264902			11921	4.2	30561	10.7	242420	85.1
1730	234932					30541	13.0	203630	86.7
1731	828194					54222	10.3	330996	63.1
1732	562622			18564	3.3	91191	16.2	397466	70.7
1733	989159					89236	19.9	336881	75.2
1734	304450								
1735	無記錄								
1736	365036			117670	32.2	37284	10.2	201584	55.3
1737	597281	45332	7.6			80024	14.4	410882	68.8
1738	393732					58331	14.8	283452	72.0
1739	525983			144567	27.5	37681	7.2	290461	55.2
1740	1075000			297190	27.6	96599	9.0	590328	54.9
1741	無記錄								
1742	1043334			140692	13.5	102535	9.8	719462	69.0
1743	906135			128226	14.2	77035	8.5	630590	69.6
1744	995288			174244	17.5	67637	6.8	694759	69.8
1745	1165835	59005	5.1	208878	17.9	79241	6.8	731356	62.7
1746	1228130			205179	16.7	70175	5.7	875529	71.3
1747	1503560								
1748	1327821	129034	9.7	205245	15.4	63864	4.8	897442	67.6
1749	775154	125384	16.2	109889	14.2	38444	4.9	483317	62.4
1750	1366760	126205	9.2	187824	13.7	70690	5.2	960403	70.3
1751	655350	123812	9.1	314192	22.9	72745	5.3	823435	60.1
1752	1990480	42884	2.2	199356	10.0	121466	6.1	1564114	78.6
1753	2703229	70826	2.6	349813	12.9	94250	3.5	2110708	78.1
1754	3480182	142496	4.1	437095	12.5	148311	4.3	2722870	78.3
1755	2623071	143358	5.5	406222	15.5	88511	3.4	1951440	74.4
1756	2067312	153915	7.4	446617	21.6	96823	4.7	1351450	65.4
1757	570727	43478	7.6	201138	35.3	14864	2.6	279901	49.0
1758	1195075	40342	3.4	247867	20.7	62933	5.3	777409	65.1
1759	1883629	123088	6.5	163062	8.7	49455	2.6	1486611	78.9

1760	1803274			7609	0.4	95326	5.3	1614841	89.6
1761	1213001			11830	1.0	41517	3.4	1037991	85.6
1762	1965732	77679	3.9	8015	0.4	84717	4.3	1615976	84.1
1763	1253503	193182	10.3	86895	4.6	91472	4.9	1427968	76.1
1764	3360627	167288	6.1	211164	7.7	94730	3.5	2093534	76.5
1765	2752841	79140	2.9	210394	7.6	104889	3.8	2199097	79.9
1766	1373676	50986	2.0	131083	5.1	114703	4.4	2087036	80.8
1767	2434115								
1768	2599217	147559	5.7	288295	11.1	92901	3.6	1829786	70.4
1769	2362553	51153	2.2	147565	6.2	129540	5.5	1864660	78.9
1770	2405232	185329	7.7	136332	5.7	132066	5.5	1777256	73.9
1771	2442769	190360	7.8	181613	7.4	129510	5.3	1740889	71.3
1772	2255148	112248	5.0	209433	9.3	106305	4.7	1632644	72.4
1773	2299212	140145	6.1	204688	8.9	106675	4.6	1657285	72.1
1774	2274202	121702	5.3	236390	10.4	124434	5.4	1608419	70.8
1775	2263529	132171	5.8	224899	9.9	96567	4.3	1625045	71.8
1776	2451597	201334	8.2	265010	10.8	89784	3.7	1723870	70.3
1777	523825	184940	6.8	225252	8.3	85126	3.2	2028413	75.1
1778	754315	225791	8.0	311058	11.0	131415	4.6	1970198	69.5
1779	1876799	224284	8.7	327845	12.7	122151	4.7	1744791	67.6
1780	508781	230171	9.3	294458	11.9	93460	3.8	1738936	70.4
1781	無記錄								
1782	無記錄								
1783	823802	162918	10.1	152406	9.5	56775	3.5	1076991	67.1
1784	2378995	207623	6.5	326011	10.2	104825	3.3	2255619	70.9
1785	2604895	280940	10.8	300156	11.5	85849	3.3	1768428	67.9
1786	4538034	372268	8.2	344501	7.6	113526	2.5	3342391	73.7
1787	2075796	489081	10.3	386274	8.2	117536	2.5	3435415	72.5
1788	4039114	143764	3.6	326334	8.1	127195	3.1	3171942	78.5
1789	4327372	352433	8.1	351645	8.1	108917	2.5	3316479	76.7
1790	591962	39622	5.8	209916	30.7	28271	4.1	367316	53.7
1791	1534680	188518	12.3	203825	13.3	48928	3.2	1017519	66.3
1792	2269758	93013	4.1	203486	9.0	42242	1.9	1821461	80.2
1793		52833	1.9	237848	8.8	61842	2.3	2150190	79.2

資料來源：貨物進價總值（售貨收益、毛利、毛利率）參見 Jörg, C. J. A. (1982), Porcelain and the Dutch China Trade, The Hague: M. Nijhoff, pp. 212-213. 生絲、紡織品、瓷器和茶葉參見前引書 pp. 217-220. 另外，受到波斯絲和孟加拉絲的競爭，華絲對荷蘭的出口受到很大影響；絲綢部份，1729 年絲綢在廣州的購入價為每疋 20.91 荷盾、1740 年為 35.17 荷盾、1750 年為 29.15 荷盾、1758 年為 39.49 荷盾、1765 年為 37.12 荷盾、1776 年為 43.93 荷盾、1786 年為 38.35 荷盾、1792 年為 40.92 荷盾，參見前引書 p. 85。

第三節 c. 1700-1840年的中、西廣州貿易

1637年，英國首次抵達廣州／澳門進行貿易。1637-1683年，英國來華貿易船隻總計僅37艘，主要集中在台灣和廈門兩地。1684-1714年，英國來華貿易的船隻達83艘次，其中計50艘前往廈門、福州、舟山和寧波，佔56.8%；38艘前往廣州或澳門，佔43.2%，貿易已漸漸移往廣州。[79]另外，西、葡、荷以外的其他西方國家，來中國貿易的時間就更晚了，貿易額也相對較不重要。

整體而言，清政府開海禁後的1684-1757四口（江、浙、閩、粵四海關；當代地名分為鎮江[80]、寧波、廈門、廣州）通商時期，英國主要在廣州和中國進行貿易，其他三個口岸的個別貿易量不大，例如1685-1723年間，僅有8次、15艘英國商船到寧波貿易，佔同一時期來華英船總數的13%，甚至從1724到1742年，沒有一艘英船到寧波。[81]所以本書將焦點放在英國／西方各國在廣州和中國進行的貿易之上。1715年，英國在廣州設立商館，荷蘭、法國、丹麥、瑞士等國亦相繼跟著英國在廣州設立了商館。[82]

---

[79] 李木妙（1997），〈明清之際中國的海外貿易發展〉，《新亞學報》，18，99-149。

[80] 江海關是否指的是鎮江尚有些爭議。

[81] 陳君靜（2002），〈略論清代前期寧波口岸的中英貿易〉，《寧波大學學報（人文版）》，15：1，83-87。

[82] 陳耀權（1997），《清代前期中英貿易關係研究》，香港：新亞研究所碩士論文，頁 36。以及李木妙（1997），〈明清之際中國的海外貿易發展〉，《新亞學報》，18，99-149。

　　此一時期，重要的貿易商品是中國對西方國家輸出的茶葉和絲綢，以及從西方國家進口的白銀、鴉片和印度棉花。[83]因此，第一小節到第四小節分別探討茶葉貿易、棉花／棉布貿易、鴉片貿易，第五小節主要呈現中、西貿易的船數、品項和進出口金額；白銀的進出口則留待第三章再討論。英國是此段期間西方國家裡，中國最重要的貿易夥伴，荷蘭排在第二位，美國則是後起之秀。詳見表2-10和表2-11。

表 2-10：1764-1833 年西方國家對中國的年均出口（兩銀）

年	總值（100%）	英國		美國		其他歐陸各國	
		金額	%	金額	%	金額	%
1764	1908704	1207784	63.3	-	-	700920	36.7
1765-69	1774815	1192915	67.2	-	-	581900	32.8
1770-74	2094336	1466466	70.0	-	-	627870	30.0
1775-79	1995913	1247471	62.5	-	-	748442	37.5
1780-84	1994617	1301931	65.3	27290	1.4	665396	33.3
1785-89	4489527	3612763	80.5	123164	2.7	753600	16.8
1790-94	5876663	5007691	85.2	181096	3.1	687876	11.7
1795-99	5908937	5373015	90.9	374124	6.3	161798	2.8
1800-04	8727364	7715556	88.4	828326	9.5	183482	2.1
1805-06	12348319	11474509	92.9	767775	6.2	106035	0.9

---

[83] 中國國內市場的情況對照如下：「鴉片戰爭前，我國市場上占第一、第二位的商品是糧食和棉布。糧食的商品量，如果除去地方小市場的調劑，也除去沒有交換的為繳納賦稅或還債而交售的部分，約為二百零八億斤，占產量的百分之十，市場價值約一億四千萬銀兩。它主要是在區域市場內流通，屬於長距離販運貿易的（扣除漕糧），大約不過四十五億斤，占總商品量的百分之二十左右。棉布的商品量約有三億匹，（按土布每匹三・六三三平方碼計），占產量的百分之五十強，市場價值約一億銀兩。它是由全國近半數的農戶家庭手織的（紡紗戶還更多一些），因而也主要是在地方小市場和區域市場內銷售，進入長距離販運貿易的，大約四千五百萬匹，占總商品量的百分之十四。其餘，茶、絲綢、糖等長距離販運較多，但在整個市場上所占比重不大。」參見吳承明，〈中國資本主義的發展述略（一）〉，《國學網──中國經濟史論壇》，http://economy.guoxue.com/article.php/995（2007/10/15 查詢）。

1807-16	?	?	?	?	?	?	?
1817-19	9053298	7646777	84.5	1184551	13.1	221970	2.4
1820-24	7952488	6525201	82.1	1427287	17.9	?	?
1825-29	9161314	7591390	82.9	1534711	16.7	35213	0.4
1830-33	9162608	7335023	79.8	1766692	19.2	90893	1.0

資料來源：根據普立查特《決定性年代》、《對華貿易的鬥爭》和摩斯《編年史》。轉引自嚴中平（1955），《中國近代經濟史統計資料選輯》，北京：科學，頁4。附記：1764-1774年，除1764、1768、1771、1772各年外，其餘各年數字皆使用1775-1785年間每船輸入平均價值乘以1764-1774年間到中國貿易的船隻數而得；英國包括印度；1780-1784年，美國只有在1784年來中國貿易。

表 2-11：1764-1833 年西方國家從中國的年均進口（兩銀）

年	總值 （100%）	英國		美國		其他歐陸各國		中國的貿易順差[84]
		金額	%	金額	%	金額	%	
1764	3637143	1697913	46.7	-	-	1939230	53.3	1728439
1765-69	4177909	2190619	52.4	-	-	1987290	47.6	2403094
1770-74	4362676	2119058	48.6	-	-	2243618	51.4	2268340
1775-79	4725989	1968771	41.7	-	-	2757218	58.3	2730076
1780-84	5008263	2083346	41.6	15864	0.3	2909053	58.1	3013646
1785-89	8454720	5491508	65.0	325988	3.9	2637224	31.1	3965193
1790-94	7348420	5843714	79.5	440978	6.0	1063728	14.5	1471757
1795-99	7937254	5719972	72.1	1399680	17.6	817602	10.3	2028317
1800-04	10391797	7556473	72.7	2036448	19.6	798876	7.7	1664433
1805-06	11168783	7400223	66.2	3391560	30.4	377000	3.4	-1179536
1807-16	?	?	?	?	?	?	?	?
1817-19	13770740	8060271	58.5	5710469	41.5	?	?	4717442
1820-24	14678252	9816066	66.9	4862186	33.1	?	?	6725764
1825-29	14390108	10215565	71.0	4116182	28.6	58361	0.4	5228794
1830-33	13443641	9950286	74.0	3321296	24.7	172059	1.3	4281033

資料來源：根據普立查特《決定性年代》、《對華貿易的鬥爭》和摩斯《編年史》。轉引自嚴中平（1955），《中國近代經濟史統計資料選輯》，北京：科學，頁4-5。附記：1764-1774年，除1764、1768、1771、1772各年外，其餘各年數字皆使用1775-1785年間每船輸入平均價值乘以1764-1774年間到中國貿易的船隻數而得；英國包括印度；1780-1784年，美國只有在1784年來中國貿易。

---

[84] 未計入中國進口的走私鴉片。

一、茶葉貿易

　　歐洲人從十七世紀初期，就從中國進口茶葉，但直至十七世紀的最後二十五年，才開始從中國進口較多的茶葉。以1704年的英國肯特號（Kent）為例，它從廣州載運總價127,000兩銀的貨物，包括價值14,000兩銀的470擔茶葉、佔貨物總值的11%，以及價值80,000兩銀的絲織物。十八世紀初期，英國便追上荷蘭，採購差不多數量的中國茶葉。到了十八世紀晚期以後，中、歐的茶葉貿易，就幾乎被英國所控制，並在以後相當長的時間裡，從中賺了很大的利潤。[85]美國從1784年派船前往廣州貿易，很快就成為中國茶葉的第二大進口國。[86]

　　中國對歐洲直接輸出茶葉，最早在1610年，荷蘭東印度公司首次將華茶運往歐洲銷售，之後荷蘭壟斷歐洲華茶市場達半世紀之久，直到1669年才被英國打破。由於價格下跌，[87]茶葉到了十

---

[85] 羅德里克·帕拉克（1994），〈中國人、葡國人和荷蘭人在中國與東南亞之間的茶葉貿易〉，《文化雜誌》，18，9-22。肯特號的記載參見 Zhuang, G.（1993），Tea, Silver, Opium and War, Xiamen: Ximen University Press, p. 157.

[86] 中國皇后號（Empress of China）於 1784 年 2 月 22 日從紐約出發，於同年 8 月 28 日抵達廣州。去程載運 316 擔價值 3,160 兩銀的棉花、476 擔價值 1,904 兩銀的鉛、26 擔價值 260 兩銀的胡椒、1,270 件價值 45,720 兩銀的羽緞（camlet）、2,600 件價值 5,000 兩銀的毛皮、473 擔價值 80,410 兩銀的人參，合計 136,454 兩銀；回程載運 2,460 擔價值 49,240 兩銀的紅茶、562 擔價值 16,860 兩銀的綠茶、24 擔（864 件）價值 362 兩銀的南京布（Nankeen）、952 擔價值 2,500 兩銀的陶瓷器（chinaware）、490 件價值 2,500 兩銀的絲織物、21 擔的肉桂，合計 71,767 兩銀。參見 Zhuang, G.（1993），Tea, Silver, Opium and War, Xiamen: Ximen University Press, pp.136-137.

[87] 以武夷茶（Bohea tea）在阿姆斯特丹和倫敦售價為例，十八世紀時茶葉售價持續下跌。參見下表：

七世紀末已開始成為歐洲的大眾飲品。十八世紀中葉後，英國因戰費支出過鉅，1768-1784年間，大幅提高茶葉稅率，因而導致英國從中國進口茶葉數量的減少和走私盛行；1784年實施減稅，茶葉稅率由119%降至12.5%，茶葉進口才恢復舊觀。最遲到了1789年，英國已取代荷蘭，成了歐洲市場上最大的華茶供應者。在1802-1803年，英國購入的華茶，約佔所有歐洲國家的86.5%。1808-1811年的拿破崙戰爭，使得英國成了那段時期，唯一從中國進口茶葉的歐洲國家。十九世紀的前三十幾年，英國每年輸入華茶約二十餘萬擔。[88]

英國從中國進口了大量茶葉，因而課徵可觀的茶葉稅，對英國的財政收入有不小的幫助。以1833年為例，當年英國茶葉進口稅為330萬英鎊，佔政府總收入的10%。[89]

歐洲人從十八世紀開始喜愛喝茶，部份原因與「中國風尚」的流行有關；當時全球只有中國生產、消費和出口茶葉，茶葉是代表中國高雅風尚很重要的一環。另外，相較歐洲其他的輸入

	廣州（兩銀／兩銀）	阿姆斯特丹（荷盾／荷蘭磅）	倫敦（先令／英磅）
1719-25	31.2	2.74	
1726-33	20	2.43	
1734-40	13.7	1.31	
1741-48	13.9	1.16	3.45
1749-55	16.3	0.89	2.86
1756-62	15.8	1.04	3.12
1763-69	17.2	1.12	2.69
1770-77	13.9	0.93	2.41
1778-84	13.4	1.10	2.46

資料來源：　Zhuang, G.（1993），Tea, Silver, Opium and War, Xiamen: Ximen University Press, pp.123-124. 另外，1荷蘭磅等於494公克。

[88] 全漢昇（1996），〈鴉片戰爭前的中英茶葉貿易〉，《中國近代經濟史論叢》，217-233，台北：稻禾。

[89] Zhuang, G.（1993），Tea, Silver, Opium and War, Xiamen: Ximen University Press, p.135.

品——蔗糖、咖啡和巧克力而言，茶葉價格最為低廉，所以飲茶變得日益普及。[90]

　　表2-12和2-13總結十八世紀初直到鴉片戰爭前，各國從廣州輸出的茶葉數量；茶葉在十八世紀初，逐漸取代中國絲綢成了中國最重要的出口品。[91]英國和荷蘭（僅到十八世紀晚期）是中國茶葉最重要的進口國，表2-14和2-15小結1669-1833年中、英茶葉貿易的詳細數據；表2-16小結1729-1820年荷蘭從廣州進口的茶葉。[92]

---

[90] 陳國棟（2005），《東亞海域一千年》，台北：遠流，頁 24-25。附帶一提，中國茶葉很早就傳播到海外栽種，以日本為例，「據《日吉神社秘密記》記載，公元 805 年，赴唐留學僧最澄（762-822 年）回國，攜帶了茶籽贈送給京都比睿山的日吉神社栽種。這是日本最早栽種茶樹的記載。至今比睿山東麓還立有"日吉茶園之碑"，成為日本栽種茶樹之始的標志。另一留學僧空海（774-735 年），公元 806 年回國時也攜帶茶籽，獻給嵯峨天皇，並於奈良佛隆寺栽種。至今佛隆寺還保存著由空海帶回的茶碾和茶園遺跡。」參見〈日本茶葉歷史〉，《中國茶藝師培訓網》，http://www.cys.zj001.net/show_hdr.php?xname=09CEF01&dname=V1B6P01&xpos=8（2007/09/07 查詢）。

[91] 可能在 1720 年左右，中國茶葉的出口值就已超越了中國絲綢的出口值。例如在 1722 年，英國東印度公司從中國進口的茶葉佔總進口值的 56%。參見表 2-13。另外，十八世紀以前，中國對西方的出口商品裡，以茶葉和生絲為主，兩者合計應佔到九成以上。但到了十九世紀前期，生絲的比重可能減少到不足 5%、甚至更低。參見嚴中平（1955），《中國近代經濟史統計資料選輯》，北京：科學，頁 14。除此，生絲的價格，大概從十八世紀初的 130 兩銀／擔，上漲到十八世紀末的 275 兩銀／擔。參見全漢昇（1996），〈美洲白銀與十八世紀中國物價革命的關係〉，《中國經濟史論叢》，475-508，台北：稻禾。全漢昇在此一論文裡，根據 H. B. Morse 的著作，詳細列出了 1699-1799 年廣州的生絲價格。

[92] 英國和荷蘭在廣州購進茶葉的成本會高於茶葉在廣州的售價，可能每擔高出約 4 兩。例如在十九世紀初，福建紅茶出口的成本（每擔）如下：產地售價 12 兩銀、裝箱和包裝成本 1.3 兩銀、福建紅茶產區到廣州的運費 3.9 兩銀、關稅和港務等支出 3 兩銀，合計 20.2 兩銀。參見 Ball, S.（1848），An Account of the Tea Cultivation and Manufacture in China, London: Longmans, p. 354. 轉引 Zhuang, G.（1993），Tea, Silver, Opium and War, Xiamen: Ximen University Press, p.80.

表 2-12：1722-1839 年廣州輸出的茶葉數量（擔）

年	英國		法國	荷蘭	丹麥	瑞典	法荷丹瑞合計	總計
	數量	%						
1714	1602**			619**				
1722	4500*							
1723	6900*							
1730	13583*							
1733	5459*							
1736	3307*							
1738			8500	8339	5770	5000	27609	27609
1740	6646*							
1741	13345	39.55	5450		6400	8550	20400	33745
1750	21543	30.41	14944	9422	12304	12629	49299	70842
1761	30000*							
1766	69531*							
1770	67128*							
1775	26918	21.89	18662	36929	21253	19220	96064	122982
1776	41820	25.70	42893	36427	18730	22869	120919	162739
1777	49962	33.39	27332	35218	15737	21384	99671	149633
1778	40245	32.19	15776	34152	10414	24437	84779	125024
1779	23621	21.80		35159	29877	19698	84734	108355
1780	69445	44.80		37182	17560	30817	85559	155004
1781	63489	53.40			30889	24509	55398	118887
1783	92130	49.94	31735		24030	36592	92357	184487
1784	86383	46.12	37206	40011	23690		100907	187290
1785	103834	41.01	35000	33441	34336	46593	149370	253204
1786	157116	67.42	2867	44774	15190	13110	75941	233057
1787	161304	62.74	12967	41162	19980	21682	95791	257095
1788	141218	66.33	2191	31347	18726	19407	71671	212889
1789	129847	70.74	2207	38302	13207		53716	183563
1790	159995	90.30	3316	9964	3905		17185	177180
1791	94754	74.05	5880	15385		11935	33200	127954
1792	111893	68.40	11555	22039	6395	11698	51687	163580
1793	148250	78.78	17130	17130		5671	39931	188181
1794	167672	84.43		30726	185		30911	198583
1795	112840	84.52				20669	20669	133509
1796	212422	91.87			18793		18793	231215
1797	184653	90.07			9848	10508	20356	205009
1798	93771	74.32			21832	10563	32395	126166

1799	157526	94.69			8492	336	8828	166354
1800	223493	90.29			7226	16818	24044	247537
1801	221255	99.38			1391		1391	222646
1802	201921	90.13	2652	2290	6466	10703	22111	224032
1803	244664	96.86			7942		7942	252606
1804	213800	89.57			7246	17645	24891	238691
1805	179040	93.21			13049		13049	192089
1815	303874	95.04		5131		10711	15842	319716
1817	160692*							
1819	213882*							
1822	218327*							
1825	209780*							
1833	229270*							
1834	240278*							
1835	316643*							
1836	363995*							
1837	301355*							
1838	291749*							
1839	305098*							

資料來源：松浦章（2002），《清代海外貿易史の研究》，京都：朋友書店，頁 556-
557。單星號數字的部份，來自 Zhuang, G. (1993), Tea, Silver, Opium and
War, Xiamen: Ximen University Press, pp.125-135 &158-162. 雙星號數字的部
份，來自羅德里克‧帕拉克（1994），〈中國人、葡國人和荷蘭人在中國
與東南亞之間的茶葉貿易〉，《文化雜誌》，18，9-22。

表 2-13：1719-1833 年廣州茶葉年均出口數量和比重[93]

年份	英國		美國		歐陸		小計	
	數量（擔）	%	數量（擔）	%	數量（擔）	%	數量（擔）	%
1719-25	6819	53.50			5854	46.50	12673	100.00
1726-33	8239	43.69			10615	56.31	18854	100.00
1734-40	10399	30.61			23571	69.31	33970	99.92
1741-48	14863	24.08			46844	75.92	61707	100.00
1749-55	22983	26.10			65059	73.90	88042	100.00
1756-62	24577	32.44			51169	67.56	75746	100.00
1763-69	50547	39.19			78428	60.81	128975	100.00

---

[93] 根據廣州出口茶葉總值計算。

1770-77	52262	34.05			100619	65.95	152881	100.00
1778-84	58365	37.44			97087	62.56	155452	100.00
1785-91	137255	63.47	9451	4.43	66578	31.23	213284	99.13
1792-98	148807	72.20	21335	10.45	33942	16.64	204084	99.29
1799-1806	206697	71.49	47995	16.89	29431	11.37	284123	99.75
1807-13	210423	86.67	28415	11.90	0	0.00	238838	98.57
1814-20	236287	75.78	57047	19.22	3551	1.19	296885	96.19
1821-27	249954	69.70	80918	24.24	3105	0.93	333977	94.87
1828-33	257158	64.70	86816	24.64	16685	4.06	360659	93.40

資料來源：Zhuang, G. (1993), Tea, Silver, Opium and War, Xiamen: Ximen University Press, pp.125-135. 1784 年，英國將中國茶的進口關稅從 119%，大幅降為 12.5%，加上鴉片貿易獲得大量白銀，中國茶的進口數量因此隨之上升，並成了歐美最大的中國茶葉進口國（前引書、頁 154-155）。另一個趨勢是，美國和中國進行貿易後，很快就成了中國茶葉第二大進口國。

表 2-14：1669-1760 年英國自中國進口茶葉的數量和金額

	中國茶輸入數量（lb.）	中國茶輸入數量（擔）[94]	中國茶入口值（£）	中國茶入口值（兩銀）[95]	茶佔英國從中國進口總值的比例（%）	茶入口值在亞洲貨物中的比例（%）	茶葉單價（兩／擔）
1669	222	1.68	120	360		0.1	214.50
1670							
1671	264	2.00	20	60		0.0	30.06
1672							
1673	44	0.33	50	150		0.0	450.95
1674							
1675							
1676							
1677							
1678	4713	35.63	207	621		0.1	17.43

[94] 作者使用 1 擔（100 斤）等於 132.277 磅換算。

[95] 作者換算。十七世紀後葉到十八世紀前葉，4 西元等於 3 兩銀、等於 1 英鎊，參見 H. B. Morse, The Chronicles of the East India Company Trading to China. 轉引自全漢昇（1996），〈鴉片戰爭前的中英茶葉貿易〉，《中國近代經濟史論叢》，217-233，台北：稻禾。

1679	340	2.57	36	108		0.0	42.02
1680							
1681							
1682	7	0.05	13	39		0.0	736.97
1683							
1684							
1685	12070	91.25	2422	7266		0.5	79.63
1686	5055	38.22	371	1113		0.0	29.12
1687							
1688	1666	12.59	177	531		0.1	42.16
1689	26200	198.07	781	2343		0.6	11.83
1690	38390	290.22	1723	5169		1.4	17.81
1691	12228	92.44	471	1413		0.6	15.29
1692	6374	48.19	1255	3765		4.8	78.13
1693							
1694							
1695							
1696							
1697	8921	67.44	8091	24273		5.5	359.91
1698							
1699	13082	98.90	1581	4743		0.4	47.96
1700							
1701	121417	917.90	17638	52914		3.0	57.65
1702	43625	329.80	9125	27375		2.5	83.00
1703	19395	146.62	3072	9216		1.2	62.85
1704	19974	151.00	4705	14115		3.0	93.48
1705	2523	19.07	2718	8154		1.3	427.50
1706	460	3.48	471	1413		0.0	406.32
1707							
1708							
1709							
1710							
1711							
1712							
1713	158107	1195.27	9746	29238		1.8	24.46
1714	213499	1614.03	24416	73248		4.9	45.38
1715							

1716								
1717	397532	3005.29	35085	105255		7.0	35.02
1718	542443	4100.80	38000	114000		8.2	27.80
1719	516105	3901.69	39174	117522		6.1	30.12
1720	318416	2407.18	26243	78729		4.5	32.71
1721	1241629	9386.56	120750	362250		18.7	38.59
1722	1355764	10249.40	98017	294051	56	19.2	28.69
1723	663311	5014.55	46457	139371	67	6.2	27.79
1724	1078600	8154.08	76032	228096		9.7	27.97
1725	132256	999.84	8438	25314		1.9	25.32
1726	717236	5422.21	43896	131688		7.3	24.29
1727	265087	2004.02	16733	50199		2.4	25.05
1728	262911	1987.57	19701	59103		3.6	29.74
1629	1452628	10981.68	68379	205137		9.2	18.68
1730	1710440	12930.71	113038	339114	73	18.5	26.23
1731	1811115	13691.80	118721	356163		16.4	26.01
1732	1554684	11753.21	68448	205344		10.2	17.47
1733	820422	6202.29	38008	114024	48	6.7	18.38
1734	727499	5499.80	27502	82506		3.8	15.00
1735	568546	4298.14	32273	96819		7.3	22.53
1736	672089	5080.91	39338	118014	71	6.4	23.23
1737	1644516	12432.33	87228	261684		14.8	21.05
1738	778498	5885.35	44146	132438		7.5	22.50
1739	1765694	13348.42	76308	228924		10.1	17.15
1740	1320935	9986.10	75497	226491	71	13.0	22.68
1741	877370	6632.81	42156	126468		5.4	19.07
1742	1762061	13320.96	86727	260181		10.0	19.53
1743	1645892	12442.73	88651	265953		11.5	21.37
1744	725928	5487.92	30289	90867		4.6	16.56
1745	883070	6675.90	48156	144468		6.1	21.64
1746	410990	3107.03	23001	69003		2.9	22.21
1747	3168558	23953.90	158915	476745		20.0	19.90
1748	3688082	27881.43	205823	617469		31.0	22.15
1749	2324755	17574.85	139418	418254		21.2	23.80
1750	4727992	35743.02	229237	687711	72	22.6	19.24
1751	2855164	21584.68	142195	426585		16.4	19.76
1752	3110427	23514.43	155384	466152		18.0	19.82

1753	3524859	26647.49	153869	461607			18.3	17.32
1754	3881264	29341.86	165611	496833			21.2	16.93
1755	3977092	30066.31	203763	611289			21.8	20.33
1756	3612233	27308.02	175595	526785			22.3	19.29
1757	3735596	28240.63	168380	505140			27.1	17.89
1758	2795130	21130.83	101017	303051			15.7	14.34
1759	3928628	29699.93	146129	438387			19.8	14.76
1760	6199609	46868.26	280755	842265			39.5	17.97

資料來源：Dhaudhure, K. N. (1978), The Trading World of Asia and the English East India Company 1660-1760, Cambridge: Cambridge University Press, pp. 97, 538-539. 除此之外，中國茶佔英國從中國進口總值的比例，參見 Zhuang, G. (1993), Tea, Silver, Opium and War, Xiamen: Ximen University Press, pp.158-162.

表 2-15：1761-1833 年英國東印度公司
每年或年均從廣州購進的茶葉

年	茶葉量（磅）	茶葉量（擔）	時期	年均茶葉量（擔）	年均茶葉購入價（兩銀）	所有貨物年均購入總值（萬兩銀）[96]	茶葉佔所有貨物的比例（%）	茶葉單價（兩／擔）
			1729-33		.			19.22[97]
1761		30000	1760-64	42066	806242	88	91.9	19.17
1766		69531						
1767	17348472	134662	1765-69	61834	1179854	160	73.7	19.08
1768	19416996	122801						
1769	21886788	164694						
1770	22089769	148895						
1771	13118293	118495						
1772	22521899	131692	1770-74	54215	963287	142	68.1	17.77
1773	17723851	140403						
1774	17812861	107679						

[96] 全漢昇的原文中沒有，作者參照嚴中平的資料選輯將之補上。

[97] 1729 年，英商和荷商在廣州購買一擔紅茶的價錢分別為 27.3 兩銀和 24.6 兩銀；1730 年分別為 21.4 兩銀和 18.8 兩銀；1731 年分別為 17.4 兩和 17.3 兩；1732 年分別為 16.8 兩和 14.5 兩；1733 年分別為 13.2 兩和 14.9 兩。參見 Glamann K. （1958），Dutch-Asiatic Trade 1620-1740, Hague: Martinus Nijhoff., p. 235.

1775	16243915	141887						
1776	21785434	219152						
1777	19695488	212543	1775-79	33912	666039	121	55.1	19.64
1778	15674321	225975						
1779	17419906	241597						
1780	18572203	275371						
1781	14243531	235916						
1782	18768495	213629	1780-84	55590	1130059	163	69.2	20.33
1783	28989060	192052						
1784	28114728	147269						
1785	29891591	192085						
1786	31957939	197808						
1787	36425603	221586	1785-89	138417	3659266	444	82.5	26.44
1788	31206445	188620						
1789	28258432	324091						
1790	25404280	134662						
1791	19480397	122801						
1792	25408614	164694	1790-94	136433	3575409	403	88.8	26.21
1793	26165635	148895						
1794	29311010	118495						
1795	24950300	131692						
1796	42870060	140403	1795-99	152242	3868126	428	90.4	25.41
			1800-04	221027				
			1805-09	167669				
			1810-14	244446				
			1815-16	222301				
1817		160692	1817-19		4464500	514	86.9	
1819		213882						
1822		218327	1820-24	215811	5704908	637	89.6	26.43
1825		209780	1825-29	244704	5940541	631	94.1	24.28
1833		229270	1830-33	235840	5617127	598	93.9	23.82
參考 Earl H. Pritchard, Anglo-Chinese Relations during the Seventeenth and Eighteenth Centuries, Rainbow-Bridge Book Co., 1970, p. 216.		參考嚴中平（1955），《中國近代經濟史統計資料選輯》，北京：科學，頁 14-15。						

資料來源：全漢昇（1996），〈鴉片戰爭前的中英茶葉貿易〉，《中國近代經濟史論叢》，217-233，台北：稻禾。另外，1761、1766、1817、1819、1822、1825、1833 年的茶葉數量，參見 Zhuang, G. (1993), Tea, Silver, Opium and War, Xiamen: Ximen University Press, pp.158-162.

表 2-16：1729-1833 年荷蘭從廣州購進的茶葉

年份	總艘數	年均數量（擔）	總值		單價	
			荷盾 florin	銀兩	（荷盾／擔）	（銀兩／擔）
1729-33	8	2985	1511391	431826	101.27	28.93
1734-40	11	6474	2358582	673881	52.05	14.87
1741-48	29	15133	5735903	1638829	59.22	16.92
1749-55	31	21074	10616287	3033225	71.97	20.56
1756-62	21	16441	8200179	2342908	71.25	20.36
1763-69	25	28546	13473714	3849633	67.43	19.27
1770-77	33	34818	13793822	3941092	49.52	14.15
1778-84	16	18720	8786535	2510439	67.05	19.16
1785-91	28	30625	16419490	4691283	76.59	21.88
1792-98	9	9985				
1799-1806	1	286				
1807-13	-	-				
1814-20	4	1521				
1821-27	8	1713				
1828-33	51	7668				

資料來源：艘數和數量取自 Dermigny, Vol. 2, pp. 521-525 & 539. 和 Morse；以荷蘭盾
　　　　計價的總值來自 Jörg, pp. 217-220。轉引自 Zhuang, G. (1993), Tea, Silver,
　　　　Opium and War, Xiamen: Ximen University Press, pp.120-121. 另外，作者根
　　　　據 1 兩銀等於 3.5 荷蘭盾進行金額轉換。

二、棉花棉布貿易

　　到了十八世紀中葉，隨著經濟和人口成長，中國自產棉花便
跟不上需求，於是開始從印度進口越來越多的棉花。1785-1833
年，中國共從印度進口棉花13,404,659擔，年均273,564.4擔。到了
1824年，鴉片開始取代棉花，成了中國自英國最大的輸入品；
1830-1850年間，中國從英國進口的鴉片為棉花進口值的兩倍左

右。由於中國大量進口鴉片和棉花，中國對外貿易便因此發生赤字。[98]到了十八世紀末，中國也開始從美國進口少量棉花。請參見表2-17。

另一方面，由於英國從中國購入大量茶葉，所需的龐大資金成了一個很大問題。英國於是透過「港腳貿易」來籌措欠缺的資金，他們讓印度商人和不屬於東印度公司的英國公民（稱為「港腳商人」）來從事對中國的貿易。港腳商人將印度的棉花和鴉片賣給中國商人，然後將得到的現金或債權移轉給公司的廣州商館後，公司開立支付憑證或匯票給這些港腳商人，讓他們用以在印度或倫敦兌換現金。由於港腳商人只從中國輸出小量商品，這樣，現金就留在廣州商館，用以讓公司購買中國的商品／茶葉。[99]此外，因為鴉片貿易並非合法貿易，英國東印度公司不好自己來作，所以公司便利用港腳商人勾結中國商人，將鴉片走私進入中國。

表 2-17：1775-1833 年廣州進口棉花

	各類英商（英屬印度棉花）				美籍商船
	年均價值（兩銀）	年均數量（擔）			年均數量（擔）
		東印度公司	東印度公司私人和港腳商人	小計	
1775-79	288334				
1780-84	233074				
1785-89	1698001				
1790-94	1683486				
1795-99	1875677				
1800-04		61520	132030	193550	935
1805-09		92248	240503	332751	6826
1810-14		123070	144205	267275	2323

---

[98] 全漢昇（1996），〈鴉片戰爭前的中英茶葉貿易〉，《中國近代經濟史論叢》，217-233，台北：稻禾。

[99] 陳國棟（2005），《東亞海域一千年》，台北：遠流，頁28。

1815-19			100997	256039	357036	3894
	1817-19	4527211				
1820-24		2958249	101253	159870	261123	1245
1825-29		4307677	136126	293280	429406	504
1830-33		4097033	114474	338480	452954	860

資料來源：嚴中平（1955），《中國近代經濟史統計資料選輯》，北京：科學，頁 11-12。

　　中國也輸出極少量土布，其中也包括一些品質精良的南京棉布。請參見表2-18。江蘇出產的棉布，被稱為南京棉布，早在1730年代，英國就開始購買南京棉布。[100]

表 2-18：1786-1833 年各國商船自廣州輸出南京棉布的數量與價值

	輸出數量（疋）	H.B. Morse, The Chronicles of the East India Company Trading to China		輸出價值（元）	輸出價值（萬兩銀）	H.B. Morse, The Chronicles of the East India Company Trading to China	
		冊	頁數			冊	頁數
1786	372020	II	119				
1790	509900	II	180				
1792	402200	II	193				
1793	426000	II	205				
1794	598000	II	256				
1795	1005000	II	266				
1796	820200	II	278				
1797	573000	II	294				
1798	2125000	II	311				
1799	1160000	II	322				
1800	1471300	II	348				
1801	1584700	II	358				
1802	1050000	II	389				

---

[100] 全漢昇（1996），〈鴉片戰爭前江蘇的棉紡織業〉，《中國經濟史論叢》，625-649，台北：稻禾。

1803	941000	II	401				
1804	1720000	II	416				
1805	1679500	III	2				
1806	860000	III	27				
1807	1488000	III	55				
1808	775000	III	77				
1809	1245000	III	101				
1810	1038200	III	131				
1811	634400	III	158				
1812	418400	III	175				
1813	610000	III	190				
1814	763500	III	206				
1815	678500	III	228				
1816	441000	III	243				
1817	1229000	III	308	1048940	79	III	329
1818	7985000	III	331	716167	54	III	345
1819	3359000	III	347	1703486	128	III	366
1820	910000	III	369	602409	45	III	384
1821	1876000	IV	4	1317626	99	IV	22
1822	1629384	IV	53	1095836	82	IV	68
1823	1110000	IV	71	808010	61	IV	86
1824	1115750	IV	89	793969	60	IV	100
1825	1217000	IV	103	1010325	76	IV	319
1826	547900	IV	123	417735	31	IV	140
1827	1380500	IV	145	1016978	76	IV	159
1828	1314000	IV	162	976971	73	IV	182
1829	1055000	IV	185	743638	56	IV	196
1830	1051000	IV	223	617560	46	IV	249
1831	438785	IV	253	233023	17	IV	272
1832	170500	IV	325	128825	10	IV	340
1833	30600			22644	2	IV	370
1817-33	19232919			13254142	994		
1789-1833	44622739						

資料來源：全漢昇（1996），〈鴉片戰爭前江蘇的棉紡織業〉，《中國經濟史論叢》，625-649，台北：稻禾。1元等於0.75兩銀。

三、鴉片貿易

　　鴉片輸入中國最早可追溯到唐代──由阿拉伯人引進。到了清代，雖然中國政府多次禁止輸入鴉片，但葡萄牙人還是偷偷走私進口。1800年以前鴉片在中國通常作為藥用，中國進口的數量極微，1760年代以前，每年應不超過200箱。為因應貿易的失衡，英國約從十八世紀下半期開始用鴉片來籌集購買中國茶葉所需的資金。印度鴉片換中國茶葉的計畫，最早由陸軍上校在1767年向英國東印度公司提出，1773年英國東印度公司開始在印度推廣鴉片種植，最遲在1781年就有印度鴉片輸入中國的記錄（當時廣州的價格每箱約500-600西元、每擔400兩銀左右）。據估計，1790年代每年有2,000箱的鴉片輸入（走私）中國。[101]另外，最遲從1805年起，美國開始將土耳其的鴉片走私進入中國。到了1807年，由於對中國鴉片貿易的增長，東印度公司開始將白銀從廣州運往印度。[102]

　　到了1796年，英國東印度公司決定不再直接向中國輸出鴉片，以免危及正常的茶葉貿易，改交由港腳商人轉賣進中國，因此從1800-1818年，每年經由澳門走私運進中國的鴉片，通常超過四千箱（一箱重140磅）。1819年起，鴉片貿易更加興旺起來。以致1800-1809年，中國從全球貿易賺進2,600萬西元（1,950萬兩銀），但僅在1828-1836年，就流出3,800萬西元（2,850萬兩銀）。[103]

---

[101] 1799 年，中國再次重申禁止鴉片進口，之後又多次頒佈禁止。中國政府最早禁止鴉片買賣和吸食，始於 1729 年。參見 Zhuang, G. （1993），Tea, Silver, Opium and War, Xiamen: Ximen University Press, pp. 188 &196.

[102] Zhuang, G. （1993），Tea, Silver, Opium and War, Xiamen: Ximen University Press, pp.183-195.

[103] Twitchett, D. and J. K. Fairbank（1987），《劍橋中國史──晚清篇（上）1800-1911》，台北：南天，頁 203-205。

　　表2-19提供1795-1840年輸入中國鴉片的數據。根據表中資料，可以得到：1800-1840年，鴉片累積輸入中國465,371擔，年均11,634擔；1816-1840年中國共輸入總值22,859萬兩銀的鴉片，年均價值952萬兩銀。

表 2-19：1795-1840 年輸入中國的鴉片

年	從印度（箱）	從土耳其（箱）	合計		消費（箱）	單價		總價（萬兩銀）
			箱	擔		（元／箱）	（兩銀／擔）	
1795-98	1814							
1798-00	4113							
1800-01	4570		4570	4799				
1801-02	3947		3947	4144				
1802-03	3292		3292	3457				
1803-04	2840		2840	2982				
1804-05	3159		3159	3317				
1805-06	3836	102	3938	4135				
1806-07	4126	180	4306	4521				
1807-08	4208	150	4359	4577				
1808-09	4208		4208	4418				
1809-10	4191	32	4593	4823				
1810-11	4968		4968	5216				
1811-12	4891	200	5091	5346				
1812-13	4966	100	5066	5319				
1813-14	4769		4769	5007				
1814-15	3673		3673	3857				
1815-16	4230		4310	4526				
1816-17	4616	488	5106	5361	3698	1104	789	423
1817-18	3692	448	4140	4347	4128	1012	723	314
1818-19	3552	807	4359	4577	5387	881	629	288
1819-20	4006	180	4186	4395	4786	1211	865	380
1820-21	4244		4244	4456	4770	1761	1258	561
1821-22	5573	383	5959	6257	5011	1761	1258	787
1822-23	7743		7743	8130	5822	1372	980	797
1823-24	8875	140	9035	9487	7222	1197	855	811

1824-25	12023	411	12434	13056	9066	874	624	815
1825-26	9373		9373	9842	9621	791	565	556
1826-27	12175	56	12231	12843	10025	964	689	884
1827-28	11154		11154	11712	9525	1095	782	916
1828-29	12612	1256	13868	14561	14388	956	683	994
1829-30	15542	715	16257	17070	14715	861	615	1050
1830-31	18528	1428	19956	20954	20188	681	486	1019
1831-32	16148	402	16550	17378	16225	810	579	1005
1832-33	21605	380	21985	23084	21659	657	469	1083
1833-34	19523	963	20486	21510	19362	665	475	1022
1834-35	21885		21885	22979		650*	464	1067
1835-36	30202		30202	31712		650*	464	1472
1836-37	34033	743	34776	36515		700*	500	1826
1837-38	34373		34373	36092	28807	688	491	1774
1838-39	40200		40200	42210		650*	464	1960
1839-40			15619*	16400		900*	643	1054

資料來源：1795-1839年引自馬士（2000），《中華帝國對外關係史》卷1，上海：上
　　　海書店，頁238-240。一箱鴉片約重140磅，一擔鴉片重133又1／3磅；1
　　　兩銀等於0.75元。星號部份的數字來自李伯祥等（1980），〈關於十九世
　　　紀三十年代鴉片進口和白銀外流的數量〉，《歷史研究》，5，79-87。銀
　　　元、箱與銀兩、擔的換算，為作者自行計算。

四、整體進出口貿易

　　表2-20列出1715-1800年西方各國（英、法、荷、瑞典、丹麥、
美、西）商船來廣州貿易的船數統計。此一期間，總計有1,524艘
西方商船來到廣州做生意，英國船計1,018艘（包括美國獨立前的
25艘），佔總數的67%。荷蘭船雖然只有115艘，但荷蘭和中國的
貿易有很大一部份是在荷屬巴達維亞進行。另外，從各國船數的變
化，也可看出和中國貿易的消長；從1784年中國和美國進行貿易以
後，很快美國就成了中國僅次於英國的第二大貿易國。

表 2-20：1715-1800 年西方各國商船來廣州貿易統計（單位：艘）

	英國	法國	荷蘭	瑞典	丹麥	美國	西班牙
1715	1						
1716	1						
1717	2						
1718	2						
1719	2						
1720	4	1				4	
1721	4	1				3	
1722	2						
1723	5					5	
1724	1	1				7	
1725	3						
1726	1						
1727	1						
1728	4						
1629	4			1			
1730	5	2	1			1	
1731	4	2	3		1		
1732	6		2	1		2	
1733	5	3	4				
1734	2	1	1		1		
1735	2		2			1	
1736	5	3	2	1	1		
1737	5	2	3	1	1		
1738	5	3	2	2	2		
1739	7	3	3	1	1		
1740	2	3	3		1		
1741	5	2	2	4	1		
1742	4						
1743	2	7					
1744	4	3					
1745	4						
1746	6						
1747	14		6	4	2		
1748	5						
1749	4						
1750	7	4	4	2	2		

年份							
1751	10	2	4	2	1		
1752	6						
1753	10	5	6	3	1	1	
1754	8						
1755	5						
1756	6	1	6		1	1	
1757-75				n. a.			
1776	24	5	4	2	3		
1777	18	7	4	2	2		
1778	17	4	4	2	1		
1779	13		4	2	3		
1780	24		4	3	3		
1781	17			2	3		
1782				n. a.			
1783	16	8		3	3		1
1784	21	4	4	4	1		
1785	28	1	4	4	3		4
1786	53	3	5	1	2	5	3
1787	62	1	5	2	2	2	3
1788	50	1	4	2	2	4	3
1789	58	2	5		1	15	
1790	46	4	3		1	6	1
1791	23	2	2	1		3	1
1792	39		3	1	1	6	3
1793	40		2	1		6	
1794	44		4		1	7	1
1795	33			2		10	2
1796	40				2	11	1
1797	40			2	4	11	
1798	32			1	5	13	
1799	30			1	3	18	
1800	40			2	4	23	
小計	993	92	115	58	78	141	23
合計				1524 艘			

資料來源：梁廷，《粵海關志》卷 24；以及 H. B. Morse, The Chronicles of the East India Company Trading to China 1635-1834。轉引自陳耀權（1997），《清代前期中英貿易關係研究》，香港：新亞研究所碩士論文，頁 49-50。1757-1775, 1782 年資料缺。

　　1792年西方國家在廣州的進出口金額，請參見表2-21。英國
佔廣州進口總額的87.53%、廣州出口總額的76.99%，幾乎壟斷了
中國的對外貿易。排名第二和第三的分別是荷蘭和美國。另外，
中國享有242萬兩銀的貿易順差。

表 2-21：1792 年西方國家在廣州的貿易值

		進口		出口	
		兩銀	%	兩銀	%
英國	東印度公司船	2775119	54.74	4566299	60.96
	東印度公司私人和港腳船	1608544	31.73	968632	12.93
	塔斯卡尼	50403	0.99	145150	1.94
	熱那亞	54130	1.07	86780	1.16
西班牙		10458	0.21	0	0.00
丹麥		3276	0.06	228653	3.05
瑞典		66457	1.31	279003	3.72
法國		49120	0.97	361925	4.83
荷蘭		342330	6.75	536812	7.17
美國		109816	2.17	317270	4.24
總計		5069653	100.00	7490524	100.00

資料來源：Morse, H. B. (1966), The Chronicles of the East India Company Trading to China 1635-1834, Vol. II, Taipei: Ch'eng-Wen Publishing Co., p. 201.

　　1792年中、英廣州貿易明細，請參見表2-22。中國進口價值
438萬兩銀的英國商品，其中包括價值171萬兩銀的棉花；對英國
出口的商品價值553萬兩銀，中國享有115萬兩銀的貿易順差。另
外，十八世紀中、英貿易的品項細目，請參見表2-23。

表 2-22：1792 中、英廣州貿易品項細目

英國從廣州輸出				廣州從英國輸入			
品項	數量（擔）	單價（兩銀）	貨值（兩銀）	品項	數量（擔）	單價（兩銀）	貨值（兩銀）
東印度公司官方船							
紅茶	156000	21.9	3413054	棉花	43000	11	473000
綠茶			624640	錫	19730	15	295950
生絲	1500	312	468000	鉛	17297	5	86485
土布	60000	0.5	30000	兔皮	195650	0.2	39130
瓷器			3500	海螺皮	68856	4	275424
大黃	339	50	16950	海龍皮	8314	10	83140
桂子	480	14	6720	玻璃	563 塊		
糖	593	5	2965	哆囉呢	8000 匹		480000
冰糖	47	10	470	嗶磯布	130000 尺		910000
小計 4566299 兩銀				羽毛	3000 尺		132000
				小計 2775119 兩銀			
港腳商人船							
瓷器	5133	5.85	30000	棉花	112854	11	1241394
白銅	36578	7	256046	錫	5261	15	78915
冰糖	10749	10	107490	胡椒	5567	15	83505
糖	26098	5	130490	檀香	8780	20	175600
白礬	18758	2	37516	象牙	330	37	12210
薑黃	60	4	240	黃蠟	564	30	16920
樟腦	625	30	18750	小計 1608544 兩銀			
綢緞	79	400	31600				
水銀	23	50	1150				
土布	5500	0.5	2750				
生絲	1763	200	352600				
小計 968632 兩銀							
共計 5534931 兩銀				共計 4383663 兩銀			

資料來源：Morse, H. B. (1966), The Chronicles of the East India Company Trading to China 1635-1834, Vol. II, Taipei: Ch'eng-Wen Publishing Co., pp. 201-203.

表 2-23：十八世紀中、英商品貿易品項

中國向英國出口的商品	中國從英國進口的商品	
	從英國直接輸入	從印度輸入
絲織品： 生絲、熟絲、染色生絲、南京生絲、披肩絲、綢緞、絲絹、絲帕等	羽紗、花緞、手帕、寬幅絨布、粗絨、長發絨、西班牙混色絨、夏隆絨、火厄爾絨、花絨、高哥絨、猩紅呢、麻布、洋布、棉絲、嘩嘰、哆嘩呢、粗呢	棉花
棉織品： 土布、棉布、南京布、廣州布、床毯、廣幅布	軍火：槍炮、火藥、火機繩瑟槍	檀香木、紅木、藍靛
茶葉類： 工夫茶、武茶、紅茶、綠茶、大珠茶、白毫茶、爪片茶、色種茶、貢熙茶、細茶屯溪、松夢茶	皮貨：兔皮、海狸皮、海獺皮	大象、孔雀
瓷器： 青花瓷、白瓷、黃瓏、紫砂壺、龍泉清瓷	白銀、鉛、錫、鋁	
礦物金屬： 黃金、白銀、水銀、銅、錢貝、元寶、黃銅、白銅、雲南銅、金錠、明礬、硼砂、生鋅、朱砂	水晶	珍珠、象牙、珊瑚、琥珀
珠寶： 紅玉珠、珠母、金鍊		
日用品： 樟腦、大黃漆器、畫、茶几、扇、生薑、蓆、玩具、手杖、糖塊、鍋紙、燒酒、醬油、糕點、白蓉、桂子、蜜餞、鹿皮、麝香、中草藥、茴香子	人參粉、棕櫚酒、魚翅、人參、葡萄酒、秤、玻璃、蜜、硫磺、自鳴鐘	木香、沒藥、乳香、胡椒、丁香、肉豆蔻、燕窩、桂皮、葡萄乾

資料來源：H. B. Morse, The Chronicles of the East India Company Trading to China 1635-1834。轉引自陳耀權（1997），《清代前期中英貿易關係研究》，香港：新亞研究所碩士論文，頁 53-54。

「現存1760年以前的中英貿易資料不夠完整」，另由於英國東印度公司的對華貿易專利權在1834年終止，所以它的對華貿易資料就僅止於1833年。」[104]所以以下數表關於中、英貿易的數據，僅限於1760-1833年。1760-1833年，英國東印度公司從中國進口的主要商品價值，請參見表2-24。茶葉和生絲是最主要的商品，特別是茶葉，在十九世紀上半葉，佔了九成以上。生絲從十八世紀末到十九世紀中葉，佔總值的比例，僅剩下不到5%。

表2-25列出1760-1833年各類英商從中國廣州的進口商品值，我們可以發現港腳商人所佔的比重越來越大。附帶一提，出口亦是如此，參見後述。

表 2-24：1760-1833 年東印度公司從中國進口的商品
（年均值、兩銀）

	茶葉		生絲		土布		其他		總值
	價值	佔總值%	價值	佔總值%	價值	佔總值%	價值	佔總值%	
1760-64	806242	91.9	3749	0.4	204	0.1	66651	7.6	876846
1675-69	1179854	73.7	334542	20.9	5014	0.3	81879	5.0	1601299
1770-74	963187	68.1	358141	25.3	950	0.1	92949	6.5	1415428
1775-79	666039	55.1	455376	37.7	6618	0.5	80279	6.7	1208312
1780-84	1130059	69.2	376964	23.1	8533	0.5	117164	7.2	1632720
1785-89	3549266	82.5	519587	11.7	19533	0.4	238737	5.4	4437123
1790-94	3575409	88.8	274460	6.8	34580	0.9	140643	3.5	4025092
1795-99	3868126	90.4	162739	3.8	79979	1.9	166572	3.9	4277416
1817-19	4464500	86.9	183915	3.6	121466	2.4	369694	7.1	5139575
1820-24	5704928	89.6	194779	3.1	58181	0.9	407003	6.4	6364871
1825-29	5940541	94.1			612	0.01	375188	5.9	6316339
1830-33	5617127	93.9					367600	6.1	5984727

[104] 嚴中平（1955），《中國近代經濟史統計資料選輯》，北京：科學，頁3。

資料來源：1760-1799，根據普立查特，《決定性年代》，頁 395-396；1817-1833，根
　　　　　據摩斯，《編年史》，卷 2-4。轉引自嚴中平（1955），《中國近代經濟史
　　　　　統計資料選輯》，北京：科學，頁14。
原　　註：各商品價值皆按採購成本計算；1776年以前，茶葉數量包括私人輸入在內。
嚴中平註：「其他」項內包括其他如瓷器和西米的商品，並包括廣州公行開支、船鈔
　　　　　等等在內；1800-1816 原資料有量無值。

表 2-25：1760-1833 年各類英商從中國的進口（年均值、兩銀）

	東印度公司		東印度公司船員私人		港腳商人		總值
	價值	佔總值%	價值	佔總值%	價值	佔總值%	
1760-64	876846	89.5	70160	7.2	32580	3.3	979586
1765-69	1601299	73.1	350400	16.9	238920	10.9	2190619
1770-74	1415428	66.8	321810	15.2	381820	18.0	2119058
1775-79	1208312	61.4	230652	11.7	529807	26.9	1968771
1780-84	1632720	78.4	237337	11.4	213288	10.2	2083345
1785-89	4437123	80.8	431709	7.9	622676	11.3	5491508
1790-94	4025092	68.9	629497	10.8	1189125	20.3	5843714
1795-99	4277406	74.8	480122	8.4	962434	16.8	5719972
1800-04	5758771	75.8	631491	8.4	1202835	15.8	7591097
1805-06	5379407	72.7	666043	9.0	1354774	18.3	7400224
1817-19	5139587	63.8			2920684	36.2	8060271
1820-24	6364871	64.8			3450095	34.2	9816066
1825-29	6316339	61.8			3899227	38.8	10215566
1830-33	5984727	60.1			3965559	39.9	9950284

資料來源：1760-1799，根據普立查特，《決定性年代》，頁 395-396 & 401-402；
　　　　　1800-1804 和 1817-1833，根據摩斯，《編年史》，卷 2-4。1805-1806，根
　　　　　據普立查特，《對華貿易的鬥爭》。轉引自嚴中平（1955），《中國近代
　　　　　經濟史統計資料選輯》，北京：科學，頁 8。腳港商人（Country
　　　　　Merchant）為獲得東印度公司特許從事中、英貿易的商人。
原　　註：1760-1799 東印度公司各商品價值皆按採購成本計算；1776 年以前，茶葉
　　　　　數量包括私人輸入在內。
嚴中平註：各項數字，包括在廣州為購辦貨物所開支的各項雜支在內；1817 年度以
　　　　　後，東印度公司船員私人與港腳商人輸出分拆不開，係合計數字。

　　表2-26為1775-1883年英商輸入中國的各項重要商品統計，棉花是最重要的商品，且逐年增加；排第二位的毛織品比重大概維持在佔總值的20-30%。表2-27列出1760-1833年各類英商對中國的出口貿易，港腳商人所佔的比重約從十八世紀末就超過英國東印度公司的官方貿易，這和英國對中國輸出鴉片的日增有關。另外，1775-1833年，英商輸入中國貨物的來源，印度佔60-70%、英國本國佔30-40%。[105]

表 2-26：1775-1883 年英商輸入中國的棉花、毛織品和金屬品
（年均值、兩銀）

| | 總值 | 東印度公司輸華英本國商品 | | | | 各類英商輸華印度棉花 | | 三項主要商品合計 | |
| | | 毛織品 | | 金屬品 | | | | | |
		價值	%	價值	%	價值	%	價值	%
1775-79	1247472	277671	22.3	22255	1.8	288334	23.1	588260	47.2
1780-84	1301931	378696	29.1	34723	2.7	233074	17.9	646493	49.7
1785-89	3612764	801879	22.2	127201	3.5	1698001	47.0	2627081	72.7
1790-94	5007691	1586662	31.7	359875	7.2	1683486	33.6	3630023	72.5
1795-99	5373015	1556419	29.0	313684	5.8	1875677	34.9	3745780	69.7
1817-19	7646777	1951267	25.5	110805	1.4	4527211	59.2	6589283	86.2
1820-24	6525201	2042102	31.3	134156	2.1	2958249	45.3	5134507	78.7
1825-29	7591390	1903266	25.1	202091	2.7	4307677	56.7	6413034	84.5
1830-33	7335023	1584940	21.6	109255	1.5	4097033	55.9	5791228	79.0

資料來源：1760-1799，根據普立查特，《決定性年代》，頁 391-394 & 401-402；
　　　　　1800-1804 和 1817-1833，根據摩斯，《編年史》，卷 2-4。轉引自嚴中平
　　　　　（1955），《中國近代經濟史統計資料選輯》，北京：科學，頁 11。百分
　　　　　比為作者計算。
嚴中平註：1760-1744 和 1800-1816 原資料數字不完整。

[105] 嚴中平（1955），《中國近代經濟史統計資料選輯》，北京：科學，頁11。

表 2-27：1760-1833 年各類英商對中國的出口（年均值、兩銀）

	東印度公司		東印度公司船員私人		港腳商人		總值
	價值	佔總值%	價值	佔總值%	價值	佔總值%	
1760-64	345930	73.6	86436	18.4	37920	8.0	470286
1765-69	520059	43.6	394936	33.1	277920	23.3	1192915
1770-74	622332	42.4	376614	25.7	467520	31.9	1466466
1775-79	384009	30.8	256712	20.6	606751	48.6	1247472
1780-84	532649	41.0	289575	22.2	479707	36.8	1301931
1785-89	1026528	28.4	523394	14.5	2062842	57.1	3612764
1790-94	2059181	41.1	812001	16.2	2136509	42.7	5007691
1795-99	1961352	36.5	506706	9.4	2904958	54.1	5373016
1800-04	3359501	42.7	711971	9.1	3789623	48.2	7861095
1805-06	3623853	31.6	832363	7.2	7018294	61.2	11474510
1817-19	3261836	42.7			4384941	57.3	7646777
1820-24	3417760	52.4			3107441	47.6	6525201
1825-29	3647790	48.1			3943600	51.9	7591390
1830-33	2987766	40.7			4347257	59.3	7335023

資料來源：1760-1799，根據普立查特，《決定性年代》，頁 391-394 & 401-402；
1800-1804 和 1817-1833，根據摩斯，《編年史》，卷 2-4。1805-1806，根
據普立查特，《對華貿易的鬥爭》。轉引自嚴中平（1955），《中國近代
經濟史統計資料選輯》，北京：科學，頁 7。腳港商人（Country
Merchant）為獲得東印度公司特許從事中英貿易的商人。

原　註：各商品價值皆按在廣州售出的價格計算。

嚴中平註：各項數字，包括在廣州為購辦貨物所開支的各項雜支在內；1817 年度以
後，東印度公司船員私人與港腳商人輸出分拆不開，係合計數字。

十九世紀前期廣州對西方國家的貿易狀況，請參見表2-28；
1817、1821、1825、1830年廣州進出口的各項商品金額，請參見表
2-29。鴉片以外的合法商品之進出口，在1833-1834年度，中國首次
出現貿易逆差（逆差金額僅36萬兩銀）。若考量鴉片走私進口，則
最晚在幾年前的1827-1828年度，白銀就已開始流出中國。[106]除鴉

---

[106] 主要因為走私鴉片的數量沒有精確數字，不同學者的貿易額估計皆多少有
差別。

片外，中國貿易條件惡化或許是隨著中國人口成長，對外來的民生必需品（例如棉花和糧食等等）的需求增加所致，但中國茶葉輸出的成長卻已趨緩。

表 2-28：1800-1842 年廣州對西方國家的貿易（單位：銀兩）[107]

年份	合法商品出口總值 I	合法商品進口總值 II	合法商品出（+）入（-）超 III = I - II	走私鴉片進口值 IV	估計白銀流出量 V = IV - III	和英、美合法貿易所產生的白銀流出量	印度海關記載中印貿易所產生的白銀流出量
1800-01						-440103	
1801-02						-1077130	
1802-03						-2508480	

---

[107] 張曉寧根據 H. B. Morse, The Chronicles, Vol. 3-5 有關統計數字，得到 1817-1833 年中國的對外貿易值（單位：元），詳如下表，可為本表的對照。參見張曉寧（1999），《天子南庫》，江西：江西高校，頁 127。

	出口	進口	進出口總值	貿易餘額
1817	19486461	23488440	42974901	-4001979
1818	25217584	26200230	51417814	-982646
1819	23351127	20177844	43528971	3173283
1820	19099691	25773070	44872761	-6673379
1821	22299496	27089018	49388514	-4789522
1822	20470321	25270473	45740794	-4800152
1823	21016373	23523946	44540319	-2507573
1824	22286414	25079526	47365940	-2793112
1825	26570791	28974260	55545051	-2403469
1826	22046121	25424699	47470820	-3378578
1827	24279412	29023709	53303121	-4744297
1828	23186200	24687091	47873291	-1500891
1829	25043555	27219284	52262839	-2175729
1830	24197671	27070015	51267686	-2872344
1831	22820175	25084749	47904924	-2264574
1832	26413939	28046736	54460675	-1632797
1833	20177252	27567248	47744500	-7389996
總計	387962583	439700338	827662921	-51737755

1803-04						-4385614	
1804-05						-3727114	
1805-06						-2391840	
1806-07						-3006720	
1807-08						-12910	
1808-09						-836640	
1809-10						968153	
1810-11						-2390788	
1811-12						-897347	
1812-13						-1432800	
1813-14						-443520	
1814-15							1324940
1815-16						-1238472	1068436
1816-17						-3944943	2021493
1817-18	11910183	10449605	1460578	3008520	1547942	-630000	2549068
1818-19	14415017	10002162	4412855	3416400	-996455	351129	3614671
1819-20	14987020	6708128	8278892	4172400	-4106492	-3565822	985944
1820-21	13374090	7173709	6200381	6048576	-151805	-5512380	1359661
1821-22	15567652	8639688	6927964	6351840	-576124	-908237	1098014
1822-23	15150148	6896615	8253533	5752080	-2501453	-3521088	1045960
1823-24	13877022	7869570	6007452	6224114	216662	-3420523	1447722
1824-25	15422345	9182859	6239486	5707800	-531686	-1739519	1615289
1825-26	16707521	9710322	6997199	5477904	-1519295	-1572120	3072012
1826-27	13734706	10284627	3450079	6957216	3507137	-1228464	2372382
1827-28	13784148	8380235	5403913	7506137	2102224	3062504	
1828-29	13901480	8805107	5096373	9899280	4802907	1485289	
1829-30	13822689	8626282	5196407	9124920	3928513	4305220	
1830-31	13316534	8462825	4853709	9895680	5041971	3887972	2771809
1831-32	14215836	8192732	6023104	9468000	3444896	2752810	1614152
1832-33	15988204	9498107	6490097	10240056	3749959	1880691	1690610
1833-34	10253991	10616770	-362779	9272304	9635083	4340589	3755807
1834-35							3474410
1835-36							3760357
1836-37							3556238

						4999907
1837-38						4999907
1838-39						6139477
1839-40						816523
1840-41						2630153
1841-42						5677118
1842-43						6233310
1843-44						11648178

資料來源：

☆第 2-6 欄來自 H. B. Morse《編年史》和《國際關係史》，轉引自嚴中平
　　（1955），《中國近代經濟史統計資料選輯》，北京：科學，頁
　　36。進出口值係指普通商品而言，不包括鴉片和金銀。

☆第 7 欄　（合法貿易）根據東印度公司和美國的記載，參見 H. B. Morse《編
　　年史》和拉脫萊特《中美早期關係史》，轉引自嚴中平（1955），
　　《中國近代經濟史統計資料選輯》，北京：科學，頁 33。

☆第 8 欄　來自不列顛博物院手稿和英國國會藍皮書，轉引自嚴中平
　　（1955），《中國近代經濟史統計資料選輯》，北京：科學，頁
　　34。本欄數字根據 1 印度盧比等於 0.286 兩銀進行換算；1839-1843
　　各年度，包括英印政府在華的軍事開支在內，共計 400 萬盧比；
　　1841-1843 各年度包含英軍在華掠奪所得和中國的賠款，合計 930 萬
　　盧比。

表 2-29：1817、1821、1825、1830 年廣州的進出口

（單位：萬銀元）

年	出口				進口						中國貿易逆差
	茶葉	生絲	絲綢	總額	毛織	金屬	皮貨	棉類	鴉片	總額	
1817	1071	64	98	1567	313	58	25	818	418	1869	302
1821	1179	197	302	2052	328	46	48	505	943	2143	91
1825	1357	232	282	2223	392	77	39	623	978	2327	104
1830	1055	169	223	1760	291	87	9	567	1496	2681	921

資料來源：馬士，《東印度公司對華貿易編年史》，卷 3、4。轉引自鄭友揆
　　（1984），《中國的對外貿易和工業發展（1840~1948 年）》，上海：上
　　海社科院，頁 6-7。總計項包括所有其他的雜項商品。1821-1830 年，鴉片
　　約佔進口總額的 40-50%，其中 90%以上的鴉片由英國人進口。

第四節　1841-1911年中國的對外貿易[108]

中、英鴉片戰爭後於1842年簽訂了《南京條約》。隨後在1843年10月公佈的《中英五口通商章程：海關稅則》所規定的稅率是按照英方的意見制定的。除進口香料、銅、鐵、鉛、錫值百抽十外，原則上進口關稅值百抽五。這個新訂稅率，遠較鴉片戰爭前為低。[109]1858年訂定的《天津條約》，確定了進口稅率最高值為值百抽五外，並規定中國除絲、茶外的其餘出口商品，出口稅率一律定為5%的從價稅。但在實際操作時為避免對每項貨物作貨價調查或估價的麻煩，稅則表中對絕大多數商品都採用每單位納稅若干的辦法，變成了從量徵稅。西方國家當物價下降時就要求改訂稅則，而當物價上漲時卻不同意改訂，以致實際進口稅率

---

[108] 附帶一提，此一時期，中國和其他亞洲國家的貿易仍然相當重要，特別是十九世紀末開始，中國和日本的貿易又再興盛起來。參見 Sugihara, K.（1986），Patterns of Asia's integration into the world economy 1880-1913, in W. Fischer et al. ed. The Emergence of a World Economy 1500-1914, 709-728, Berne: International Economic History Association.

[109]

年	進口稅率	出口稅率	年	進口稅率	出口稅率
1873	4.9	8.8	1921	3.1	3.1
1883	4.8	10.8	1929	8.5	3.6
1893	3.4	7.3	1933	14.7	3.8
1903	3.3	4.5	1936	27.0	3.5
1911	3.2	3.3			

參見嚴中平（1955），《中國近代經濟史統計資料選輯》，北京：科學，頁 61。1842 年中英南京條約確立了協定關稅制度，在此原則下，1843 年粵海關的關稅稅率下降了 58-79%，以棉花為例，舊稅率為 24.19%，新稅率降為 5.56%，降幅高達 77%；其餘如棉紗和某些洋布的進口稅率也都降至 5.56%。附記：進口稅率等於進口稅除以進口值；出口稅率等於出口稅除以出口值。

低於5%。直到1902年，由於中國需向列強償付鉅額的庚子賠款，
進口稅稅率方得提高。

　　1854年成立了由英、法、美三國領事各派一人組成的稅務
管理委員會來管理上海海關行政，上海海關成了第一個由外國
人管理的海關。1859年英人李泰國（H. W. Lay）仿效上海海
關，開始在各口岸設立新海關。1861年，清政府正式委任李泰
國爲第一任總稅務司，爲中國海關的最高主管。1863年英人赫
德（S. R. Hart）接任總稅務司，獨掌中國海關行政大權達45年
之久。[110]

　　本節數據主要取自中國海關資料──Hsiao, Liang-Lin編著的
China's Foreign Trade Statistics 1864-1949。海關數字基本上是可以
信賴和相當有用的。本節採取Hsiao書中1864-1911年的數據，並
加以整理。1864-1873年的數據，除極少數序列（如進出口總額、
關稅收入和按國家別的進出口金額[111]）使用海關兩外，其餘皆使
用地方兩，1海關兩含銀584喱（1喱 = 0.0648g）、純度爲
99.23%，約等於1.1地方兩。[112]另外，1874-1932年的數據皆採海
關兩爲單位。[113]

---

[110] 陳爭平（2007），〈19世紀中國海關關稅制度的演變〉，《國學網》，
　　　http://economy.guoxue.com/article.php/13268（2007/09/24 查詢）。

[111] 1868（含）以後才用海關兩。參見 Hsiao, L. L.（1974），China's Foreign
　　　Trade Statistics 1864-1949, Cambridge: Harvard University Press, p. 19.

[112] 1海關兩 = 1.11400 上海兩 = 1.19000 廣東兩 = 1.08750 漢口兩 = 1.05550 天
　　　津兩 = 1.04360 九江兩。參見 Hsiao, L. L.（1974），China's Foreign Trade
　　　Statistics 1864-1949, Cambridge: Harvard University Press, p. 16. 所以 1 海關
　　　兩大約等於 1.1 地方兩。

[113] Hsiao, L. L.（1974），China's Foreign Trade Statistics 1864-1949, Cambridge:
　　　Harvard University Press, pp. 2-16.

一、中國的進口

　　1864-1911期間每年中國的各項商品進口值，請參見表2-30。1870、1880、1890、1900、1910年中國主要進口品的金額（千兩）和比重（％），請參見表2-31。棉貨（棉花、棉紗和棉織品）始終是最重要的進口商品，約佔進口總值的四成。鴉片是第二大進口品，主要來自英屬印度，但隨著中國自行種植鴉片的面積擴大，鴉片的進口值雖未有大幅變化，但佔進口總值的比例呈逐年下降的狀況。[114]

　　1858年的《天津條約》確立了鴉片貿易的合法化，進口鴉片開始繳稅、每擔30關兩，到了1911年增為每擔350關兩。1906年，英國政府承認英屬印度和中國的鴉片貿易的不道德性，並向清政府遞交一份反對鴉片貿易的備忘錄。隨後又同意，從1908年起逐步減少對中國輸出鴉片，1917年底時則完全停止鴉片貿易；1917年中國的鴉片進口量僅剩1,072擔，之後鴉片這個項目就不再出現於海關的統計裡。據統計，1863-1870年均鴉片進口量為56,226擔（1箱＝1擔），1871-1880年均進口量為68,765擔，1881-1890年均進口量為72,012擔，1891-1900年均進口量為58,726擔，1901-1910年均進口量為56,679擔。此一時期，中國每年約進口價值3,000-4,000萬關兩的鴉片。[115]

　　煤的進口主要是因為港口城市已開始了緩慢的工業化，但中國內地的煤礦卻受限於交通不便難以外運。煤油主要供家庭照明

---

[114] Feuerwerker, A.（1978），《中國近百年經濟史》，台北：華世，頁10。

[115] 鄭友揆（1984），《中國的對外貿易和工業發展（1840~1948 年）》，上海：上海社科院，頁20-21。

之用，它比中國傳統使用的豆油、茶油和其他植物油更為明亮、
價格也更為低廉，進口量從1880年代起開始快速增加。1887年開
始，機械才開始出現在海關貿易統計裡，剛開始的數年，中國每
年大概進口價值40萬關兩的機械，即使往後逐年增長，到了1913
年，那年也不過進口價值809萬關兩的機械，還不到進口總額的
2%。十九世紀末、二十世紀初開始，中國加快鐵路建設，1903年
後，中國海關便將鐵路材料和車輛獨立統計。[116]另外，糧食和海
產的進口也日益增加，主要用於供應通商口岸的居民生活所需。

表 2-30：1864-1911 年中國的進口（千兩）

	總額	淨額[117]	棉貨[118]	鴉片	煤、煤油	機械[119]	汽車[120]	火車[121]
1864	52784	46210						
1865	58746	55715						
1866	69307	67174						
1867	64538	62459	21419	31995				
1868	65240	63282	28488	26128				
1869	68494	67109	29813	27572				
1870	65623	63693	27887	26882	770			
1871	72098	70103	35873	29262	916			
1872	70223	67317	29276	27653	1384			
1873	69158	66637	27190	29027	1073			
1874	67241	64361	20354	28565	677			
1875	69994	67803	24325	25355	1225			

---

[116] 鄭友揆（1984），《中國的對外貿易和工業發展（1840~1948 年）》，上
海：上海社科院，頁 22。

[117] 原書表 1 裏的進口減去再出口。

[118] 包括棉花、棉紗和棉織物。

[119] 根據海關記錄，紡織機械（textile machinery）從 1910 年開始進口；另一
類機械：電子機械（electrical machines）則從 1924 年起，才進口中國。

[120] 包括三大項：汽車和巴士（包括底盤），牽引機、拖車和卡車（包括底
盤），以及各類車輛之零組件。汽車和巴士從 1910 年開始進口，另兩項
從 1929 年才開始進口。

[121] 包括火車頭、給煤／水車、客貨車廂。至於鐵路和電車材料，則至 1932
年，才開始有記錄。

1876	72391	70270	25319	28019	936			
1877	76067	73234	23123	30258	1167			
1878	73188	70804	19545	32263	1533			
1879	84796	82227	27362	36537	1316			
1880	81640	79293	27963	32345	1382			
1881	93884	91911	31785	37592	1804			
1882	79504	77715	29161	26746	2184			
1883	74954	73568	29407	25346	1886			
1884	74330	72761	29531	26150	2319			
1885	89407	88200	40679	25439	3439			
1886	89310	87479	37852	24989	4025			
1887	104496	102264	51054	27927	3184			
1888	126827	124783	59402	32331	3876			
1889	113261	110884	50332	30445	5252			
1890	128758	127093	65934	28956	6066			
1891	136011	134004	75409	28333	6975			
1892	137423	135101	75980	27418	6211			
1893	153327	151363	63626	31691	7667			
1894	165646	162103	73993	33336	11226			
1895	179947	171697	74795	29165	10009			
1896	211623	202590	112480	28652	12623			
1897	212235	202829	115237	27901	16992			
1898	218745	209579	119574	29256	17196			
1899	273756	264748	161636	35793	19399			
1900	222129	211070	107501	31031	20344			
1901	277140	268303	152334	32937	25645			
1902	325547	315364	185833	35457	18407			
1903	336853	326739	196579	43831	24116			
1904	357445	344061	184096	37094	34930			
1905	461195	447101	249665	34070	27210			
1906	428290	410270	217965	32285	21210			
1907	429072	416401	177569	28654	27613			
1908	409555	394505	158088	34226	35671			
1909	430049	418158	200758	35745	31405			2068
1910	476553	462965	196917	55411	29867	17	181	3783
1911	482576	471504	194750	48257	43200	324	287	3567
1920	799960	762250	344534	200	68693	6904	3477	8147
1930	1328232	1309756	432587	918	79784	16759	9619	5897

資料來源：Hsiao, L. L. (1974), China's Foreign Trade Statistics 1864-1949, Cambridge: Harvard University Press, pp. 22-25 & 38-48 & 55-58.

表 2-31：1870、1880、1890、1900、1910 年
中國主要進口品的價值（千兩）和比重（％）

	總額	棉花棉紗棉織物	鴉片	煤煤油汽油液體燃料	米小麥麵粉[122]	染料	漁產海產	銅鐵鋼錫	火柴	糖	羊毛類[123]	木材
1870	65623	27887	26882	770	270		1219	1305	106	827	6581	272
1880	81640	27963	32345	1382	44		2468	1051	583	279	5849	592
1890	128758	65934	28956	6066	12222	890	4857	2232	1341	1076	3643	834
1900	222129	107501	31031	20344	14677	1697	5144	2726	2235	6424	3810	1035
1910	476553	196917	55411	29963	34334	7744	12103	4857	5275	22323	7551	4861
1870		42.50	40.96	1.17	.41	.	1.86	1.99	.16	1.26	10.03	0.41
1880		34.25	39.62	1.69	.05	.	3.02	1.29	.71	.34	7.16	0.73
1890		51.21	22.49	4.71	9.49	.69	3.77	1.73	1.04	.84	2.83	0.65
1900		48.40	13.97	9.16	6.61	.76	2.32	1.23	1.01	2.89	1.72	0.47
1910		41.32	11.63	6.29	7.20	1.63	2.54	1.02	1.11	4.68	1.58	1.02

資料來源：Hsiao, L. L. (1974), China's Foreign Trade Statistics 1864-1949, Cambridge: Harvard University Press, pp. 22-25 & 32-46 & 49-55 & 59-70. 這 11 類商品金額總計佔輸入商品總值的百分比，1870、1880、1890、1900 和 1910 年分別為 100%、89%、100%、89%和 80%；棉花、棉紗、棉織物和鴉片進口金額總計佔輸入商品總值的百分比，1870、1880、1890、1900 和 1910 年分別為 83%、74%、74%、62%和 53%。未包括在表內的商品包括：人造絲貨（1915 年開始進口），香煙和煙草（1894 年開始進口，1900 和 1910 年進口金額分別為 1,012 和 8,927 千海關兩，比重 0.46、1.87%，pp. 52-54），麻袋（1894 年開始進口，1900 和 1910 年進口金額分別為 593 和 2,409 千海關兩，比重 0.27、0.51%，pp. 64-66），紙類（1903 年開始進口，1910 年進口金額為 5,510 千海關兩，比重 1.16%，pp. 67-70），機械、汽車、火車（三項合計 3,981 千海關兩，比重 0.84%）。

　　表2-32和2-33列出1867-1911期間，中國最重要進口品（棉花、棉紗、棉織物、鴉片、煤、煤油）每年的進口量和進口值。

---

[122] 稻米進口數量每年的差異很大。另外，麵粉從 1886 年開始進口，小麥從 1910 年開始進口。

[123] 包含羊毛紗、線，羊毛製品，以及羊毛和棉的混紡物。

表 2-32：1867-1911 年中國進口棉花、棉紗、棉織物
（1867-1873 年／兩；1874-1911 年／海關兩）

	進口棉花			進口棉紗			進口棉織物	進口總額	出口總額
	數量 (千擔)	金額 (千兩)	單價 (擔／兩)	數量 (千擔)	金額 (千兩)	單價 (擔／兩)	金額[124] (千兩)	(千兩)	額 (千兩)
1867	336	5164	15.37	34	1616	47.53	14639	21419	479
1868	306	4300	14.05	54	1780	32.96	22408	28488	602
1869	194	2808	14.47	132	1766	13.38	25239	29813	1193
1870	226	3336	14.76	52	2222	42.73	22329	27887	362
1871	342	3975	11.62	70	2091	29.87	29807	35873	137
1872	208	2329	11.20	50	1528	30.56	25419	29276	108
1873	202	2147	10.63	68	3487	51.28	21556	27190	271
1874	12	99	8.25	69	1969	28.54	18286	20354	809
1875	170	1494	8.79	91	2747	30.19	20084	24325	376
1876	237	2251	9.50	113	2839	25.12	20229	25319	499
1877	155	1464	9.45	116	2841	24.49	18818	23123	419
1878	106	970	9.15	108	2521	23.34	16054	19545	337
1879	176	1554	8.83	138	3191	23.12	22617	27362	222
1880	87	904	10.39	152	3648	24.00	23411	27963	273
1881	138	1487	10.78	172	4228	24.58	26070	31785	361
1882	178	1917	10.77	185	4505	24.35	22739	29161	514
1883	211	2100	9.95	228	5242	22.99	22065	29407	339
1884	187	1784	9.54	261	5584	21.39	22163	29531	704
1885	131	1298	9.91	388	7871	20.29	31510	40679	812
1886	111	888	8.00	383	7816	20.41	29148	37852	604
1887	174	1433	8.24	593	12548	21.16	37073	51054	971
1888	157	1513	9.64	683	13427	19.66	44462	59402	2450
1889	114	1213	10.64	679	12961	19.09	36158	50332	5256
1890	150	1577	10.51	1081	19305	17.86	45052	65934	3219
1891	111	1195	10.77	1211	20904	17.26	53310	75409	4143
1892	107	1157	10.81	1304	22059	16.92	52764	75980	5472
1893	53	661	12.47	982	17795	18.12	45170	63626	6811
1894	43	556	12.93	1160	21299	18.36	52138	73993	7975
1895	45	569	12.64	1132	21105	18.64	53121	74795	12547
1896	99	1308	13.21	1621	31835	19.64	79337	112480	5846
1897	160	2260	14.13	1571	34273	21.82	78704	115237	8633
1898	229	2840	12.40	1959	39048	19.93	77686	119574	4405

[124] 數量資料 n.a.

1899	278	3476	12.50	2745	54607	19.89	103553	161636	4211
1900	135	1833	13.58	1488	29976	20.15	75692	107501	11162
1901	255	3868	15.17	2273	48694	21.42	99772	152334	5927
1902	249	3858	15.49	2448	54275	22.17	127700	185833	14145
1903	59	934	15.83	2738	66895	24.43	128750	196579	14256
1904	60	1013	16.88	2281	58887	25.82	124196	184096	26245
1905	91	1540	16.92	2560	66464	25.96	181661	249665	13553
1906	45	728	16.18	2541	64285	25.30	152952	217965	13994
1907	116	1705	14.70	2273	56753	24.97	119111	177569	18140
1908	99	1744	17.62	1823	45296	24.85	111048	158088	11627
1909	114	2001	17.55	2406	61158	25.42	137599	200758	16245
1910	206	4464	21.67	2282	61475	26.94	130978	196917	30071
1911	40	906	22.65	1860	49735	26.74	144109	194750	24087
1920	678	17993	26.54	1325	78688	59.39	247853	344534	17077
1930	3456	132265	38.27	162	150579	929.50[125]	149743	432587	55259

資料來源：中國進口棉花、棉紗和棉織物參見 Hsiao, L. L. (1974), China's Foreign Trade Statistics 1864-1949, Cambridge: Harvard University Press, pp. 38-41. 中國出口棉花、棉紗和棉織物詳見前引書，頁 85-87。另外，直到 1913 年，中國才開始出口棉紗。

表 2-33：1867-1911 年中國進口鴉片、煤、煤油
（1867-1873 年／兩；1874-1911 年／海關兩）

	鴉片			煤			煤油			煤&煤油合計[126]
	數量(擔)	金額(千兩)	單價(擔／兩)	數量(千噸)	金額(千兩)	單價(兩／噸)	數量(一千美國加侖)	金額(千兩)	單價(加侖／兩)	金額(兩)
1840	20619									
1841	34631									
1842	33688									
1843	42699									

[125] 這個數字過大，似乎極不合理，可能是原文有誤。

[126] 汽油和液體燃料（liquid fuel）則遲至 1905 年才有進口中國的海關記錄。1905 年合計進口金額為 36 千海關兩，1906-1911 年分別為 52、55、86、83、96、134 千海關兩。

1844	28667								
1845	39010								
1846	34072								
1847	40070								
1848	45998								
1849	53075								
1850	52925								
1851	55561								
1852	59600								
1853	65574								
1854	74523								
1855	78354								
1856	70606								
1857	72385								
1858	74966	31995	525	113	1102	9.75			
1859	75822	26128	484	158	1517	9.60			
1860	58681	27572	492	127	909	7.16			
1861	60000	26882	463	79	630	7.97		140		770
1862	75000	29262	488	86	852	9.91		64		916
1863	62000	27653	453	134	1229	9.17		155		1384
1864	75000	29027	447	115	905	7.87		168		1073
1865	77000	28565	408	116	677	5.84				677
1866	61000	25355	402	143	969	6.78		256		1225
1876	70	28019	400	128	729	5.70		207		936
1877	70	30258	432	168	1066	6.35		101		1167
1878	72	32263	448	204	1141	5.59		392		1533
1879	83	36537	440	176	803	4.56		513		1316
1880	72	32345	449	214	968	4.52		414		1382
1881	79	37592	476	253	1309	5.17		495		1804
1882	66	26746	405	253	1220	4.82		964		2184
1883	67	25346	378	242	1184	4.89		702		1886
1884	67	26150	390	263	1493	5.68		826		2319
1885	67	25439	380	302	1735	5.75		1704		3439
1886	68	24989	367	314	1814	5.78	23038	2211	.096	4025
1887	74	27927	377	305	1819	5.96	12015	1365	.114	3184
1888	82	32331	394	268	1657	6.18	16613	2219	.134	3876

1889	76	30445	401	371	2377	6.41	20655	2875	.139	5252
1890	77	28956	376	306	1973	6.45	30829	4093	.133	6066
1891	77	28333	368	370	1708	4.62	49349	5267	.107	6975
1892	71	27418	386	398	2008	5.05	40533	4203	.104	6211
1893	68	31691	466	429	2096	4.89	50007	5571	.111	7667
1894	63	33336	529	486	3221	6.63	69705	8005	.115	11226
1895	52	29165	561	572	3394	5.93	52018	6615	.127	10009
1896	49	28652	585	625	3540	5.66	66958	9083	.136	12623
1897	49	27901	569	549	3693	6.73	99349	13299	.134	16992
1898	50	29256	585	731	5281	7.22	96882	11915	.123	17196
1899	59	35793	607	859	6397	7.45	88413	13002	.147	19399
1900	49	31031	633	864	6388	7.39	83580	13956	.167	20344
1901	49	32937	672	1153	8352	7.24	131119	17293	.132	25645
1902	51	35457	695	1174	6843	5.83	89934	11564	.129	18407
1903	58	43831	756	1403	8392	5.98	84998	15724	.185	24116
1904	55	37094	674	1251	7022	5.61	156891	27908	.178	34930
1905	52	34070	655	1210	6923	5.72	153472	20287	.132	27210
1906	54	32285	598	1558	8631	5.54	128688	12579	.098	21210
1907	54	28654	531	1403	7614	5.43	161284	19999	.124	27613
1908	48	34226	713	1505	8345	5.54	186085	27326	.147	35671
1909	49	35745	729	1517	8377	5.52	145720	23028	.158	31405
1910	35	55411	1583	1444	8124	5.63	161390	21743	.135	29867
1911	28	48257	1723	1541	8388	5.44	235898	34812	.148	43200
1920		200		1255	14375	11.45	189589	54318	.287	68693[127]
1930	1	918		2467	24919	10.10	185609	54865	.296	79784[128]

資料來源：1840-1860 年引自于恩德，《中國禁煙法令變遷史》；1861-1866 年引自
British Parliamentary Papers；1840-1866 年的資料轉引自林滿紅（1991），
〈中國的白銀外流與世界金銀減產（1814-1850）〉，吳劍雄主編《中國海
洋發展史論文集》第四輯，1-44，台北：中央研究院人文社會科學研究中
心。1867-1930 年參見 Hsiao, L. L. (1974), China's Foreign Trade Statistics
1864-1949, Cambridge: Harvard University Press, pp. 42-46 & 52-56.

---

[127] 汽油 1920 年進口 2,605,000 美國加侖，價值 1,674,000 海關兩；液體燃料
1920 年進口 75,000 公噸，價值 1,073,000 海關兩。

[128] 汽油 1930 年進口 29,725,000 美國加侖，價值 12,407,000 海關兩；液體燃
料 1930 年進口 203,000 公噸，價值 5,274,000 海關兩。

英國在很長一段期間，始終是中國對外貿易的最重要夥伴，十八世紀末到十九世紀晚期，幾乎壟斷了中國的對外貿易。[129]不過隨著其他西方國家陸續完成工業化進程，到了清末的1910年，英國對中國的出口已逐漸降至中國總進口額的6成。此外，日本是另一個值得注意的國家，1895年鴉片戰爭後，中、日貿易快速發展，日本在1910年對中國的出口金額，佔該年中國進口總額的16%。請參見表2-34。

表 2-34：1870、1880、1890、1900、1910 年
中國的進口來源和比重[130]（千兩、%）

	澳洲	加拿大	歐洲大陸[131]	法屬中南半島	英國（香港印度）	日本	韓國	荷屬東印度	暹邏	馬來[132]	美國	俄國	小計
1870	472		482	239	61141	1286		26	305	708	374	95	65128
1880	222	102	2297	104	72840	3501		159	136	863	1205	173	81602
1890	226	612	2471	342	106965	7389	53		93	1772	3676	898	124497
1900	518	654	10273	986	156130	25753	1189	600	6	2625	16724	4373	219831
1910	656	1158	25835	5981	286373	76756	2382	5756	570	8309	24799	16047	454622
1870	0.72		0.73	0.36	93.17	1.96		0.04	0.46	1.08	0.57	0.14	99.25
1880	0.27	0.12	2.81	0.13	89.22	4.29		0.19	0.17	1.06	1.48	0.21	99.95
1890	0.18	0.48	1.92	0.27	83.07	5.74	0.04		0.07	1.38	2.85	0.70	96.69
1900	0.23	0.29	4.62	0.44	70.29	11.59	0.54	0.27	0.003	1.18	7.53	1.97	98.97
1910	0.14	0.24	5.42	1.26	60.09	16.11	0.50	1.21	0.12	1.74	5.20	3.37	95.40

資料來源：Hsiao, L. L. (1974), China's Foreign Trade Statistics 1864-1949, Cambridge: Harvard University Press, pp. 137-164.

---

[129] 英國在 1785-1833 年的對華輸出佔中國從歐美進口總值的 80-90%，從中國的出口佔中國向歐美出口總值的 65-80%。鴉片戰爭發生前的 1800-1833 年，英國從中國出口的茶葉佔中國向歐美出口茶葉總值的 75-80%，而生絲的比重常高達 95%。根據嚴中平（1955），《中國近代經濟史統計資料選輯》，北京：科學，頁 4-5 & 16。

[130] 佔中國進口總值的比例。

[131] 只有 1864-1909 的資料（1909 年為 31,952 千海關兩）；歐陸個別國家的數據從 1905 年開始。1910 年的數據來自加總法國 2,761、德國 21,368、義大利 508、荷蘭 1,198，合計 25,835 千海關兩。

[132] 原文 Straits Settlements and Federated Malay States。

二、中國的出口

　　1864-1911期間每年中國的各項商品出口值，請參見表2-35。1870、1880、1890、1900、1910年中國主要出口品的金額（千兩）和比重（%），請參見表2-31。茶葉和絲貨（生絲、絲織品）為此一時期，中國最重要的出口品，但重要性日漸減少。

　　十九世紀初，採用蒸汽機繅絲的法國南部和北義大利，成了歐洲生絲的主要供應地。但到了十九世紀中葉，由於蠶的傳染病盛行，造成法國和義大利的生絲減產，甚至還波及了土耳其和敘利亞的養蠶地區。例如1853年，法國生絲產量為2,100噸，隨後兩年分別減少到成為1,790噸和600噸。[133]加上太平天國之亂，影響了生絲的內銷市場，所以中國／江南生絲開始大量出口，到了二十世紀初，美國繼法國之後，成了中國生絲的主要買主。由於中國生絲價格低廉，中國生絲的出口從1830年代每年9,000擔左右，到了1920年代晚期成長成為140,000擔以上。[134]不過中國的生絲出口值，到了20世紀初，被日本超越，日本成了全球生絲出口的首位。1910年代初，全球生絲出口，日本約佔40%、中國約佔30%；1920年代中期，日本約佔65%、中國約佔20%；1930年代初，全球生絲出口開始萎縮；1930年代末，日本約佔75%、中國約佔10%。[135]

---

[133] Ma, D.（1996），The modern silk road, The Journal of Economic History, 56: 2, 330-355.

[134] 黃宗智（2000），《長江三角洲小農家庭與鄉村發展》，北京：中華書局，頁 125。以及張海英（1999），〈海外貿易與近代蘇州地區的絲織業〉，《江漢論壇》，3，45-50。

[135] Ma, D.（1996），The modern silk road, The Journal of Economic History, 56: 2, 330-355.

　　二十世紀前期日本取代中國在全球生絲市場獨領風騷，究其根本的原因在於中國的生絲品質較差，中國即使到了清末民初，主要還是使用人工繅絲；1926年浙江機器繅絲的比例僅21%。相反地，日本在1894年，機器繅絲的比重達57%，1923年達93%。某外國人士指出「『英國和法國市場上中國絲的情況非常令人失望……許多對於蠶絲業非常熟悉的人認為，除非是大規模建立工廠，中國絲業的前途很少希望』……日本生絲出口大量增加，『這完全是因為日本迅速採用了一切西方科學與關於改良育蠶的知識，以及西方工藝為製造精美產品而設計的一切發明』」。[136]另一方面，1930年代初，受到人造絲製品的競爭，全球生絲市場開始萎縮。[137]

　　1887年起，絲的出口價值開始超過茶葉；1871年茶葉佔中國出口總值的54%，1898年降為18%，1906年再降為11%。[138]1880年代開始，物美價廉的印度茶和錫蘭茶出口快速增加，導致中國茶葉出口的急遽下滑。1910年，印度和錫蘭茶葉的出口值就已是中國茶葉的2倍，到了1920年，中國茶葉出口幾已微不足道，僅佔當年出口總額的1.6%。[139]中國茶葉出口的衰退，如同生絲，和中國茶葉的品質未能與時俱進有相當關係。

---

[136] 蘇全有（2000），〈近代中國生絲出口緣何落敗於日本〉，《北京商學院學報（社會科學版）》，15: 6，60-64。

[137] Feuerwerker, A.（1978），《中國近百年經濟史》，台北：華世，頁 33。

[138] Feuerwerker, A.（1978），《中國近百年經濟史》，台北：華世，頁 9。

[139] Feuerwerker, A.（1978），《中國近百年經濟史》，台北：華世，頁 33。以及鄭友揆（1984），《中國的對外貿易和工業發展（1840~1948年）》，上海：上海社科院，頁 19 & 268。

　　1890年以後，由於中國東北的開發、開放和鐵路興建，豆類製品、芝麻、花生和植物油的出口急劇成長，到了1913年，出口值達5,500關兩、佔出口總額的14%。[140]

表 2-35：1864-1911 年中國的出口（千兩）

	總額	生絲絲織品	茶葉	煙草	棉花棉紗棉製品	牛羊類	豆類	植物油	芝麻籽花生	銻鐵錫
1864	48655									
1865	54103									
1866	50596									
1867	52158	18860	34546	25	479	8		10		
1868	61826	27566	37172	12	602	1		5		
1869	60139	21713	37071	256	1193	8		135		
1870	55295	23997	30766	57	362	2	688	737		
1871	66853	28500	40326	18	137	10	170	58		
1872	75288	31217	44795	222	108	105	80	278		
1873	69451	31433	39299	51	271	59	46	66		
1874	66713	23082	36826	81	809	79	50	12		
1875	68913	24894	36698	144	376	79	123	15		
1876	80851	35812	36648	78	499	158	21	9		
1877	67445	22754	33332	114	419	492	5	26		
1878	67172	25126	32013	108	337	420	17	52		
1879	72281	28621	33272	162	222	257	71	9		
1880	77884	29831	35728	168	273	283	160	70		
1881	71453	26868	32890	73	361	513	139	160		
1882	67337	22837	31332	82	514	585	185	74		
1883	70198	23937	32174	129	339	954	132	109		
1884	67148	23183	29055	216	704	1230	76	60		

[140] Feuerwerker, A.（1978），《中國近百年經濟史》，台北：華世，頁 11。以及鄭友揆（1984），《中國的對外貿易和工業發展（1840~1948年）》，上海：上海社科院，頁 19-20。

1885	65006	20001	32269	246	812	1269	144	84	
1886	77207	28864	33505	230	604	1450	53	17	
1887	85860	31690	30041	586	971	1288	57	288	
1888	92401	32180	30293	738	2450	1576	53	311	
1889	96948	36402	28257	906	5256	1636	115	243	
1890	87144	30246	26663	991	3219	1568	371	283	
1891	100948	36902	31029	1052	4143	1765	791	248	
1892	102584	38292	25984	1075	5472	2040	1629	256	
1893	116632	38113	30559	1204	6811	2077	2522	802	
1894	128105	42644	31855	1336	7975	3179	2466	1003	381
1895	143293	50687	32450	1417	12547	2885	389	1018	662
1896	131081	42090	30157	1445	5846	3040	3881	1422	140
1897	163501	55251	29217	1944	8633	5159	5945	2212	204
1898	159037	56104	28879	3839	4405	4936	7829	2462	218
1899	195785	82110	31469	2310	4211	7520	9418	2046	559
1900	158997	49444	25445	1942	11162	5764	5468	2291	953
1901	169657	60915	18513	2150	5927	6132	8571	2797	1203
1902	214182	79212	22860	2195	14145	8094	9782	3486	4185
1903	214352	73290	26334	2025	14256	7193	10843	3250	2545	2038
1904	239487	78255	30202	2565	26245	11744	7283	4278	876	3473
1905	227888	70394	25446	2313	13553	11021	13120	3618	2744	4312
1906	236457	71295	26630	2216	13994	10339	10222	4865	4967	4628
1907	264381	89084	31736	2507	18140	11435	12390	4226	4072	4543
1908	276660	82914	32883	2390	11627	9969	23376	5431	9608	6267
1909	338993	90021	33567	2679	16245	15176	52029	6102	12917	5758
1910	380833	99400	35931	3032	30071	14749	36484	13220	18328	8188
1911	377338	92676	38335	2683	24087	15324	48001	8363	16302	8643
1920	541631	102458	8873	6580	17077	11306	92495	30850	16880	19443
1930	894844	143168	26284	4122	55259	11833	258193	66616	38234	19100

資料來源：Hsiao, L. L. (1974), *China's Foreign Trade Statistics 1864-1949*, Cambridge: Harvard University Press, pp. 77-82 & 85-87 & 90-91 & 95-124.

表 2-36：1870、1880、1890、1900、1910 年
中國主要出口品的價值（千兩）和比重（%）

	總額	生絲絲織品	茶葉	煙草香煙[141]	棉花棉紗棉製品	牛羊類	豆類	植物油	芝麻籽花生	銻鐵錫	豬鬃蛋類[142]	煤鐵礦砂鎢礦砂[143]
1870	55295	23997	30766	57	362	2	688	737				
1880	77884	29831	35728	168	273	283	160	70				
1890	87144	30246	26663	991	3219	1568	371	283				
1900	158997	49444	25445	1942	11162	5764	5468	2291	953		929	
1910	380833	99400	35931	3512	30071	14749	36484	13220	18328	8188	8417	2000
1870		43.40	55.64	0.10	0.65	0.00	1.24	1.33				
1880		38.30	45.87	0.22	0.35	0.36	0.21	0.09				
1890		34.71	30.60	1.14	3.69	1.80	0.43	0.32				
1900		31.10	16.00	1.22	7.02	3.63	3.44	1.44	0.60		0.58	
1910		26.10	9.43	0.92	7.90	3.87	9.58	3.47	4.81	2.15	2.21	0.53

資料來源：Hsiao, L. L. (1974), China's Foreign Trade Statistics 1864-1949, Cambridge: Harvard University Press, pp. 74-82 & 85-87 & 90-94 & 95-124. 這 11 類商品金額總計佔輸入商品總值的百分比，1870、1880、1890、1900 和 1910 年分別為 102%、85%、73%、65%和 71%；生絲、絲織品、和茶葉出口金額總計佔輸入商品總值的百分比，1870、1880、1890、1900 和 1910 年分別為 99%、84%、65%、47%和 36%。未包括在表內的商品包括：高粱（1925 年開始出口），小米（1913 年開始出口），小麥（1911 年開始出口），麵粉（1908 年開始出口，1910 年出口數量、金額和比重分別為 884 千擔、3,575 千海關兩和 0.94%，pp. 83-84），十字繡和刺繡（1931 年開始出口），挑花品（1925 年開始出口），蕾絲和輔料（1913 年開始出口）。

---

[141] 香煙從 1903 年開始出口。1910 年煙草（含煙葉）出口 219 千擔、價值 3,032 千海關兩；出口香煙 8 千擔、價值 480 千海關兩。

[142] 1894 年開始出口豬鬃，1903 年開始出口蛋類。1910 年出口豬鬃 56,000 擔、價值 4,417,000 海關兩，以及價值 4,000,000 海關兩的蛋和蛋製品。

[143] 煤自 1867 年就有輸出的記錄，但在（含）1902 年以前，數量很少，且斷斷續續。鐵礦砂從 1905 年開始輸出，鎢礦砂從 1923 年開始輸出。1910 年，煤輸出 318 千噸、價值 1,705 千海關兩，鐵礦砂輸出 2,192 擔、價值 295 千海關兩。煤、鐵主要由東北向外輸出。

1867-1911期間，中國每年的生絲和絲織品出口，請參見表2-37和表2-38。茶葉請參見表2-39。

表 2-37：1867-1911 年中國出口的生絲和絲織品

	各色生絲小計（包括白絲、黃絲、野生絲和其他種絲）			絲織品	絲貨合計	各種白絲			
	數量（千擔）	金額（千兩）	單價（兩／擔）	金額（千兩）	金額（千兩）	數量（千擔）	金額（千兩）	單價（兩／擔）	佔所有生絲百分比
1867	48	16526	344	2334	18860	40	15861	397	96
1868	64	25487	398	2079	27566	51	24421	479	96
1869	53	19851	375	1862	21713	44	19080	434	96
1870	56	21976	392	2021	23997	46	21272	462	97
1871	69	25952	376	2548	28500	56	25174	450	97
1872	75	28452	379	2765	31217	63	27719	440	97
1873	73	29000	397	2433	31433	54	27778	514	96
1874	85	20502	241	2580	23082	68	19456	286	95
1875	92	20695	225	4199	24894	74	19489	263	94
1876	93	31654	340	4158	35812	76	30542	402	96
1877	70	18134	259	4620	22754	56	17258	308	95
1878	81	20376	252	4750	25126	63	19419	308	95
1879	98	23872	244	4749	28621	76	22596	297	95
1880	106	24176	228	5655	29831	78	22604	290	93
1881	98	22017	225	4851	26868	60	19615	327	89
1882	97	18899	195	3938	22837	60	16990	283	90
1883	96	19258	201	4679	23937	59	16959	287	88
1884	105	18306	174	4877	23183	61	15847	260	87
1885	90	15256	170	4745	20001	50	12846	257	84
1886	133	21852	164	7012	28864	57	16654	292	76
1887	149	24607	165	7083	31690	60	18141	302	74
1888	139	23765	171	8415	32180	55	16793	305	71
1889	166	28642	173	7760	36402	66	20854	316	73
1890	146	24491	168	5755	30246	51	16762	329	68
1891	173	29884	173	7018	36902	75	22110	295	74
1892	164	30341	185	7951	38292	76	23811	313	78
1893	161	29325	182	8788	38113	68	21847	321	74
1894	176	33604	191	9040	42644	73	25297	347	75
1895	191	38724	203	11963	50687	83	30350	366	78

1896	151	31672	210	10418	42090	65	24412	376	77
1897	195	44461	228	10790	55251	89	36159	406	81
1898	199	45413	228	10691	56104	85	35790	421	79
1899	261	71583	274	10527	82110	109	55439	509	77
1900	176	39732	226	9712	49444	67	30562	456	77
1901	216	50027	232	10888	60915	95	39410	415	79
1902	218	68954	316	10258	79212	88	53992	614	78
1903	211	59335	281	13955	73290	63	42888	681	72
1904	218	65687	301	12568	78255	81	48108	594	73
1905	228	59614	261	10780	70394	69	40920	593	69
1906	213	60436	284	10859	71295	73	46099	631	76
1907	260	75203	289	13881	89084	79	56851	720	76
1908	255	68334	268	14580	82914	81	50032	618	73
1909	250	71154	285	18867	90021	83	49724	599	70
1910	306	80327	263	19073	99400	95	58487	616	73
1911	307	74510	243	18166	92676	82	51012	622	68
1920	230	76998	335	25460	102458	65	54017	831	70
1930	277	117536	424	25632	143168	104	84576	813	72

資料來源：Hsiao, L. L. (1974), China's Foreign Trade Statistics 1864-1949, Cambridge: Harvard University Press, pp. 102-116.

表 2-38：1867-1911 年中國出口之各種白絲

	未經再繞和蒸汽繰絲			再繞處理			蒸汽繰絲			總計 (千兩)
	數量 (千擔)	價值 (千兩)	單價 (兩／擔)	數量 (千擔)	價值 (千兩)	單價 (兩／擔)	數量 (千擔)	價值 (千兩)	單價 (兩／擔)	
1867	40	15861	397							15861
1868	51	24421	479							24421
1869	44	19080	434							19080
1870	46	21272	462							21272
1871	56	25174	450							25174
1872	63	27719	440							27719
1873	54	27778	514							27778
1874	68	19456	286							19456
1875	74	19489	263							19489
1876	76	30542	402							30542
1877	56	17258	308							17258
1878	63	19419	308							19419
1879	76	22596	297							22596

1880	78	22604	290							22604
1881	60	19615	327							19615
1882	60	16990	283							16990
1883	59	16959	287							16959
1884	61	15847	260							15847
1885	50	12846	257							12846
1886	57	16654	292							16654
1887	60	18141	302							18141
1888	55	16793	305							16793
1889	66	20854	316							20854
1890	51	16762	329							16762
1891	75	22110	295							22110
1892	76	23811	313							23811
1893	68	21847	321							21847
1894	69	22973	333	4	2324	581				25297
1895	56	19140	342	27	11210	415				30350
1896	38	13286	350	27	11126	412				24412
1897	48	17441	363	41	18718	457				36159
1898	44	17687	402	41	18103	442				35790
1899	60	29104	485	49	26335	537				55439
1900	32	14523	454	35	16039	458				30562
1901	45	17603	391	50	21807	436				39410
1902	37	20620	557	51	33372	654				53992
1903	19	11603	611	44	31285	711				42888
1904	34	19582	576	47	28526	607				48108
1905	24	13524	564	45	27396	609				40920
1906	27	16485	611	46	29614	644				46099
1907	29	17804	614	50	39047	781				56851
1908	32	17714	554	49	32318	660				50032
1909	31	15383	496	52	34341	660				49724
1910	11	4765	433	64	42701	667	20	11021	551	58487
1911	12	5448	454	55	36780	669	15	8784	586	51012
1920	3	1954	651	8	5687	711	54	46376	859	54017
1930	3	1216	405	11	5892	536	90	77468	861	84576

資料來源：Hsiao, L. L. (1974), China's Foreign Trade Statistics 1864-1949, Cambridge: Harvard University Press, pp. 102-116. 未經再繞和蒸汽繅絲的白絲，整段時期皆有出口；經過再繞處理的則從 1894 年起出口；蒸汽繅絲的白絲從 1910 年出口。

表 2-39：1867-1911 年中國出口的茶葉

	紅茶			綠茶			茶磚			總計[144]		
	數量 (千擔)	價值 (千兩)	單價 (兩/擔)	數量 (千擔)	價值 (千兩)	單價 (兩/擔)	數量 (千擔)	價值 (千兩)	單價 (兩/擔)	數量 (千擔)	價值 (千兩)	單價 (兩/擔)
1867	1025	26244	25.60	223	7584	34.01	65	718	11.05	1314	34546	26.29
1868	1176	29210	24.84	198	7305	36.89	53	531	10.02	1441	37172	25.80
1869	1213	27974	23.06	233	8107	34.79	74	915	12.36	1528	37071	24.26
1870	1078	22213	20.61	227	8021	35.33	63	504	8.00	1372	30766	22.42
1871	1361	30484	22.40	233	9082	38.98	84	754	8.98	1678	40326	24.03
1872	1420	33545	23.62	256	10276	40.14	97	970	10.00	1775	44795	25.24
1873	1274	32502	25.51	235	5749	24.46	107	1047	9.79	1617	39299	24.30
1874	1444	31194	21.60	213	4724	22.18	75	891	11.88	1735	36826	21.23
1875	1439	29740	20.67	210	4965	23.64	167	1976	11.83	1818	36698	20.19
1876	1415	30160	21.31	190	4642	24.43	154	1819	11.81	1763	36648	20.79
1877	1552	27147	17.49	198	4338	21.91	148	1759	11.89	1910	33332	17.45
1878	1518	27132	17.87	173	3422	19.78	194	1354	6.98	1899	32013	16.86
1879	1523	27521	18.07	183	4309	23.55	276	1393	5.05	1987	33272	16.74
1880	1661	29999	18.06	189	4196	22.20	233	2132	9.15	2097	35728	17.04
1881	1637	26201	16.01	238	5107	21.46	247	1468	5.94	2137	32890	15.39
1882	1612	25878	16.05	179	4091	22.85	219	1304	5.95	2017	31332	15.53
1883	1571	26730	17.01	191	3902	20.43	219	1501	6.85	1987	32174	16.19
1884	1564	23146	14.80	203	4405	21.70	245	1483	6.05	2016	29055	14.41
1885	1618	26528	16.40	215	4167	19.38	280	1512	5.40	2129	32269	15.16
1886	1654	27694	16.74	193	3552	18.40	361	2218	6.14	2217	33505	15.11
1887	1630	24654	15.13	185	3046	16.46	331	2312	6.98	2153	30041	13.95
1888	1542	23740	15.40	209	4087	19.56	413	2453	5.94	2167	30293	13.98
1889	1357	22014	16.22	192	3819	19.89	318	2387	7.51	1877	28257	15.05
1890	1151	20580	17.88	200	3700	18.50	307	2342	7.63	1665	26663	16.01
1891	1204	24979	20.75	207	3546	17.13	336	2484	7.39	1750	31029	17.73
1892	1101	19991	18.16	188	3487	18.55	332	2503	7.54	1623	25984	16.01
1893	1190	21940	18.44	236	5705	24.17	393	2904	7.39	1821	30559	16.78
1894	1217	22946	18.85	233	5809	24.93	408	3077	7.54	1862	31855	17.11
1895	1124	23110	20.56	244	4893	20.05	497	4446	8.95	1866	32450	17.39

---

[144] 除表中所列紅茶、綠茶和茶磚外，總計金額還包括數量、金額不高的雜項茶葉（Tea, Miscellaneous）。

1896	912	19409	21.28	217	5630	25.94	583	5116	8.78	1713	30157	17.60
1897	765	17146	22.41	201	6003	29.87	564	6061	10.75	1532	29217	19.07
1898	847	19445	22.96	185	4451	24.06	506	4981	9.84	1539	28879	18.76
1899	936	21824	23.32	214	4832	22.58	480	4806	10.01	1631	31469	19.29
1900	863	17593	20.39	200	4718	23.59	320	3133	9.79	1384	25445	18.39
1901	665	11409	17.16	189	4398	23.27	302	2703	8.95	1158	18513	15.99
1902	687	12113	17.63	254	6556	25.81	577	4187	7.26	1519	22860	15.05
1903	749	13135	17.54	302	8363	27.69	626	4834	7.72	1678	26334	15.69
1904	749	16568	22.12	241	9470	39.29	452	4099	9.07	1451	30202	20.81
1905	597	12721	21.31	242	8292	34.26	523	4377	8.37	1369	25446	18.59
1906	601	12253	20.39	207	7645	36.93	596	6731	11.29	1404	26630	18.97
1907	708	15435	21.80	265	9172	34.61	615	6994	11.37	1610	31736	19.71
1908	685	15241	22.25	284	9722	34.23	597	7859	13.16	1576	32883	20.86
1909	620	15679	25.29	282	9736	34.52	595	8138	13.68	1498	33567	22.41
1910	634	17895	28.23	296	9679	32.70	625	8319	13.31	1561	35931	23.02
1911	734	21401	29.16	299	10793	36.10	426	6120	14.37	1463	38335	26.20
1920	128	3188	24.91	164	5360	32.68	12	301	25.08	306	8873	29.00
1930	215	10978	51.06	250	12061	48.24	185	2634	14.24	694	26284	37.87

資料來源：Hsiao, L. L. (1974), China's Foreign Trade Statistics 1864-1949, Cambridge: Harvard University Press, pp. 117-121.

三、其他貿易數據

　　1864-1911期間，中國每年的商品、金、銀進出口金額和關稅收入，請參見表2-40。晚清從1880年代開始，貿易赤字日漸惡化，一部份靠著海外華僑的匯入款來彌補，剩下的靠著國外直接投資與清政府的向外借款來支應。[145]據估計，1903、1912和1913年，華僑匯款金額分別為7,300、4,000和7,700萬關兩，佔貿易逆差的比例分別為65%、39%和46%。這些匯款幾乎都經過英屬香港

---

[145] Feuerwerker, A.（1978），《中國近百年經濟史》，台北：華世，頁54-56。

匯入中國，可能應有相當大的一部份被留在香港地區，用作投資和贍養家屬親朋之用，所以華僑匯款被用來平衡中國對外貿易逆差的部份，大概只佔貿易逆差金額的1/3。[146]除此，1890年代後期到1913年間，中國政府得到的所有國外貸款、包括修建鐵路和發展工業，約為88,000萬關兩。[147]

表 2-40：1864-1911 年中國商品、金、銀進出口金額和關稅收入
（千海關兩）

	一般商品			關稅調整項[148]	經關稅調整的一般商品餘額	黃金餘額	白銀餘額
	進口	出口	餘額				
1864	52784	48655	-4129	8770	4641		
1865	58746	54103	-4643	9298	4655		
1866	69307	50596	-18711	9778	-8933		
1867	64538	52158	-12380	9903	-2477		
1868	65240	61826	-3414	10492	7078		
1869	68494	60139	-8355	10889	2534		
1870	65623	55295	-10328	10600	272		
1871	72098	66853	-5245	12104	6859		
1872	70223	75288	5065	12488	17553		

[146] 鄭友揆（1984），《中國的對外貿易和工業發展（1840~1948 年）》，上海：上海社科院，頁 112-115。詳細數據和資料來源，參見前引書，頁 338-341。

[147] 鄭友揆根據以下文獻估算：馬士，《中朝制度考》，頁 49；伍海德編，《中華年鑑》，頁 351-356；雷麥，《外人在華投資》，頁 135。參見鄭友揆（1984），《中國的對外貿易和工業發展（1840~1948 年）》，上海：上海社科院，頁 18-32。

[148] 原始進出口數據中出口金額以市價計算；1864-1903 年，進口金額也以市價計算。若假設關稅完全轉嫁給國內外消費者，且不考慮其他因素，則出口品離岸價格（f.o.b.）等於市價加上出口關稅；進口品到岸價格（c.i.f.）等於市價減去進口關稅。因此在計算貿易餘額時，要加上關稅調整項，它等於出口關稅+進口關稅（1864-1903）+鴉片釐金（1887-1903）。參見 Hsiao, L. L.（1974），China's Foreign Trade Statistics 1864-1949, Cambridge: Harvard University Press, pp. 266-267.

1873	69158	69451	293	11815	12108		
1874	67241	66713	-528	12371	11843		
1875	69994	68913	-1081	12711	11630		
1876	72391	80851	8460	12936	21396		
1877	76067	67445	-8622	12896	4274		
1878	73188	67172	-6016	13176	7160		
1879	84796	72281	-12515	14107	1592		
1880	81640	77884	-3756	14767	11011		
1881	93884	71453	-22431	15213	-7218		
1882	79504	67337	-12167	14634	2467		
1883	74954	70198	-4756	13838	9082		
1884	74330	67148	-7182	14040	6858		
1885	89407	65006	-24401	14857	-9544		
1886	89310	77207	-12103	15507	3404		
1887	104496	85860	-18636	16097	-2539		
1888	126827	92401	-34426	16804	-17622	1673	-1910
1889	113261	96948	-16313	15972	-341	1626	6005
1890	128758	87144	-41614	15940	-25674	1783	-3558
1891	136011	100948	-35063	17252	-17811	3693	-3132
1892	137423	102584	-34839	16930	-17909	7339	-5384
1893	153327	116632	-36695	16558	-20137	7460	9771
1894	165646	128105	-37541	17260	-20281	12773	25752
1895	179947	143293	-36654	16961	-19693	6877	35917
1896	211623	131081	-80542	18022	-62520	8115	1721
1897	212235	163501	-48734	17899	-30835	8512	1809
1898	218745	159037	-59708	17601	-42107	7703	4985
1899	273756	195785	-77971	20572	-57399	7640	1350
1900	222129	158997	-63132	17774	-45358	-1203	15445
1901	277140	169657	-107483	19580	-87903	6635	-6098
1902	325547	214182	-111365	23393	-87972	9410	-13845
1903	336853	214352	-122501	22986	-99515	-105	-6046
1904	357445	239487	-117958	11713	-106245	-8447	-13609
1905	461195	227888	-233307	11769	-221538	-7059	-7196
1906	428290	236457	-191833	11732	-180101	-3841	-18678
1907	429072	264381	-164691	11362	-153329	-2450	-31208
1908	409555	276660	-132895	12891	-120004	11518	-12267
1909	430049	338993	-91056	14245	-76811	6821	6840

1910	476553	380833	-95720	15039	-80681	977	21795
1911	482576	377338	-105238	14534	-90704	-1533	38306
1920	799960	541631	-258329	19796	-238533	18402	92639
1930	1328232	894844	-433388	37478	-395910	16535	67006
1888-1911							年均 7939
1864-1911					年均-32641		

資料來源：Hsiao, L. L. (1974), China's Foreign Trade Statistics 1864-1949, Cambridge: Harvard University Press, pp. 22-25, 128-129. 餘額計算採貨幣流入為正、貨幣流出為負。

　　鴉片戰爭以前，廣州在很長時間是中國唯一的對外通商口岸。1842年以後，中國被迫陸續開放其他通商口岸。1850年代的太平天國之亂，導致部份茶葉和生絲就近改由上海出口，上海日後逐漸成為全中國的經濟和外貿中心。中國各主要通商港口的進出口狀況，請參見表2-41。

表 2-41：1870、1880、1890、1900、1910 年中國各港口的進出口金額和比重（千兩銀、%）

	安東	廣東	大連	哈爾濱	青島	九龍	上海	天津	長江口岸[149]	小計
1870		18117					85966	2022	2290	108395
1880		15744					92225	5431	7950	121350
1890		25962				32801	98993	6459	5860	170075
1900		32584			191	41626	204129	4793	9166	292489
1910	4895	86586	38855	36694	20072	47756	373958	38530	45665	693011
1870		14.98					71.09	1.67	1.89	89.64

[149] 1867-1876 年包括鎮江、九江和漢口，1877-1890 再加上宜昌、蕪湖，1891-1895 再加上重慶，1896-1898 再加上沙市，1899-1903 再加上岳陽和南京，1904-1916 再加上長沙。參見 Hsiao, L. L. （1974）, China's Foreign Trade Statistics 1864-1949, Cambridge: Harvard University Press, pp. 178-179.

1880		9.87					57.81	3.40	4.98	76.07
1890		12.02				15.19	45.85	2.99	2.71	78.77
1900		8.55			.05	10.92	53.56	1.26	2.40	76.74
1910	.57	10.10	4.53	4.28	2.34	5.57	43.62	4.49	5.33	80.83

資料來源：Hsiao, L. L. (1974), China's Foreign Trade Statistics 1864-1949, Cambridge: Harvard University Press, pp. 167-179. 安東、大連從 1907 年開始有記錄，哈爾濱從 1908 年開始有記錄，青島從 1900 年開始有記錄，九龍從 1887 年開始有記錄，其餘港口從 1967 年開始有記錄。1870、1880、1890、1900、1910 年，中國進出口總值分別為 120,918、159,524、215,902、381,126、857,386 千海關兩（前引書，頁 22-5）。另外，1874 年以前採兩，1874-1932 年採海關兩。

　　英國是當時中國最重要的貿易夥伴，1864-1911期間每年的中、英貿易狀況，請參見表2-42。

表 2-42：1864-1911 年中國和英國、香港、印度的貿易（千兩）

	中國從英國進口	中國對英國出口	中國從香港進口	中國對香港出口	中國從印度進口	中國對印度出口	總計			
							進口		出口	
							金額	%[150]	金額	%[151]
1864	11651	36328	10247	7997	25706	174	47604	90	44499	91
1865	12370	37007	18122	9921	26388	14	56880	97	46942	87
1866	15673	34097	18794	9978	35328	78	69795	101	44153	87
1867	18830	33368	14177	8119	31916	367	64923	101	41854	80
1868	21782	38181	13946	8027	23223	235	58951	90	46443	75
1869	24830	31863	19193	11025	17686	134	61709	90	43022	72
1870	24181	29027	19175	10161	17785	102	61141	93	39290	71
1871	26137	35845	22752	11169	18759	209	67648	94	47223	71
1872	26253	38689	20927	12087	16631	411	63811	91	51187	68
1873	20991	37278	24956	7828	16709	2343	62656	91	47449	68
1874	20069	33617	23667	11304	18322	895	62058	92	45816	69
1875	21133	29165	27525	12747	14855	241	63513	91	42153	61
1876	20873	35268	27372	14477	16614	188	64859	90	49933	62

[150] 佔中國進口總額的百分比。
[151] 佔中國出口總額的百分比。

1877	19994	27784	27602	15256	19733	578	67329	89	43618	65
1878	14952	27610	27445	14979	21077	374	63474	87	42963	64
1879	20333	26125	29641	16403	24677	550	74651	88	43078	60
1880	21881	27824	30253	16609	20706	1106	72840	89	45539	58
1881	23738	22731	31190	17661	26819	494	81747	87	40886	57
1882	18756	22309	29063	16488	18264	477	66083	83	39274	58
1883	16930	24570	29091	18852	17154	566	63175	84	43988	63
1884	16945	19466	30770	17240	16339	636	64054	86	37342	56
1885	23992	21992	35268	15870	16149	589	75409	84	38451	59
1886	22035	19746	34890	22553	16980	532	73905	83	42831	55
1887	25666	16483	57761	31393	5537	798	88964	85	48674	57
1888	30393	16701	69841	33552	6628	1037	106862	84	51290	56
1889	21167	15657	63371	35187	7907	1090	92445	82	51934	54
1890	24608	13095	72057	32931	10300	1056	106965	83	47082	54
1891	29628	13772	68156	37708	12473	1563	110257	81	53043	53
1892	28870	10476	69817	40701	13861	1403	112548	82	52580	51
1893	28156	11668	80891	48290	16740	2735	125787	82	62693	54
1894	29943	11500	82424	50794	19929	2543	132296	80	64837	51
1895	33960	10571	88191	54774	16944	2764	139095	77	68109	48
1896	44571	11282	91357	54053	23027	2176	158955	75	67511	52
1897	40016	12945	90126	60402	20068	1046	150210	71	74393	46
1898	34962	10716	97214	62084	19136	1324	151312	69	74124	47
1899	40161	13963	118096	71846	31911	1731	190168	69	87540	45
1900	45467	9356	93847	63962	16816	2865	156130	70	76183	48
1901	41224	8561	120330	71435	28949	3148	190503	69	83144	49
1902	57625	10344	133524	82657	33037	2832	224186	69	95833	45
1903	50604	10024	136520	89196	33856	1944	220980	66	101164	47
1904	57221	15270	141085	86858	32220	2387	230526	64	104515	44
1905	86472	18064	148071	81453	34798	2721	269341	58	102238	45
1906	78738	13298	144937	82740	32319	1750	255994	60	97788	41
1907	77563	12108	155642	97226	32914	3180	266119	62	112514	43
1908	72561	12555	150252	92108	30499	4090	253312	62	108753	39
1909	68230	19579	150471	96919	40434	4813	259135	60	121311	36
1910	70949	18703	171466	108723	43958	4535	286373	60	131961	35
1911	89997	17295	148249	103670	37034	5810	275280	57	126775	34
1920	131720	45805	159313	136462	32494	8758	323527	40	191025	35
1930	108258	62669	218370	158018	132168	16953	458796	35	237640	27

資料來源：Hsiao, L. L. (1974), China's Foreign Trade Statistics 1864-1949, Cambridge: Harvard University Press, pp. 148-151. 1864-1867 使用兩，1868-1832 使用海關兩。

　　表2-43列出1864-1911期間，每年中國的海關收入。海關收入在1871年破千萬海關兩，1887年和1902年分別超過兩千萬和三千萬海關兩銀。

　　表2-44列出1867-1911期間，每年中國進出口的數量和進出口物價指數。此一期間，中國出口物價指數從45.1增加到91.5，上漲103%，每年平均上漲1.58%；進口物價指數從46.9增加到102.2，上漲118%，每年平均上漲1.75%。進口物價比出口價格上漲的快一些。

表 2-43：1864-1911 年中國海關收入（千海關兩）

| | 進口稅 | 出口稅 | 稅：土產（Native Produce）輸往 | | 鴉片釐金 | 總計[152] |
			外國	中國港口		
1864	2421	4485				7872
1865	2736	4697	3894	803		8289
1866	3267	4645	3662	983		8782
1867	3157	4879	3923	956		8865
1868	3288	5336	4393	943		9448
1869	3473	5547	4571	976		9879
1870	3569	5161	4266	895		9544
1871	3848	6385	5246	1138		11216
1872	3676	6940	5840	1100		11679
1873	3805	6137	5978	1159		10977
1874	3814	6683	5535	1148		11497
1875	3904	6932	5640	1292		11968
1876	4064	6996	5773	1223		12153
1877	4175	6844	5703	1140		12067
1878	4188	7110	5803	1306		12484

---

[152] 除表中所列外，還包括 1931 年廢止的海岸貿易稅（Coast Trade Duties）和轉口稅（Transit Dues）、噸位稅（Tonnage Dues）等。參見 Hsiao, L. L. （1974），China's Foreign Trade Statistics 1864-1949, Cambridge: Harvard University Press, p. 134.

1879	4843	7385	5958	1427		13532
1880	4618	8269	6696	1572		14259
1881	5002	8330	6869	1460		14685
1882	4684	8068	6588	1480		14086
1883	4401	7554	6159	1395		13287
1884	4375	7781	6290	1491		13511
1885	5073	7899	6295	1604		14473
1886	5018	8603	7035	1568		15145
1887	5700	8510	6639	1872	4646	20541
1888	6635	8281	6500	1781	6622	23168
1889	5868	8215	6389	1826	6085	21824
1890	6529	7521	5630	1892	6129	21996
1891	7160	8201	6121	2080	6198	23518
1892	6723	8315	5496	2819	5667	22689
1893	6202	8463	5694	2769	5363	21989
1894	6546	8820	5847	2973	5050	22524
1895	6040	9026	5940	3085	4104	21385
1896	7670	8456	5361	3094	3920	22579
1897	7575	8427	5189	3238	3948	22742
1898	7234	8469	5405	3064	3983	22503
1899	8437	10236	6162	4074	4748	26661
1900	7249	8625	4964	3661	3961	22874
1901	8557	9122	4726	4397	3971	25538
1902	12388	9103	4791	4312	4101	30007
1903	11493	9590	4704	4885	4705	30531
1904	12259	9809	4774	5035	4382	31493
1905	15337	9864	4914	4950	4154	35111
1906	16101	9826	5238	4588	4330	36069
1907	14879	9455	5510	3945	4371	33861
1908	13135	10983	6247	4736	3871	32902
1909	14085	12336	7495	4841	3906	35540
1910	14087	13129	8380	4749	2839	35572
1911	14743	12623	8135	4488	3564	36180
1920	25196	17876	12908	4968		49820
1930	135840	35548	19491	16057		180620

資料來源：Hsiao, L. L. (1974), China's Foreign Trade Statistics 1864-1949, Cambridge: Harvard University Press, pp. 131-134.

表 2-44：1867-1911 年中國進出口數量和物價指數

（1913 年＝100）

	數量		價格	
	進口	出口	進口	出口
1867	24.7	31.9	46.9	45.1
1868	25.4	33.7	46.9	51.7
1869	26.4	35.4	47.9	47.8
1870	25.9	33.3	46.7	46.1
1871	28.1	39.4	47.4	47.2
1872	27.9	43.3	45.8	48.7
1873	27.3	39.1	46.3	49.6
1874	31.5	40.1	38.5	45.9
1875	33.8	42.2	35.3	40.6
1876	36.3	42.8	33.8	47.1
1877	36.1	40.8	35.5	40.8
1878	34.9	41.4	35.7	40.2
1879	40.8	43.2	35.2	41.3
1880	36.2	47.2	38.3	41.1
1881	40.8	43.5	39.6	40.5
1882	36.4	45.9	37.6	36.2
1883	35.0	47.2	37.1	36.8
1884	34.5	50.6	37.1	32.9
1885	40.5	47.6	38.1	33.9
1886	35.3	54.2	43.3	35.3
1887	41.6	41.2	43.0	51.8
1888	50.3	43.6	43.6	52.4
1889	44.0	45.2	44.3	53.3
1890	54.8	42.0	40.7	51.5
1891	60.8	47.9	38.7	52.3
1892	59.9	49.8	39.6	51.4
1893	59.4	57.2	44.7	50.8
1894	45.3	60.1	62.8	52.8
1895	45.8	66.3	66.1	53.5
1896	53.2	56.4	67.1	57.7
1897	49.7	61.6	71.8	66.1
1898	51.3	63.4	71.9	62.3

1899	69.2	62.5	67.2	78.0
1900	49.5	54.9	74.8	72.1
1901	62.5	59.8	75.3	70.6
1902	70.9	65.1	78.0	81.7
1903	65.1	59.8	88.3	89.0
1904	69.2	64.0	87.2	92.7
1905	96.6	62.5	81.2	90.4
1906	95.3	64.6	75.4	90.6
1907	88.7	67.1	82.3	97.6
1908	72.7	73.0	95.4	94.1
1909	77.1	92.9	95.1	90.5
1910	79.2	102.9	102.5	91.8
1911	80.9	102.1	102.2	91.5
1920	75.9	119.3	175.7	112.9
1930	131.0	131.1	174.7	170.4

資料來源：南開經濟學院（Nankai Institute of Economics）1937 年 7 月出版的 Nankai Social and Economic Quarterly，頁 346-347。1913 年 = 100。轉引自 Hsiao, L. L. (1974), China's Foreign Trade Statistics 1864-1949, Cambridge: Harvard University Press, pp. 270-275.

第三章　白銀輸出、貨幣危機和鴉片戰爭

　　中國從宋代開始發行紙幣，元朝紙幣更成為唯一通貨，到了明初，甚至發行了不可兌換紙幣，但由於財政困難，大量浮濫發行，最後引發惡性通貨膨脹和幣信破產。因此從明代中葉到清代（c. 1500-1911）約四百年的期間，中國又退回實行金屬本位制－銀、銅複本位制，政府賦稅、長程貿易和躉售交易採用白銀，零售和工資則以銅錢支付。直到1935年，民國政府實施法幣改革，中國才完全廢棄銀本位制。從明代中葉到清代中葉，雲南每年產銀30-40萬兩左右，但中國所需白銀，大部分還是從海外輸入。[1]全漢昇認為「白銀的大量輸入，顯然和中國長期實行銀本位制，有密切的關係」。[2]

　　十七世紀時的清代中國，白銀流入的主要來源為日本和西屬菲律賓。到了十八世紀初期，日本白銀幾乎就不再輸進中國，輸入中國的完全變為佔全球產量八成以上的美洲白銀。十八世紀，中國進口白銀的主要來源為英國、荷蘭和西屬菲律賓。十九世紀前期，中國因鴉片和棉花的大量輸入，貿易產生赤字，白銀大量外流。十九世紀中期，因生絲出口大增，加上原來的茶葉出口，白銀又再回流。1890年代到清朝滅亡，中國對外貿易快速失衡，加上鉅額戰爭賠款，靠著華僑匯入的白銀和政府對外借款，方得彌補。

---

[1] 王業鍵（1996），〈全漢昇在中國經濟史研究上的重要貢獻〉，《中國經濟史論叢》，1-17，台北：稻禾。
[2] 全漢昇（1996），〈美洲白銀與明清經濟〉，《中國近代經濟史論叢》，67-73，台北：稻禾。

　　由於晚明大量進口白銀，大概到了十七世紀中期，中國的金、銀兌價和全球的金、銀兌價趨於一致。但清初因為內部戰亂和海禁，中國的對外貿易受到很大影響，1684年全國統一和開海禁後，對外貿易才又興盛起來，之後金、銀兌價才又開始趨近國際價格。1700-1720年中國的金、銀兌價為1：9.5-10，1740年前後為1：11.83，1750年前後為1：14-15，1775年為1：15.2，大概從1750年開始，中國的金、銀兌價和全球兌價又再次變為相同。[3]到了十九世紀初，美洲的獨立運動導致全球的白銀減產，使得銀價相對金價上升。[4]西方主要強權，約在1870年代，皆已將金、銀複本位制或銀本位制，改成金本位制，而亞洲國家陸陸續續從十九世紀末，才放棄銀本位、改採金本位，[5]這造成金、銀相對價格再一次的變化。值得注意的是，全球金、銀相對價格的變化，會影響中國白銀淨流入的數量。[6]14世紀到20世紀的國際銀價，請參見圖3-1。

[3]　Dermigny, L. (1964), La Chine et l'occident, Vol. 1, Paris: S.E.V.E.P.N, p. 431. 以及 von Glahn, R. (1998), Money-use in China and changing patterns of global trade in monetary metals 1500-1800, in C. E. Nuñez ed. Monetary History in Global Perspective 1500-1808, Sevilla: Universidad de Sevilla. 轉引自 Flynn, D. O. and A. Giráldez (2002), Cycles of silver: Global economic unity through the mid-eighteenth century, Journal of World Economy, 13: 2, 391-427.

[4]　林滿紅（1991），〈中國的白銀外流與世界金銀減產（1814-1850）〉，吳劍雄主編《中國海洋發展史論文集》第四輯，1-44，台北：中央研究院人文社會科學研究中心。

[5]　Sugihara, K. （1986），Patterns of Asia's integration into the world economy 1880-1913, in W. Fischer et al. ed. The Emergence of a World Economy 1500-1914, 709–728, Berne: International Economic History Association. 附帶一提，十九世紀西方國家陸續改採金本位，有此一說是國際銀行家背後搞鬼：「廢除銀幣在國際貨幣流通領域的作用，是為了確保國際銀行家們對世界貨幣供應量的絕對控制力。相對於愈來愈多的銀礦發掘，金礦的探勘和產量要稀有的多，在完全掌握了世界金礦開採之後，國際銀行家當然不希望難以控制的銀幣流通量，影響了他們主宰世界金融霸權地位。」參見宋鴻兵（2008），《貨幣戰爭》，台北：遠流，頁60。

[6]　Remer, C. F. （1926），International trade between gold and silver countries: China, 1885-1913, The Quarterly Journal of Economics, 40: 4, 597-643.

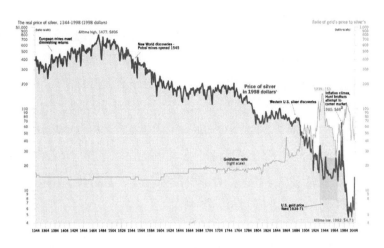

圖 3-1：1344-2004 年白銀的實質價格和金、銀兌價

參見 http://www.sharelynx.com/chartsfixed/600yearsilvera.gif（2009/04/19 查詢）。

　　西班牙／墨西哥銀元為清代時期，全球通用的貨幣，或許是人類歷史上最成功的全球貨幣。「十六世紀末，墨西哥銀元已在中國南部廣泛流通，甚至比在墨西哥流通的數量還多。毫無疑問，對墨西哥銀元的需求，主要因它的成色和重量穩定。因此北美商人用之從非洲西岸購進奴隸，以及從中國購進茶葉。太平洋的所有島嶼和從西伯利亞到孟買的亞洲海岸都使用墨西哥銀元，以及沿著北美海岸的英國殖民地，墨西哥銀元為交易時唯一接受的貨幣。墨西哥銀元也取代florin〔荷蘭盾〕和其他貨幣，普遍用於歐洲。」[7]

　　中國的貨幣供給，過度依賴外國輸入的白銀，因此可能承受政治和經濟不穩定的風險。例如文獻提到十九世紀前期，持續鉅

---

[7] Lopez Rosado, D. G. （1975），Historia del peso mexicano, Mexico: Fondo de Cultura Economica, p. 32. 轉引自 Flynn, D. O. and A. Giráldez （2002），Cycles of silver: Global economic unity through the mid-eighteenth century, Journal of World Economy, 13: 2, 391-427.

額的白銀流出，所引發的白銀-銅錢貨幣危機，是導致鴉片戰爭和
太平天國之亂的重要因素，而十九世紀中期以後，白銀回流中
國，導致中國的同治中興和約三十餘年的經濟恢復時期。[8]

　　本章第一節透過文獻回顧（部份內容和背景資料亦請參見第
二章），整理出清代流入／流出中國的白銀；第二節探討十九世
紀前期白銀外流和它的影響（「十九世紀白銀危機」的議題）；
第三節討論鴉片戰爭和其（正面）影響，我們發現鴉片戰爭和十
九世紀貨幣／白銀外流的關係應不大。

第一節　白銀輸出入

一、日本

表 3-1：1648-1840 年中國從日本進口的白銀

		數量		年均數量		資料來源
		元	萬兩銀	元	萬兩銀	
1648-1708		50363910	3777	825638	61.9	Ôtake Fumio／the records of the Nagasaki trading office.
	1648-72	26103270	1958	1044131	78.3	
	1673-84	9612788	721	801066	60.1	

[8]　參見 Lin, M. H. （2006）, China Upside Down, Cambridge: Harvard University Press, pp. 289-293. 除了十九世紀前期的貨幣危機，文獻上明、清中國還有兩次白銀危機，一次發生在明末的 1620-1650 年，世界經濟蕭條導致中國出口和進口白銀的減少，參見 Atwell, W. S. （1982）, International bullion flows and the Chinese economy circa 1530-1650, Past and Present, 95, 68-90. 另一次發生在清初的海禁時期，參見倪來恩、夏維中（1990），〈外國白銀與明帝國崩潰〉，《中國社會經濟史研究》，3，46-56。此文譯自 Moloughney Brian and Weizhong Xia （1989）, Silver and the fall of the Ming: A reassessment, Papers on Far Eastern History , 40.

	1685-1708[9]	14647852	1099	610327	45.8	
1709-1762		136606	10	2530	0.2	Yamawaki Teijirô（山脇悌二郎）, *Nagasaki no Tojin bôeki*, p. 214, based on contemporary writers' notes.
1763-1840		-9990445	-749	-128083	-9.6	Ibid., based on a contemporary record from Nagasaki.
	1763-82	-857860	-64	-42893	-3.2	
	1783-90	-39702	-3	-4963	-0.4	
	1791-1840	-9092883	-682	-181858	-13.6	
總計	1648-1840	40510121	3038	209897	15.7	

資料來源：Lin, M. H. (2006), China Upside Down, Cambridge: Harvard University Press, p. 63. Lin 將原先資料中的日本貫、中國兩和公制的公斤，都轉換成元。作者此處將之轉換成銀兩。這裡的估計值包含中國直接和間接從日本進口的白銀。

　　日本白銀除直接流入中國外，尚經由琉球和韓國間接流入，有時間接流入的數量遠遠超過直接流入，例如在1686年，經由韓國流入的日本白銀數量為直接流入中國的6.2倍。但分別到了1715年和1747年，日本白銀就不再經由琉球和韓國間接輸入中國，而直接輸入也在1760年劃下句點。[10]

　　李隆生估計明末1636-1644年，輸入中國的日本白銀分別為252萬兩銀、338萬兩銀、332萬兩銀、354萬兩銀、341萬兩銀、320萬兩銀、120萬兩銀、113萬兩銀和184萬兩銀，平均每年262萬

[9] 作者根據 1648-1708、1648-1672 和 1673-1684 的數據，計算而得。

[10] Lin, M. H. （2006）, China Upside Down, Cambridge: Harvard University Press, pp. 62-63. 附記：本書第二章永積洋子《唐船輸出入品數量一覽 1637~1833 年》的數據資料，僅包括直接貿易。

兩銀。另外,他還綜合了莊國土、von Glahn、Yamamura and Kamiki、Brading and Cross、Atwell、Kobata的著作,估計晚明百年流入中國的日本白銀大概高達17,000萬兩白銀、平均每年約170萬兩。十七世紀初,日本戰國時代結束,且白銀產量達到高峰,所以每年平均約200萬兩的白銀輸入中國,是極為可信的事。接下來的十七世紀中、後期,隨著日本白銀產量的減少和中國內部情勢的發展,降到每年約60-70萬兩,也不讓人意外。[11]

清初的對外貿易,基本延續晚明的格局。不過中國的內戰和清政府實施海禁,以及日本自十七世紀中葉銀礦產量日益枯竭,減少了中、日兩國的貿易量和因而流入中國的白銀數量。十七世紀晚期,日本對白銀輸出開始採取限制措施,並鼓勵對中國的出口(特別是海產和銅)與自行生產生絲(發展進口替代產業),因此流入中國的白銀逐年減少。到了十八世紀中期以後,中國反而開始反向對日本輸出白銀。詳請見第二章。

二、西屬美洲和菲律賓

根據西屬馬尼拉海關的記錄,1645-1777年,中國商船共向馬尼拉輸出價值1,464萬兩銀的商品,請參見表2-8。另外,中國從馬尼拉進口的的白銀,大約佔在馬尼拉賣出商品所得的70%,[12]所以由馬尼拉海關記錄,可估計有1,025萬兩的西班牙白銀經馬尼拉流入中國。

---

[11] 李隆生(2005),《晚明海外貿易數量研究》,台北:秀威,頁76 & 119 & 165。

[12] 吳承明(1996),《市場、近代化、經濟史論》,昆明:雲南大學,頁271。以及喻常森(2000),〈明清時期中國與西屬菲律賓的貿易〉,《中國社會經濟史研究》,1,43-49。

　　但同一時期，西屬美洲共生產了108,823萬兩的白銀，請參見表3-2。其中應至少有10%流向西屬菲律賓，[13]而流向菲律賓的大部分又流向中國。因此假設西屬美洲生產的白銀中，其中的8%經由菲律賓流向中國。則1645-1777年間，共有8,706萬兩的白銀經菲流進中國（平均每年65萬兩銀），是海關貿易數據推估值1,025萬兩的8.5倍。

　　由於走私貿易的猖獗，菲律賓海關記錄嚴重低估了進口額是不令人意外的。[14]因此先使用馬尼拉海關記錄得到每年中國商船載運回國的白銀數量，再乘上8.5倍，便得到1645-1777年的最終估計值。結果請參見表3-3。至於十八世紀晚期，因為中國帆船貿易開始走下坡，加上從菲律賓大量進口大米，以致貿易順差快速消失，所以1778-1800年，假設每年從菲律賓輸入的白銀只有1645-1777年的一半左右，亦即每年30萬兩。且1801年以後，假設就不再有美洲白銀經菲律賓輸入中國。

　　根據表3-3，1645-1700年間，經西屬菲律賓共輸入中國2,795萬兩白銀，平均每年50萬兩。1700-1800年間，經西屬菲律賓共輸入中國6,604萬兩白銀，平均每年66萬兩。1645-1800年間，經西屬菲律賓共輸入中國9,399萬兩白銀，平均每年60萬兩。

　　除此，全漢昇主要從*Manila Galleon*和*Philippine Islands*整理出清代某些時點，西屬美洲輸入中國的白銀數量。請參見表3-4。

---

[13] 西屬美洲的白銀，輸往歐洲和菲律賓。十八世紀以後，西屬美洲白銀主要輸往歐洲，留在美洲當地和輸往菲律賓的部份，約佔 10-20%。參見 Greenberg, M.（1951），British Trade and the Opening of China 1800-1842, Cambridge: Cambridge University Press, p.4.

[14] von Glahn, R.（1996），Myth and reality of China's seventeenth-century monetary crisis, The Journal of Economic History 56: 2, 429-454. 以及李隆生（2005），《晚明海外貿易數量研究》，台北：秀威，頁 147-148。

表 3-2：1645-1810 年西屬美洲的白銀產量

	墨西哥 （元）	祕魯 （元）	總計 （元）	墨西哥 （萬兩銀）	祕魯 （萬兩銀）	總計 （萬兩銀）
1645	4066000	4041790	8107790	305	303	608
1646	4061000	6539592	10600592	305	490	795
1647	4283000	5399634	9682634	321	405	726
1648	2827000	6319231	9146231	212	474	686
1649	4168000	4943818	9111818	313	371	683
1650	3953000	5231780	9184780	296	392	689
1651	3092000	3899369	6991369	232	292	524
1652	3869000	4257356	8126356	290	319	609
1653	2344000	4538819	6882819	176	340	516
1654	2163000	4462369	6625369	162	335	497
1655	3501000	3506068	7007068	263	263	526
1656	3178000	3961349	7139349	238	297	535
1657	3696000	4478259	8174259	277	336	613
1658	3807000	5175721	8982721	286	388	674
1659	5421000	3837650	9258650	407	288	694
1660	3685000	2948998	6633998	276	221	498
1661	3614000	3818350	7432350	271	286	557
1662	3433000	3010727	6443727	257	226	483
1663	2058000	2584665	4642665	154	194	348
1664	2936000	2694313	5630313	220	202	422
1665	4148000	2918539	7066539	311	219	530
1666	4525000	3388414	7913414	339	254	594
1667	4533000	3531902	8064902	340	265	605
1668	5207000	3214809	8421809	391	241	632
1669	5183000	2788414	7971414	389	209	598
1670	4688000	2483314	7171314	352	186	538
1671	2758000	3010115	5768115	207	226	433
1672	6363000	2788197	9151197	477	209	686
1673	6472000	3023050	9495050	485	227	712
1674	6501000	3009186	9510186	488	226	713
1675	5850000	2555391	8405391	439	192	630
1676	6397000	2411794	8808794	480	181	661
1677	6066000	2644174	8710174	455	198	653
1678	5734000	2968980	8702980	430	223	653

1679	5776000	3632260	9408260	433	272	706
1680	6168000	2958902	9126902	463	222	685
1681	2888000	3963380	6851380	217	297	514
1682	2962000	3114182	6076182	222	234	456
1683	4019000	4498839	8517839	301	337	639
1684	2453000	5110674	7563674	184	383	567
1685	3298000	3104206	6402206	247	233	480
1686	4156000	3106258	7262258	312	233	545
1687	4613000	2846722	7459722	346	214	559
1688	3829000	3206972	7035972	287	241	528
1689	6191000	3455805	9646805	464	259	724
1690	4367000	3563891	7930891	328	267	595
1691	5076000	3380304	8456304	381	254	634
1692	6680000	2537829	9217829	501	190	691
1693	3786000	3353265	7139265	284	251	535
1694	4341000	3490814	7831814	326	262	587
1695	4341000	3640137	7981137	326	273	599
1696	3705000	4024958	7729958	278	302	580
1697	4194000	1869798	6063798	315	140	455
1698	3765000	2494835	6259835	282	187	469
1699	3330000	1912561	5242561	250	143	393
1700	4000000	1929315	5929315	300	145	445
1701	6787311	954438	7741749	509	72	581
1702	7327700	920622	8248322	550	69	619
1703	7927201	800836	8728037	595	60	655
1704	7483428	615776	8099204	561	46	607
1705	6908522	1392933	8301455	518	104	623
1706	7524618	2574405	10099023	564	193	757
1707	7653735	2431511	10085246	574	182	756
1708	6578557	2779952	9358509	493	208	702
1709	6101495	2389615	8491110	458	179	637
1710	9353333	2361909	11715242	701	177	879
1711	7748429	2363086	10111515	581	177	758
1712	7239342	741376	7980718	543	56	599
1713	8250244	721991	8972235	619	54	673
1714	8136358	602219	8738577	610	45	655
1715	8357165	720207	9077372	627	54	681
1716	8856921	2640238	11497159	664	198	862

1717	12367945	3299278	15667223	928	247	1175
1718	11291583	3764697	15056280	847	282	1129
1719	11743299	2419127	14162426	881	181	1062
1720	10107231	1733289	11840520	758	130	888
1721	10345109	2085334	12430443	776	156	932
1722	9414174	2427187	11841361	706	182	888
1723	11884126	2043843	13927969	891	153	1045
1724	11384297	2469715	13854012	854	185	1039
1725	9279848	3200240	12480088	696	240	936
1726	7801811	2436533	10238344	585	183	768
1727	7672337	2879805	10552142	575	216	791
1728	7334012	2908246	10242258	550	218	768
1729	8080065	2877264	10957329	606	216	822
1730	8419532	2867348	11286880	631	215	847
1731	7309850	2651655	9961505	548	199	747
1732	9238119	2694633	11932752	693	202	895
1733	8603941	2390411	10994352	645	179	825
1734	9328390	2397348	11725738	700	180	879
1735	8365782	2438531	10804313	627	183	810
1736	8721260	6459502	15180762	654	484	1139
1737	8206573	3444164	11650737	615	258	874
1738	9449617	4023122	13472739	709	302	1010
1739	6258542	3613040	9871582	469	271	740
1740	8024135	2781989	10806124	602	209	810
1741	7758741	2739829	10498570	582	205	787
1742	8354130	2646087	11000217	627	198	825
1743	7751467	3459685	11211152	581	259	841
1744	7918940	3345854	11264794	594	251	845
1745	9021170	3688730	12709900	677	277	953
1746	10852362	4193364	15045726	814	315	1128
1747	10682918	6718704	17401622	801	504	1305
1748	9829050	4758603	14587653	737	357	1094
1749	9991496	4743787	14735283	749	356	1105
1750	10692289	5025259	15717548	802	377	1179
1751	10882247	5391458	16273705	816	404	1221
1752	9023078	3909188	12932266	677	293	970
1753	10510332	4024663	14534995	788	302	1090
1754	10352293	5239957	15592250	776	393	1169

1755	11671038	3992586	15663624	875	299	1175
1756	10734005	3986704	14720709	805	299	1104
1757	11605254	5315473	16920727	870	399	1269
1758	11101341	5280759	16382100	833	396	1229
1759	11226440	5567242	16793682	842	418	1260
1760	10393058	5071952	15465010	779	380	1160
1761	9591313	5515468	15106781	719	414	1133
1762	8985528	5102375	14087903	674	383	1057
1763	9060821	5194978	14255799	680	390	1069
1764	8916600	5342347	14258947	669	401	1069
1765	9300231	5789814	15090045	698	434	1132
1766	9644346	5410251	15054597	723	406	1129
1767	9865034	5780105	15645139	740	434	1173
1768	9876595	5741234	15617829	741	431	1171
1769	10568948	4303132	14872080	793	323	1115
1770	11397635	6319896	17717531	855	474	1329
1771	10388022	6393315	16781337	779	479	1259
1772	11304736	6330266	17635002	848	475	1323
1773	12674822	6128149	18802971	951	460	1410
1774	10729458	6346075	17075533	805	476	1281
1775	15004497	6617549	21622046	1125	496	1622
1776	15335543	6574197	21909740	1150	493	1643
1777	14613670	7086506	21700176	1096	531	1628
1778	14059809	7330080	21389889	1054	550	1604
1779	16282278	6687071	22969349	1221	502	1723
1780	15388237	7136348	22524585	1154	535	1689
1781	16282278	5860806	22143084	1221	440	1661
1782	15388237	5894006	21282243	1154	442	1596
1783	18378138	6253376	24631514	1378	469	1847
1784	16876420	6354835	23231255	1266	477	1742
1785	14750993	6261972	21012965	1106	470	1576
1786	13007446	6556458	19563904	976	492	1467
1787	14543618	7192968	21736586	1091	539	1630
1788	15436789	9649259	25086048	1158	724	1881
1789	16829743	7111622	23941365	1262	533	1796
1790	15864500	6493148	22357648	1190	487	1677
1791	17602584	7737065	25339649	1320	580	1900
1792	17824540	7377926	25202466	1337	553	1890
1793	17105868	8711190	25817058	1283	653	1936

1794	15992793	8803407	24796200	1199	660	1860
1795	19997429	8338522	28335951	1500	625	2125
1796	24443959	8421051	32865010	1833	632	2465
1797	22361118	7677618	30038736	1677	576	2253
1798	21913821	8677440	30591261	1644	651	2294
1799	17469990	8123954	25593944	1310	609	1920
1800	17572246	8491634	26063880	1318	637	1955
1801	15571521	4288804	19860325	1168	322	1490
1802	15331672	3098252	18429924	1150	232	1382
1803	24495366	3923273	28418639	1837	294	2131
1804	25234287	5228491	30462778	1893	392	2285
1805	22704415	5878050	28582465	1703	441	2144
1806	21160724	6290047	27450771	1587	472	2059
1807	15738074	6725412	22463486	1180	504	1685
1808	14539116	7305555	21844671	1090	548	1638
1809	15995282	6094566	22089848	1200	457	1657
1810	13282088	6695137	19977225	996	502	1498
1645-1810 合計	1548418764	708644343	2257063107	116131	53138	169279
1645-1810 年均				700	320	1020
1645-1777 合計	968993385	481975000	1450968385	72675	36148	108823
1645-1777 年均				546	272	818

資料來源：John Tepaske 整理得到的數據，參見 http://www.history datad esk.com(2007/09/22 查詢)。Tepaske 的數據，最早從 1559 年開始，直到 1810 年為止。1 元 = 0.75 兩銀。十七、十八世紀，西屬美洲是全世界最重要的白銀產地，佔全球產量的 82%。[15]

---

[15] 1645-1810 年，全球白銀產量約 2,734 百萬盎斯，相當 2,067 百萬兩。參見 Vilar P.（1991），A History of Gold and Money 1450 to 1920, London: Verso, pp. 351-352. 詳見表 1-2。

表 3-3：1645-1800 年西屬菲律賓輸入中國的白銀

年	艘	華船輸入商品總值（海關記錄、元）	輸入中國的白銀估計值（萬兩）	年	艘	華船輸入商品總值（海關記錄、元）	輸入中國的白銀估計值（萬兩）
1645	11	189893	85	1723	18	109728	49
1646	17	346375	155	1724	12	73152	33
1647	17	346375	155	1725	12	73152	33
1648	7	142625	64	1726	13	251082	112
1649	14	285250	127	1727	5	96570	43
1650	10	203750	91	1728	6	115884	52
1651	9	176571	79	1729	13	251082	112
1652	4	78476	35	1730	12	231768	103
1653	8	156952	70	1731	7	80444	36
1654	8	156952	70	1732	15	172380	77
1655	3	58857	26	1733	16	183872	82
1656	0	0	0	1734	10	114920	51
1657	0	0	0	1735	8	91936	41
1658	≧5	86240	38	1736	14	136948	61
1659	10	172480	77	1737	17*	166294	74
1660	11	189728	85	1738	20	195640	87
1661	10	215500	96	1739	25	244550	109
1662	6	129300	58	1740	16	156512	70
1663	2	43100	19	1741	15	104595	47
1664	4	86200	38	1742	17	118541	53
1665	10	215500	96	1743	19	132487	59
1666	2	314880	141	1744	16*	111568	50
1667	0	0	0	1745	13	90649	40
1668	0	0	0	1746	16*	186208	83
1669	0	0	0	1747	19	221122	99
1670	0	0	0	1748	13	151294	68
1671	0	0	0	1749	19	221122	99
1672	0	0	0	1750	11	128018	57
1673	2	27902	12	1751	14	140084	63
1674	2*	27902	12	1752	13	130078	58
1675	2	27902	12	1753	9	90054	40
1676	7	85330	38	1754	12	120072	54
1677	9	109710	49	1755	18	180108	80
1678	3	36570	16	1756	20	289240	129

1679	6	73140	33	1757	7	101234	45
1680	5	60950	27	1758	10	144620	65
1681	0	0	0	1759	11	159082	71
1682	0*	0	0	1760	13	188006	84
1683	0	0	0	1761	11*	428329	191
1684	1	10595	5	1762	9*	350451	156
1685	16	169520	76	1763	7*	272573	122
1686	27	167589	75	1764	5	194695	87
1687	13	80691	36	1765	11	428329	191
1688	7	43449	19	1766	6	126696	57
1689	10.5*	65174	29	1767	9	190044	85
1690	14	86898	39	1768	13	274508	122
1691	13	137943	62	1769	7	147812	66
1692	14	148554	66	1770	6	126696	57
1693	18	190998	85	1771	8	296984	133
1694	12	127332	57	1772	11	408353	182
1695	19	201609	90	1773	10	371230	166
1696	16	146688	65	1774	6	222738	99
1697	15	137520	61	1775	10	371230	166
1698	23	210864	94	1776	5	190870	85
1699	17	155856	70	1777	13	496262	221
1700	15	137520	61	1778	?		30
1701	9	76068	34	1779	?		30
1702	15	126780	57	1780	?		30
1703	20	169040	75	1781	?		30
1704	18*	152136	68	1782	?		30
1705	16	135232	60	1783	?		30
1706	26	134316	60	1784	?		30
1707	15	77490	35	1785	?		30
1708	32	165312	74	1786	?		30
1709	43	222138	99	1787	12		30
1710	25	129150	58	1788	?		30
1711	12	99744	45	1789	?		30
1712	13*	108056	48	1790	?		30
1713	14	116368	52	1791			30
1714	17	141304	63	1792			30
1715	14	116368	52	1793			30
1716	9	145044	65	1794			30
1717	8	128928	58	1795			30
1718	3	48348	22	1796			30

1719	2	32232	14	1797			30
1720	7	112812	50	1798			30
1721	6	36576	16	1799			30
1722	21	128016	57	1800			30

資料來源：1645-1777 年的船隻艘數和中國商船輸入馬尼拉商品的總值，參見表 2-8。
中、菲貿易流入中國的白銀數量，為作者估計。1645-1777 年，經菲律賓流
入中國的西屬美洲白銀數量（兩）等於華船輸入商品總值（元）
*0.75*70%*8.5。另外，船隻數上的星號代表此數值為內差估計值。

表 3-4：c.1645-1815 年經菲律賓流入中國的美洲白銀

	西班牙銀元 （萬元）	資料來源或備註
1688 及以前	200	*Manila Galleon*, p. 189.
1698-1699	207	*Manila Galleon*, p. 189.
1712 及以前	260(+)	*Philippine Islands*, vol. 44, pp. 240-241.
1714 以前	300-400	*Philippine Islands*, vol. 44, pp. 256.
1723	400	*Philippine Islands*, vol. 44, pp. 239-240.
1729 及以前	300-400	J. Forman (1906), *The Philippine Islands*, p. 248.
1729 及以前	300-400	*Philippine Islands*, vol. 45, pp. 29-30. （經菲輸華）
1731	243	*Philippine Islands*, vol. 45, pp. 29-30.
1740 前後	300	T. R. McHale and M. C. McHale (1962), *Early American-Philippine Trade*, p. 10.
1746-1748	400	*Manila Galleon*, p. 189.
1762	231(+)	*Manila Galleon*, p. 339.
1764	300(+)	*Manila Galleon*, p. 189.
1768-1773	150-200	*Manila Galleon*, p. 189.
1772	200-300	*Manila Galleon*, p. 189.
1784	279	*Manila Galleon*, p. 189.
1815	155	*Manila Galleon*, p. 59. （經菲輸華） 橫渡太平洋的馬尼拉大帆船於本年停駛
1571-1821	至少 2 億銀元 或 1.4 億兩白銀以上	全漢昇根據 De Comym 的估計推估 以 1 兩白銀等於 1.45 墨西哥銀元換算

資料來源：參見全漢昇（1996），〈明清間美洲白銀的輸入中國〉，《中國經濟史論
叢》，435-450，台北：稻禾。除 1815 年和 1729 及以前兩項外（參見表中
的備註），其餘資料皆為美洲白銀輸往菲律賓的數額。這裡忽略美洲白銀
經歐洲輸往中國的數額，並假設輸菲的白銀，最終都流入中國。William
Lytle Schurz 1939 在紐約出版 The Manila Galleon；E. H. Blair and J. A.
Robertson 編輯的 The Philippine Islands，共 55 冊，於 1903-1909 在美國
Cleveland 出版。西班牙銀元（peso）的購買力，十六世紀和十七世紀之
交，約為十八世紀中期的 2 倍，約為二十世紀初的 10 倍。

三、十八世紀中西廣州貿易

表3-5、3-6和表3-7小結了十八世紀西方各國廣州貿易輸入中國白銀的數量。根據表3-5，1700-1756年，共計輸入4,370萬兩銀、年均77萬兩銀。此一時期，英國以外各國共計派出166艘船來到廣州貿易，若每艘載銀32,214英鎊（請參見附註17），則166艘共載銀5,347,524英鎊、相當白銀1,925萬兩、年均34萬兩銀。所以，1700-1756年，英國輸入中國的白銀為2,445萬兩、年均43萬兩銀，為英國以外西方各國的1.270倍。十七世紀的清初開海禁時期，若排除西班牙，則西方各國輸入中國的白銀數量應當不多，每年或許約在10萬兩左右。[16]

根據表3-6，1757-1774年，共計輸入2,476萬兩銀、年均138萬兩銀。其中英國1,315萬兩銀、年均73萬兩銀；其他國家1,161萬兩銀、年均65萬兩銀。

根據表3-7，1775-1800年，西方國家合計輸入中國4,971萬兩的白銀、年均191萬兩。其中英國共輸入2,127萬兩、年均82萬兩；其他西方各國輸入2,844萬兩、年均109萬兩。此一時期，英國輸入白銀數量是其他西方國家的0.748倍，這是因為英國已開始

---

[16] 參見下表。詳見 Zhuang, G.（1993）, Tea, Silver, Opium and War, Xiamen: Ximen University Press, pp.164-180.

年	英國東印度公司		
	貨物（兩銀）	白銀數量（兩銀）	白銀的比重%
1677	2110	4778	65
1681	31350	37500	54
1682	43797	84000	66
1698	75000	60000	44
1699	16425	79833	82

向中國輸入大量的棉花和少量鴉片，所以每艘英國船運進中國的白銀數量要較其他西方國家少得多。

綜上所述，1700-1800年，西方國家共計輸入中國白銀達11,817萬兩。

表 3-5：1700-1756 年西方各國到中國貿易的統計

年	總船數	英國（東印度公司）						其他各國船數	總計輸入白銀[17]	
		載運銀、貨分別記載		載運銀、貨未分別記載		無記載				
		船數	銀數	銀貨總值	船數	銀貨總值	船數			萬兩銀
1700	4	1	26611	32086	2	76206	1		129216	47
1701	6	0	0	0	5	154896	1		175291	63
1702	7	2	50000	74552	4	135743	1		207600	75
1703	5	2	50000	?	0	0	3		146642	53
1704	7	2	61555	70291	3	53044	2		174980	63
1705										0
1706										0
1707	2	2	64000	69461	0	0	0		64000	23
1708	1	0	0	0	1	36290	0		33521	12
1709	1	1	31000	33635	0	0	0		31000	11
1710	1	0	0	0	1	35260	0		32570	12
1711	2	0	0	0	2	80512	0		74369	27
1712	2	0	0	0	2	82492	0		76198	27
1713	1	0	0	0	1	34322	0		31703	11
1714	1	0	0	0	1	19916	0		18396	7
1715	1	0	0	0	1	52069	0		48096	17

[17] 1700-1751 年，計有 82 艘英國船分別記載了商品和所攜白銀的價值，平均起來，白銀佔銀、貨總值的 92.73%；利用 92.73%這個比例來估算未分開記載銀、貨總額的船隻（計 51 艘），它所載白銀的數量。完全未記載銀、貨價值的英國船隻（計 43 艘）和其他船隻，則用有記載船隻的平均值來估計，平均每艘載銀 32,214 英鎊前來中國貿易。參見余捷瓊（1940），《1700-1937 年中國銀貨輸出入的一個估計》，長沙：商務，頁 28-32。另外，1705 和 1706 年，輸入的白銀數量，乃是以 1704 和 1707 年的數字，用線性內差加以估計，估計所得的數字用雙星號**加註。至於1752-1756 年輸入的白銀數量，則以船隻數乘以 32,214 英鎊來估計。

1716	3	3	80250	89167	0	0	0		80250	29
1717	2	2	68000	74652	0	0	0		68000	24
1718	2	2	56000	61278	0	0	0		56000	20
1719	2	2	62000	67611	0	0	0		62000	22
1720	4	4	132000	145946	0	0	0	5	293070	106
1721	4	4	109000	115476	0	0	0	4	237856	86
1722	3	3	96000	104941	0	0	0		96000	35
1723	5	4	118457	130729	1	36133	0	5	312903	113
1724	1	0	0	0	1	50369	0	8	304238	110
1725	3	3	80582	80582	0	0	0		80582	29
1726	1	0	0	0	0	0	1		32214	12
1727	1	0	0	0	0	0	1		32214	12
1728	4	4	90133	100148	0	0	0		90133	32
1729	4	4	160000	164317	0	0	0	1	192214	69
1730	5	5	200000	204500	0	0	0	4	328856	118
1731	4	4	219000	223511	0	0	0	6	412284	148
1732	4	4	123000	166891	0	0	0	5	284070	102
1733	2	2	70000	90000	0	0	0	7	295498	106
1734	2	2	80000	82986	0	0	0	3	176642	64
1735	3	2	77000	78830	1	29964	0	3	201320	72
1736	4	2	66005	79273	2	79194	0	7	364654	131
1737	4	0	0	0	3	95147	1	7	345599	124
1738	5	4	162000	165829	0	0	1	9	484140	174
1739	5	0	0	0	4	144231	1	8	423152	152
1740	2	0	0	0	1	35541	1	7	290541	105
1741	5	0	0	0	4	131500	1	9	443607	160
1742	4	0	0	0	0	0	4		128856	46
1743	2	0	0	0	2	70392	0	7	290519	105
1744	3	0	0	0	1	30480	2	3	189224	68
1745	3	0	0	0	3	104509	0		96535	35
1746	6	0	0	0	4	109601	2		165666	60
1747	9	4	140000	149722	0	0	5	12	687638	248
1748	8	0	0	0	0	0	8		257712	93
1749	4	2	58000	61069	0	0	2		122428	44
1750	7	1	16000	16000	1	48000	5	12	607976	219
1751	5	5	137600	161092	0	0	0	9	427526	154
1752	6								193284	70

1753	10						16	837564	302
1754	8							257712	93
1755	5							161070	58
1756	6						9	483210	174

資料來源：1700-1751 年的數據（除其他各國船隻數外），參見余捷瓊（1940），
《1700-1937 年中國銀貨輸出入的一個估計》，長沙：商務印書館，頁 31。
1752-1756 年的船隻數和 1700-1751 年的其他各國船隻數，參見陳耀權
（1997），《清代前期中英貿易關係研究》，香港：新亞研究所碩士論文，
頁 49-50。另外，余捷瓊採用的英鎊和西班牙銀元的匯率為 1 英鎊等於 4.8
元，參見前引書，頁 29。所以這裡使用 1 英鎊等於 3.6 兩銀來進行換算。

表 3-6：1757-1774 年西方各國到中國貿易輸入中國的白銀數量

	英國（兩銀）	其他各國[18]（兩銀）	合計	
			兩銀	萬兩銀
1757	470435*	495290	965725	97
1758	470435*	499602	970037	97
1759	470435*	503914	974349	97
1760	765414	826902	1592316	159
1761	490707	534625	1025332	103
1762	269205[19]	295767	564972	56
1763	425510	471394	896904	90
1764	433695	484437	918132	92
1765	1014630	1142642	2157272	216
1766	1810536	2055562	3866098	387
1767	1275317	1459600	2734917	273
1768	570734	658437	1229171	123
1769	505307	587588	1092895	109

---

[18] 1700-1756 年，英國以外其餘各國輸入中國的白銀數量平均為英國的 0.787
倍；1775-1800 年，西方其餘各國輸入中國的白銀數量平均為英國的 1.337
倍。所以假設從 1728 年到 1788 年，其餘各國輸入中國的白銀數量，從為
英國的 0.787 倍，以線性方式，逐步增至 1.337 倍。則根據英國的數字和
推定的倍數關係，得到了其餘西方各國的估計值。

[19] 1761-1762 年計 21,600 兩、1762-1763 年計 322,410 兩，所以估計 1762 年
為 1761-2 年和 1762-3 年數字的平均值，1761-1773 年的其餘估計數字，
餘此類推。1760 年的估計數字，因欠缺 1759-1760 年的記錄，所以用
1760-1761 的數字作為 1760 年的估計，1774 年亦如此。

1770	655615	768381	1423996	142
1771	850837	1004980	1855817	186
1772	727251	865671	1592922	159
1773	328162	393630	721792	72
1774	81452	98448	179900	18

資料來源：1760-1774 年的資料根據 Earl H. Pritchard, The Crucial Years of Early Anglo-Chinese Relations 1750-1800, Pullman, Washington, 1936, p. 399 記載的數據推估。另外，十七世紀後葉到十八世紀前葉，4 西元等於 3 兩銀、等於 1 英鎊，參見 H. B. Morse, The Chronicles of the East India Company Trading to China, 轉引自全漢昇（1996），〈鴉片戰爭前的中英茶葉貿易〉，《中國近代經濟史論叢》，217-233，台北：稻禾。1757-1759 的數字（用*號註記），用 1755-1756 和 1760-1761 四年數字的平均值估計。

表 3-7：1775-1800 年西方各國到中國貿易輸入中國的白銀數量

	英國 （艘）	其他各國 （艘）	英國		其他各國		合計 （萬兩銀）
			元[20]	萬兩銀	元[21]	萬兩銀	
1775			246384	17	1400000[22]	97	114
1776	24	14	622054	43	1720000	119	162
1777	18	15	390138	27	1100000	76	103
1778	17	11	151544	10	1260000	87	97
1779	13	9	498357*	34	1548000	107	141
1780	24	10	920044*	63	672000	46	110
1781	17	5	8000	1	500000	34	35
1782			10264[23]	1	1000000	69	70
1783	16	15	12528	1	2708000	187	188

---

[20] 有明確記載英國輸入中國白銀數量的年份分別為 1776-1778、1781、1783、1786-1791、1796-1800 年，這些年合計 556 艘英國船輸入中國價值 21,314,363 西元的白銀。平均每艘輸入 38,335 西元，據以估計沒有資料的年份，例如 1779 年，13 艘英船應輸入價值 498,357 西元的白銀，餘此類推。

[21] 有明確記載其他各國輸入中國白銀數量的年份分別為 1776-1783 和 1786-1788 年，這些年（不計 1782 年）合計 129 艘其他國家船隻輸入中國價值 14,072,000 西元的白銀。平均每艘輸入 109,085 西元，據以估計沒有資料的年份，例如 1784 年，13 艘其他國家船隻應輸入價值 1,418,109 西元的白銀，餘此類推。

[22] 作者根據 1776-1779 年的數據猜測。

[23] 1781 和 1783 年金額的平均。

1784	21	13	805039*	56	1418109*	98	153
1785	28	16	1073385*	74	1745364*	120	194
1786	53	19	2990016	206	784000	54	260
1787	62	15	2788864	192	2840000	196	388
1788	50	16	3137573	216	940000	65	281
1789	58	23	1916784	132	2508961*	173	305
1790	46	15	3053759	211	1636279*	113	323
1791	23	9	250560	17	981767*	68	85
1792[24]	39	14	1495072*	103	1527194*	105	208
1793	40	9	1533407*	106	981767*	68	173
1794	44	13	1686748*	116	1418109*	98	214
1795	33	14	1265061*	87	1527194*	105	193
1796	40	14	175392	12	1527194*	105	117
1797	40	17	908527	63	1854450*	128	191
1798	32	19	1916877	132	2072620*	143	275
1799	30	22	2353598	162	2399876*	166	328
1800	40	29	638149	44	3163473*	218	262

資料來源：根據 H. B. Morse 的著作，參見余捷瓊（1940），《1700-1937 年中國銀貨輸出入的一個估計》，長沙：商務，頁 34。原始數據以銀兩和箱（chest）為單位，余捷瓊以每兩銀等於 1.45 銀元和一箱銀等於 4,000 銀元換算。船隻數參見表 2-20。附記：星號數字為作者估計。

　　英國和荷蘭是中國在十八世紀中、西貿易裡最重要的夥伴。十八世紀英國和荷蘭輸入中國的白銀數量，請分別參見表3-8和表3-9。根據表3-8，1708-1757年，英國共輸入中國1,946萬兩銀；1760-1800年，輸入2,459萬兩銀，合計4,405萬兩銀，所以在十八世紀，英國約將4,600萬兩白銀輸入中國。

---

[24] 1792 年，中國從英國進口價值 4,488,196 兩銀的商品、出口價值 5,766,861 兩銀，中國享有貿易順差 1,278,665 兩銀；其他西方國家對中國貿易逆差為 1,142,206 兩銀。參見 Morse, H. B.（1966），The Chronicles of the East India Company Trading to China 1635-1834, Vol. II, Taipei: Ch'eng-Wen Publishing Co., p. 201. 作者估計在 1792 年，英國和其他西方國家分別輸入中國價值 103 萬兩和 105 萬兩的白銀，與記載的中國貿易順差（128 萬兩和 114 萬兩）相當接近。

　　根據表3-9，十八世紀中、荷廣州貿易輸入中國的白銀達4516.3萬荷蘭盾，約1,290萬兩銀。

表 3-8：1708-1757 年和 1760-1800 年英國輸入中國的白銀數量

	數量（英鎊）	數量（兩）	年均數量（兩）
1708-1717	623208.64	1869626	186963
1718-1727	991070.21	2973211	297321
1728-1737	1454379.58	4363139	436314
1738-1747	731966.62	2195900	219590
1748-1757	2684702.30	8054107	805411
1760-61		765414	
1761-62		216000	
1762-63		322410	
1763-64		528609	
1664-65		338781	
1765-66		1690479	
1766-67		1930593	
1767-68		620040	
1768-69		521427	
1769-70		489186	
1770-71		822044	
1771-72		879630	
1772-73		574872	
1773-74		81452	
1774-75			
1775-76			
1776-77		394016	
1777-78		230400	
1778-79		90720	
1779-80			
1780-81			
1781-82			
1782-83			
1783-84		8640	
1784-85			
1785-86			
1786-87		2062080	
1787-88		1912320	

1788-89		2094878
1789-90		1521920
1790-91		2106041
1791-92		172800
1792-93		518400
1793-94		
1794-95		
1795-96		
1796-97		120960
1797-98		626965
1798-99		1326830
1799-1800		1623171

資料來源：1708-1757 資料為關於英國東印度公司輸入中國的白銀，參見 Bal Krishna
(1924), Commercial Relations between India and England 1601-1757, p. 195. 轉
引自全漢昇（1996），〈美洲白銀與十八世紀中國物價革命的關係〉，
《中國經濟史論叢》，475-508，台北：稻禾。1760-1800 年資料包含來自
英國本土和印度的白銀，參見 Pritchard, E. H. (1970), The Crucial Years of
Early Anglo-Chinese Relations 1750-1800, New York: Octagon Books, p. 399.

表 3-9：1728-1795 年廣州直接由荷蘭輸入的白銀數量（荷蘭盾）

	廣州輸入荷銀		亞洲輸入荷蘭的	廣州輸入荷銀佔亞洲
	小計	年均	金、銀總值	輸入荷蘭的金、銀百分比
1728-1729	300000		5356000	5.3
1729-1730	250000		4725000	5.2
1730-1731	725000	約 52 萬	4825000	15.0
1731-1732	900000		3862000	19.0
1732-1733	660000		4250000	13.6
1733-1734	300000		2375000	12.5
1756-1760	3354000	56 萬	23554000	14.0
1760-1770	11352000	103 萬	54588000	19.0
1770-1780	9876000	90 萬	47726000	20.0
1780-1790	12826000	117 萬	48042000	25.0
1790-1795	4620000	77 萬	16168000	29.0

資料來源：Gaastra, F. S. (1983), The export of precious metal from Europe to Asia by the
Dutch East India Company 1602-1795, in J. F. Richards ed. Precious Metals in
the Later Medieval and Early Modern Worlds, Durham : Carolina Academic
Press, pp. 458-458 & 475.

四、1801-1911年

以下中國白銀淨入口值的估算，乃將1801-1911年再細分成四個時期：1801-1833、1834-1866、1867-1887和1888-1911。1801-1833年根據H. B. Morse所整理的英國東印度公司檔案資料，使用英國、美國和其他各國對華貿易的進出口金額來估計輸出入中國白銀的數量；1834年，英國國會廢止了東印度公司的中、英貿易獨佔權，自此以後便未有相關記載。

1834-1866年的白銀淨流入，基本上使用了余捷瓊的數字，並加上作者的推估。1840-1844年中國對英國的賠款資料如下：1840-1841計173,442英鎊，1841-1842計400,000英鎊，1842-1843計800,000英鎊，1843-1844計804,964英鎊，廣州賠款運出700,967英鎊。表中1842年的數據，乃是將1841-1842年的賠款數字和1842-1843年的賠款數字相加後除以2而來，餘此類推；表中1844年的數字，是將1843-1844賠款數字的一半加上廣州運出賠款、再加上余捷瓊估計的880萬元的貿易逆差而來。另外，余捷瓊使用1英鎊等於4.4454元、1兩銀等於1.45元，進行換算。除此，余捷瓊根據 *British Parliamentary Papers* 和A. J. Sargent的記載，估計1850-1859年每年平均流入中國白銀為1,500萬元。不過，作者認為這個數字可能過高，約略取 *British Parliamentary Papers* 和A. J. Sargent數字的中間值1,000萬元，或許更為適當。

1867-1887年，上海海關僅在1867、1886、1887年有白銀進出的資料，不過此一時期，中國其餘海關皆有白銀進出的數據。因此上海海關白銀淨入口的數量以上海海關貿易額佔全體海關貿易額的比例來進行估算。至於1882、1883、1885年，由於「所藏關冊不全」，所以這三年的白銀淨入口，由線性內差法估計之。

　　1888年以後，中國海關開始有完整的金、銀進出口的記錄。

　　根據表3-10，1800-1826年白銀流入中國計5,151萬兩；1827-1846年白銀流出中國計9,222兩；[25] 1847-1849年貿易約略平衡；1850-1911年，白銀幾乎每年皆呈淨流入。1801-1911年，白銀流入中國共計26,158萬兩。

　　除此，1864-1887年，中國享有貿易順差12,728萬兩銀，和估計輸入的白銀數量14,505萬兩約略相當，兩者的差額1,777萬兩銀、年均74萬兩銀，可能反應了華僑的匯入款項和清朝對外支付的差額；[26]當然也可能包括余捷瓊上海關白銀淨輸入的估計誤差。

　　最後，印度海關記載從中國進口的白銀數量，只能作為中國白銀流出數量估計值的上限。當時英屬印度向中國輸出棉花和鴉片（中國最重要的兩項進口品），所以享有貿易順差，但其他西方國家（含英國母國）和中國的貿易，中國仍享有順差。以美國為例，1805-1840年，美籍商船共攜帶價值8,040萬美元／4,953萬兩[27]的白銀前來廣州貿易、年均138萬兩銀。[28]

---

[25] 根據許乃濟、黃爵滋等奏則所稱「歲漏銀一千萬兩以上」或「漸漏至三千萬兩之多」。1830年代，中國年均白銀流出數量的估計，高者可達3,000萬兩，而普遍接受的數字是1,000萬兩。參見嚴中平（1955），《中國近代經濟史統計資料選輯》，北京：科學，頁28-29。不過李伯祥等從有關白銀流動數字，茶絲出口，以及廣州進出口貿易與國際收支內容這三方面進行考察，推定1830年代，中國年均白銀出口量僅500-600萬兩。參見李伯祥等（1980），〈關於十九世紀三十年代鴉片進口和白銀外流的數量〉，《歷史研究》，5，79-87。

[26] C. F. Remer 估計僑匯金額，1871-1884期間約600萬兩，1885-1898期間約為2,000萬兩。參見 Remer, C. F.（1967），The Foreign Trade of China, Taipei: Ch'eng-Wen Publishing Co., pp. 220-221. 1874-1884的11年中，清政府共借外債2,076萬兩，年息約10-15%，不過到了甲午戰爭前夕，清政府所借外債已接近還清。參見劉詩平（2007），《金融帝國》，香港：三聯，頁44-45 & 79。

[27] 根據1英鎊＝4.87美元和1英鎊＝3兩銀，因此8,040萬美元相當4,953萬兩銀。

[28] 參見 Zhuang, G.（1993），Tea, Silver, Opium and War, Xiamen: Ximen University Press, pp.177-179. 各年數字詳見下表：

表 3-10：1801-1911 年中國白銀淨進口

年	淨進口					商品貿易餘額	印度海關記載中、印貿易產生的中國白銀淨進口[29]
	余捷瓊		中國海關&余捷瓊	中國海關	萬兩銀		
	元	備註	元	海關兩		萬兩銀	萬兩銀
1801	1496014				103		
1802	3434000				237		
1803	6091131				420		
1804	4794325				331		
1805	3322000				229		
1806	4176000				288		
1807	17930				1		

年	總值（千美元）	白銀數量（千美元）	白銀比重（%）	年	總值（千美元）	白銀數量（千美元）	白銀比重（%）
1805	3842	2902	76	1824	5301	4464	84
1806	5127	4176	81	1825	5570	4523	81
1807	4294	2895	67	1826	2567	1653	64
1808	3476	3032	87	1827	3864	2525	65
1809	808	70	9	1828	4481	456	10
1810	5715	4723	83	1829	1355	602	44
1811	2973	2330	78	1830	742	80	11
1812	2771	1875	68	1831	1291	367	28
1813	1453	616	42	1832	1261	452	36
1815	572			1833	1434	290	20
1816	4220	1922	46	1834	1010	376	38
1817	5703	4545	80	1835	1869	1392	74
1818	6777	5601	83	1836	1194	414	35
1819	9057	7414	82	1837	631	155	25
1820	8173	6297	77	1838	1517	729	48
1821	4291	3391	79	1839	1534	993	65
1822	5935	5075	86	1840	1010	477	47
1823	4636	3584	77				

[29] 原文記載的年度為 4 月 1 日到隔年的 3 月 31 日，這裡將 1814-1815 年的數字記成 1814 年的數字，餘此類推。考慮廣州到印度的航行時間，這樣做從中國的觀點來看，應是適宜的。

1808	1162000				80	
1809	-1344518				-93	
1810	3320539				229	
1811	1246315				86	
1812	1990000				137	
1813	616000				42	
1814	60000				4	-132
1815	1720100				119	-107
1816	5479088				378	-202
1817	875000				60	-255
1818	2512321				173	-361
1819	6552530				452	-99
1820	7656084				528	-136
1821	3561440				246	-110
1822	4890400				337	-105
1823	4750726				328	-145
1824	2415999				167	-162
1825	2183500				151	-307
1826	1706200				118	-237
1827	-4253296				-293	
1828	-2062902				-142	
1829	-6006472				-414	
1830	-5399962				-372	-277
1831	-3823348				-264	-161
1832	-2347254				-162	-169
1833	-6028596				-416	-376
1834	-11160000				-770	-347
1835	-11160000	中國大量進口			-770	-376
1836	-11160000	鴉片造成貿易			-770	-356
1837	-11160000	逆差			-770	-500
1838	-11160000				-770	-614
1839	0	戰爭封港			0	-82
1840	-385510	戰爭賠款			-27	-263
1841	-1274590	戰爭賠款			-88	-568
1842	-2667240	戰爭賠款			-184	-623
1843	-12367350	戰爭賠款和貿			-853	-1165
1844	-13705270	易逆差			-945	

1845	-8800000	貿易逆差			-607		
1846	-8800000				-607		
1847	0	貿易平衡時			0		
1848	0	期、1850 年			0		
1849	0	以後中國絲茶出口激增			0		
1850	10000000				690		
1851	10000000				690		
1852	10000000				690		
1853	10000000				690		
1854	10000000				690		
1855	10000000				690		
1856	10000000				690		
1857	10000000				690		
1858	10000000				690		
1859	10000000				690		
1860		海關調查、歐洲輸入中國的白銀、忽略美國的輸入（1860-5 南北戰爭）	21766705		1501		
1861			5426350		374		
1862			12567318		867		
1863			13659056		942		
1864			9320253		643	511	
1865			4592656		317	512	
1866			3361426		232	-983	
1867			3653114		252	-272	
1868			17191367		1186	779	
1869			15921991		1098	279	
1870			6314037		435	30	
1871			12788166		882	754	
1872			10841906		748	1931	
1873			12669164		874	1332	
1874			23832512		1644	1303	
1875			16424257		1133	1279	
1876			4131930		285	2354	
1877			6844714		472	470	
1878			3693356		255	788	
1879			185619		13	175	
1880			3583292		247	1211	

1881			5084868		351	-794
1882			5564724		384	271
1883			6044580		417	999
1884			6524436		450	754
1885			8811485		608	-1050
1886			11098533		765	374
1887			11846843		817	-279
1888				-1910000	-210	-1938
1889				6005000	661	-38
1890				-3558000	-391	-2824
1891				-3132000	-345	-1959
1892				-5384000	-592	-1970
1893				9771000	1075	-2215
1894				25752000	2833	-2231
1895				35917000	3951	-2166
1896				1721000	189	-6877
1897				1809000	199	-3392
1898				4985000	548	-4632
1899				1350000	149	-6314
1900				15445000	1699	-4989
1901				-6098000	-671	-9669
1902				-13845000	-1523	-9677
1903				-6046000	-665	-10947
1904				-13609000	-1497	-11687
1905				-7196000	-792	-24369
1906				-18678000	-2055	-19811
1907				-31208000	-3433	-16866
1908				-12267000	-1349	-13200
1909				6840000	752	-8449
1910				21795000	2397	-8875
1911				38306000	4214	-9977
1801-1826					5151	
1827-1840					-5938	
1827-1849					-9222	

1850-1911					30230	
1864-1887					14505	
1801-1911					26158	

資料來源：1801-1833 年，參見余捷瓊（1940），《1700-1937 年中國銀貨輸出入的一個估計》，長沙：商務，頁 17-22。1834-1866 年，參見余捷瓊前引書，頁 20-27。1867-1887 年參見余捷瓊前引書，頁 6-16。1888-1911 年，參見 Hsiao, L. L. (1974), China's Foreign Trade Statistics 1864-1949, Cambridge: Harvard University Press, pp. 126-129. 這裡使用 1 兩銀 = 1.45 元（余捷瓊數字使用的匯率）和 1 海關兩 = 1.1 兩銀進行換算。商品貿易餘額參見 Hsiao 前引書，頁 22-25。中國輸入印度的白銀數量，來自不列顛博物院手稿和英國國會藍皮書，轉引自嚴中平（1955），《中國近代經濟史統計資料選輯》，北京：科學，頁 34。

五、清代整體

　　清代（除清末外）輸入的海外白銀，主要是西方國家到中國通商口岸進行貿易所輸入的白銀，再次是中國商船前往西屬菲律賓做貿易所帶回的白銀，最後是因中、日貿易而輸入中國的白銀。1645-1911年，中國白銀淨輸入的數據估計值，請參見表3-11、圖3-2和圖3-3。

表 3-11：清代中國白銀淨輸入（萬兩）

年	合計	累計	中國通商口岸貿易	中、日貿易	中國和西屬菲律賓的貿易
1645	85	85			85
1646	155	240			155
1647	155	395			155
1648	142	537		78	64
1649	205	742		78	127

1650	169	911		78	91
1651	157	1068		78	79
1652	113	1181		78	35
1653	148	1329		78	70
1654	148	1477		78	70
1655	104	1581		78	26
1656	78	1659		78	0
1657	78	1737		78	0
1658	116	1853		78	38
1659	155	2008		78	77
1660	163	2171		78	85
1661	174	2345		78	96
1662	136	2481		78	58
1663	97	2578		78	19
1664	116	2694		78	38
1665	174	2868		78	96
1666	219	3087		78	141
1667	78	3165		78	0
1668	78	3243		78	0
1669	78	3321		78	0
1670	78	3399		78	0
1671	78	3477		78	0
1672	78	3555		78	0
1673	72	3627		60	12
1674	72	3699		60	12
1675	72	3771		60	12
1676	98	3869		60	38
1677	109	3978		60	49
1678	76	4054		60	16
1679	93	4147		60	33
1680	87	4234		60	27
1681	60	4294		60	0
1682	60	4354		60	0
1683	60	4414		60	0
1684	75	4489	10	60	5
1685	132	4621	10	46	76
1686	131	4752	10	46	75
1687	92	4844	10	46	36

1688	75	4919	10	46	19
1689	85	5004	10	46	29
1690	95	5099	10	46	39
1691	118	5217	10	46	62
1692	122	5339	10	46	66
1693	141	5480	10	46	85
1694	113	5593	10	46	57
1695	146	5739	10	46	90
1696	121	5860	10	46	65
1697	117	5977	10	46	61
1698	150	6127	10	46	94
1699	126	6253	10	46	70
1700	154	6407	47	46	61
1701	143	6550	63	46	34
1702	178	6728	75	46	57
1703	174	6902	53	46	75
1704	177	7079	63	46	68
1705	106	7185	0	46	60
1706	106	7291	0	46	60
1707	104	7395	23	46	35
1708	132	7527	12	46	74
1709	110	7637	11	0	99
1710	70	7707	12	0	58
1711	72	7779	27	0	45
1712	75	7854	27	0	48
1713	63	7917	11	0	52
1714	70	7987	7	0	63
1715	69	8056	17	0	52
1716	94	8150	29	0	65
1717	82	8232	24	0	58
1718	42	8274	20	0	22
1719	36	8310	22	0	14
1720	156	8466	106	0	50
1721	102	8568	86	0	16
1722	92	8660	35	0	57
1723	162	8822	113	0	49
1724	143	8965	110	0	33
1725	62	9027	29	0	33

1726	124	9151	12	0	112
1727	55	9206	12	0	43
1728	84	9290	32	0	52
1729	181	9471	69	0	112
1730	221	9692	118	0	103
1731	184	9876	148	0	36
1732	179	10055	102	0	77
1733	188	10243	106	0	82
1734	115	10358	64	0	51
1735	113	10471	72	0	41
1736	192	10663	131	0	61
1737	198	10861	124	0	74
1738	261	11122	174	0	87
1739	261	11383	152	0	109
1740	175	11558	105	0	70
1741	207	11765	160	0	47
1742	99	11864	46	0	53
1743	164	12028	105	0	59
1744	118	12146	68	0	50
1745	75	12221	35	0	40
1746	143	12364	60	0	83
1747	347	12711	248	0	99
1748	161	12872	93	0	68
1749	143	13015	44	0	99
1750	276	13291	219	0	57
1751	217	13508	154	0	63
1752	128	13636	70	0	58
1753	342	13978	302	0	40
1754	147	14125	93	0	54
1755	138	14263	58	0	80
1756	303	14566	174	0	129
1757	142	14708	97	0	45
1758	162	14870	97	0	65
1759	168	15038	97	0	71
1760	243	15281	159	0	84
1761	294	15575	103	0	191
1762	212	15787	56	0	156
1763	202	15989	90	-10	122

1764	169	16158	92	-10	87
1765	397	16555	216	-10	191
1766	434	16989	387	-10	57
1767	348	17337	273	-10	85
1768	235	17572	123	-10	122
1769	165	17737	109	-10	66
1770	189	17926	142	-10	57
1771	309	18235	186	-10	133
1772	331	18566	159	-10	182
1773	228	18794	72	-10	166
1774	107	18901	18	-10	99
1775	270	19171	114	-10	166
1776	237	19408	162	-10	85
1777	314	19722	103	-10	221
1778	117	19839	97	-10	30
1779	161	20000	141	-10	30
1780	130	20130	110	-10	30
1781	55	20185	35	-10	30
1782	90	20275	70	-10	30
1783	208	20483	188	-10	30
1784	173	20656	153	-10	30
1785	214	20870	194	-10	30
1786	280	21150	260	-10	30
1787	408	21558	388	-10	30
1788	301	21859	281	-10	30
1789	325	22184	305	-10	30
1790	343	22527	323	-10	30
1791	105	22632	85	-10	30
1792	228	22860	208	-10	30
1793	193	23053	173	-10	30
1794	234	23287	214	-10	30
1795	213	23500	193	-10	30
1796	137	23637	117	-10	30
1797	211	23848	191	-10	30
1798	295	24143	275	-10	30
1799	348	24491	328	-10	30
1800	282	24773	262	-10	30
1801	93	24866	103	-10	

1802	227	25093	237	-10
1803	410	25503	420	-10
1804	321	25824	331	-10
1805	219	26043	229	-10
1806	278	26321	288	-10
1807	-9	26312	1	-10
1808	70	26382	80	-10
1809	-103	26279	-93	-10
1810	219	26498	229	-10
1811	76	26574	86	-10
1812	127	26701	137	-10
1813	32	26733	42	-10
1814	-6	26727	4	-10
1815	109	26836	119	-10
1816	368	27204	378	-10
1817	50	27254	60	-10
1818	163	27417	173	-10
1819	442	27859	452	-10
1820	518	28377	528	-10
1821	236	28613	246	-10
1822	327	28940	337	-10
1823	318	29258	328	-10
1824	157	29415	167	-10
1825	141	29556	151	-10
1826	108	29664	118	-10
1827	-303	29361	-293	-10
1828	-152	29209	-142	-10
1829	-424	28785	-414	-10
1830	-382	28403	-372	-10
1831	-274	28129	-264	-10
1832	-172	27957	-162	-10
1833	-426	27531	-416	-10
1834	-780	26751	-770	-10
1835	-780	25971	-770	-10
1836	-780	25191	-770	-10
1837	-780	24411	-770	-10
1838	-780	23631	-770	-10
1839	-10	23621	0	-10

1840	-37	23584	-27	-10	
1841	-88	23496	-88		
1842	-184	23312	-184		
1843	-853	22459	-853		
1844	-945	21514	-945		
1845	-607	20907	-607		
1846	-607	20300	-607		
1847	0	20300	0		
1848	0	20300	0		
1849	0	20300	0		
1850	690	20990	690		
1851	690	21680	690		
1852	690	22370	690		
1853	690	23060	690		
1854	690	23750	690		
1855	690	24440	690		
1856	690	25130	690		
1857	690	25820	690		
1858	690	26510	690		
1859	690	27200	690		
1860	1501	28701	1501		
1861	374	29075	374		
1862	867	29942	867		
1863	942	30884	942		
1864	643	31527	643		
1865	317	31844	317		
1866	232	32076	232		
1867	252	32328	252		
1868	1186	33514	1186		
1869	1098	34612	1098		
1870	435	35047	435		
1871	882	35929	882		
1872	748	36677	748		
1873	874	37551	874		
1874	1644	39195	1644		
1875	1133	40328	1133		
1876	285	40613	285		
1877	472	41085	472		

1878	255	41340	255		
1879	13	41353	13		
1880	247	41600	247		
1881	351	41951	351		
1882	384	42335	384		
1883	417	42752	417		
1884	450	43202	450		
1885	608	43810	608		
1886	765	44575	765		
1887	817	45392	817		
1888	-210	45182	-210		
1889	661	45843	661		
1890	-391	45452	-391		
1891	-345	45107	-345		
1892	-592	44515	-592		
1893	1075	45590	1075		
1894	2833	48423	2833		
1895	3951	52374	3951		
1896	189	52563	189		
1897	199	52762	199		
1898	548	53310	548		
1899	149	53459	149		
1900	1699	55158	1699		
1901	-671	54487	-671		
1902	-1523	52964	-1523		
1903	-665	52299	-665		
1904	-1497	50802	-1497		
1905	-792	50010	-792		
1906	-2055	47955	-2055		
1907	-3433	44522	-3433		
1908	-1349	43173	-1349		
1909	752	43925	752		
1910	2397	46322	2397		
1911	4214	50536	4214		

資料來源：作者根據前述各表整理。

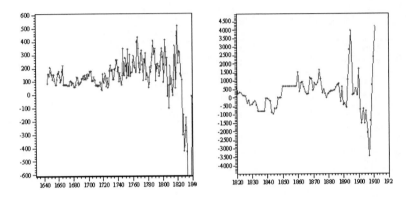

圖 3-2：清代中國白銀每年的淨輸入（單位：萬兩銀）

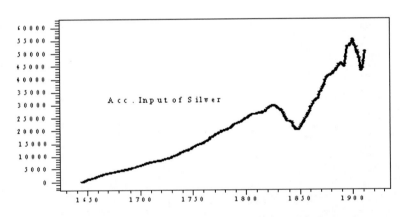

圖 3-3：清代中國白銀的累計輸入（單位：萬兩銀）

六、白銀存量和流量的文獻彙整

（一）國內產銀

　　清代中國的國內白銀幾乎全產自雲南一帶。約在十七世紀晚期，中國政治大致穩定後，才再開始恢復開採，但到了1850年前後，主要因官吏橫征暴斂、礦藏日漸枯竭、回民動亂，雲南的銀礦業便開始走下坡，許多礦場紛紛關閉。[30]

　　光緒《大清會典》記載，康熙年間銀課為產量的40%，雲南課7萬兩。張研估計，約在1700年時，中國年產銀17.5萬兩，到了嘉慶年間，雲南十七廠的銀課僅剩二萬多兩。他認為由這兩個數字得到的白銀產量過於偏頗，只可將之視為產量估計的下限值。[31]

　　全漢昇指出雲南銀礦，乾隆時期年產約46萬兩銀。另外，林滿紅指出1761年中國人開始開採安南銀礦，此後直至1810年，估計每年產銀100萬兩銀。[32]王業鍵認為從明代中葉到清代中葉，雲南每年產銀30-40萬兩左右。[33]馬維良根據《雲南通志識清雲南礦

---

[30] 陳國棟（1982），〈回亂肅清後雲南銅礦經營失敗的原因　（1874-1911）〉，《史學評論》，4，73-97。陳慈玉（1988），〈十八世紀中國雲南的銅生產〉，《國史釋論：陶希聖先生九秩榮慶論文集上冊》，283-299，台北：食貨。馬維良（2004），〈清代雲南回族的礦冶業〉，http://www.wehome.org/show.aspx?id=286&cid=41（2007/10/01 查詢）。

[31] 張研（2002），《清代經濟簡史》，台北：雲龍，頁202。

[32] 林滿紅（1989），〈世界經濟與近代中國農業〉，《近代中國農村經濟史論文集》，291-325，台北：中央研究院近代史研究所。

[33] 王業鍵（1996），〈全漢昇在中國經濟史研究上的重要貢獻〉，《中國經濟史論叢》，1-17，台北：稻禾。

務史要》卷三裡關於雲南銀課金額的記載（每年2.9-9.9萬兩），
推估1700-1855期間，雲南每年白銀產量介於16-55萬兩。[34]

本書採用全漢昇和林滿紅的年均數字。根據全漢昇的研究，
林滿紅估計1662-1795年，中國生產了91.2百萬元的白銀、年均68
萬元；1811-1845年，中國生產了8.13百萬元的白銀、年均23萬
元。亦即1662-1795年，中國生產了6,290萬兩的白銀、年均47萬
兩；1811-1845年，中國生產了565萬兩的白銀、年均16萬兩。[35]這
兩個數字，和上述其他學者的估計大致相同。至於清代其餘的年
份，中國白銀產量視為零。

（二）海外輸入

清代流入中國的海外白銀，文獻整理如下。H. B. Morse估計
在1700-1830年間，由廣州輸入中國的白銀約4億銀元，其他港口
合計僅約1億銀元。[36]莊國土估計1700-1840年，歐洲人和美國人共
輸入中國169,437,564兩銀、約169百萬兩，這些白銀原產自西屬美
洲。[37]全漢昇估計，1645-1820年間，中國經菲律賓輸入西班牙銀
元12,360萬元、平均每年70萬元。余捷瓊估計，各西方國家前來
中國貿易，1700-1751年間，輸入中國約6,800萬元，1752-1800年
間，輸入約10,000萬元，1700-1800年合計16,800萬元、平均每年

[34] 馬維良（2004），〈清代雲南回族的礦冶業〉，http://www.wehome.org/
show.aspx?id=286&cid=41（2007/10/01 查詢）。

[35] 林滿紅（1997），〈與岸本教授論清乾隆年間的經濟〉，《中央研究院近
代史研究所集刊》，28，235-252。林滿紅使用 1 兩銀 = 1.45 元。

[36] 參見王業鍵（1996），〈全漢昇在中國經濟史研究上的重要貢獻〉，《中
國經濟史論叢》，1-17，台北：稻禾。

[37] Zhuang, G.（1993），Tea, Silver, Opium and War, Xiamen: Ximen University
Press, pp.179-180.

約166萬元。[38] C. F. Remer估計1721-1800年，共計173百萬元的白銀流入中國；1808-1856年，共計384百萬元的白銀流出中國；1857-1886年，共計691百萬元的白銀流入中國。[39]錢江認為每艘前往馬尼拉貿易的中國商船，平均攜帶8萬元的商品，則1570-1760年，中國和菲律賓間的貿易總額達24,752萬元（他認為這個數字是一個保守的數字）。[40]他並根據每年航抵馬尼拉的中國商船數資料，據以得到1645-1760年，中國和菲律賓間的貿易總額約為12,584萬元，因此中國商船攜回的白銀總量應該為8,809萬元。張曉寧估計從1700年到1840年，西方國家輸入中國的白銀，至少達17,000萬兩。[41]彭信威根據英國東印度公司的資料整理，得到1681-1800年，海外輸入中國的白銀數量達458百萬兩。彭信威的詳細數字參見表3-12。

表 3-12：1681-1800 年白銀輸入中國（彭信威）

年	年均輸入（兩）	累計輸入（百萬兩）
1681-1690	189264	2
1691-1700	139833	3
1701-1710	769665	11
1711-1720	6312798	74
1721-1730	2287676	97
1731-1740	2528338	122
1741-1750	642000	129
1751-1760	412800	133

[38] 林滿紅（1989），〈世界經濟與近代中國農業〉，《近代中國農村經濟史論文集》，291-325，台北：中央研究院近代史研究所。

[39] Remer, C. F. （1967），The Foreign Trade of China, Tapei: Ch'eng-Wen Publishing Co., pp. 222-225.

[40] 錢江（1986），〈1570-1760 年中國和呂宋貿易的發展及貿易額的估算〉，《中國社會經濟史研究》，3，69-78 & 117。

[41] 張曉寧（1999），《天子南庫》，江西：江西高校，頁 141。

1761-1770	3411453	167
1771-1780	7564320	243
1781-1790	16431160	407
1791-1800	5159542	458

資料來源：彭信威（1965），《中國貨幣史》，上海：上海人民，頁605。

　　林滿紅對清代流入中國的白銀數量，做了非常多的研究，詳如下述。（1）她根據余捷瓊、嚴中平的著作和中國海關年報，估計1721-1740年，因貿易順差，白銀流入中國68百萬元、平均每年340萬西元；1752-1800年，因貿易順差，白銀流入中國105百萬元、平均每年214萬西元；1814-1850年，因鴉片進口和世界金銀減產，白銀流出中國150百萬元、平均每年流出405萬元；1850-1866年，因絲、茶出口和全球貿易興旺，白銀流入中國220百萬元、平均每年1,294萬西元。1868-1886年，因絲、茶出口和全球貿易興旺，白銀流入中國504百萬元、平均每年2,653萬元。[42]（2）她彙整一些學者關於1850年以前，流入中國白銀數量的估計，請參見表3-13。

表 3-13：1850 年以前流入中國的白銀（林滿紅整理）

地區		供給量 （百萬元）	平均每年供給量 （萬元）	來源
緬甸和安南 （1740-1775）		27.2	76	林滿紅
日本 （1560-1764）		147.4	72	R. von Glahn 林滿紅

[42] 林滿紅（1989），〈世界經濟與近代中國農業〉，《近代中國農村經濟史論文集》，291-325，台北：中央研究院近代史研究所。以及林滿紅（1991），〈中國的白銀外流與世界金銀減產（1814-1850）〉，《中國海洋發展史論文集》第四輯，1-44，台北：中央研究院人文社會科學研究中心。

拉丁美洲	美國 （1787-1833）	90.5	193	小竹丈夫 H. B. Morse S. Latourette
	以英國為首的歐洲國家	158.7	95 以 1684-1850 計算	余捷瓊
	拉丁美洲經菲律賓 （1571-1821）	150.6	60	小竹丈夫 全漢昇[43]
	小計	398	98 以 1571-1850 計算	
總計		572.6		

資料來源：林滿紅（1997），〈與岸本教授論清乾隆年間的經濟〉，《中央研究院近代史研究所集刊》，28，235-252。

　　根據上述文獻整理，清代流入中國的白銀數量估計彙整於表3-14，並和作者的數字做了比較。作者所使用的日本白銀數據，乃是依據Ōtake Fumio和Yamawaki Teijirô的研究（轉引自林滿紅 *China Upside Down*）；拉丁美洲經菲律賓輸入中國的白銀，使用P. Chaunu 所著*Les Philippines et le Pacifique des Iberiques*，然後再加以修正；十七世紀末、十八世紀和十九世紀初的中、西廣州貿易，主要使用H. B. Morse整理的英國東印度公司檔案，散見在*The Chronicles of the East India Company Trading to China 1635-1834*和其他的書裡；十九世紀和二十世紀初年，主要參考余捷瓊《1700-1937年中國銀貨輸出入的一個估計》，以及蕭亮林在*China's Foreign Trade Statistics 1864-1949*整理的海關數字。不過，各家的數字差別頗大。

---

[43] 全漢昇認為「索魯這個估計，顯然比較接近事實……上述法國學者索魯認為，在新大陸發現後的長時間內，產額佔世界總額百分之八十有多的美洲白銀，約有三分之一強，由美洲經太平洋運往菲律賓，及經大西洋運往歐洲，再轉運至亞洲，而其中的大部分最後流入中國」。參見全漢昇（1996），〈明清間美洲白銀輸入中國的估計〉，《中國近代經濟史論叢》，31-43，台北：稻禾。

表 3-14：清代流入中國的白銀數量估計（百萬兩銀）

來源地	年	數量	資料來源	李隆生／作者
日本	1648-1708	38	Ôtake Fumio	作者使用這裡的年均數字
	1700-1762	0.1	Yamawaki Teijirô	
	1763-1840	-8	Yamawaki Teijirô	
拉丁美洲經菲律賓	1645-1820	93	全漢昇	94
	1645-1760	66	錢江	65
拉丁美洲經歐美	1700-1751	51	余捷瓊	37
	1752-1800	75		81
拉丁美洲	1700-1840	169	莊國土	177
		170+	張曉寧	
整體估計	1700-1830	375	H. B. Morse	257
	1721-1800	130		163
	1808-1856	-288	C. F. Remer	-12
	1857-1886	518		194
	1681-1800	458	彭信威	205
	1721-1740	51		31
	1752-1800	79		113
	1814-1850	-112	林滿紅	-57
	1850-1866	165		118
	1868-1886	378		122

資料來源：作者整理。

（三）清末民初中國白銀存量

1890年兩廣總督張之洞（1837-1909）首開政府鑄造銀元，俗稱龍洋，隨後各省跟進。各省銀元成色和重量不一，且即便同省所造，不同時期也不一致。截至清末，中國自鑄銀元約兩億元。另一方面，由於重量和成色相當一致，國外銀元在中國很受到歡迎。隨著貿易的開展，國外銀元在中國的流通自十八世紀起就日益普遍，起初是產自西屬美洲的銀元（俗稱本洋），1821年墨西哥獨立後，墨西哥開始自鑄銀元（俗稱鷹洋或英洋）。十九世紀中期到清亡這段期間，鷹洋取代本洋成為在中國流通最廣的銀

元。根據1910年度支部（原戶部）的調查，中國國外銀元的存量為11億元，其中鷹元為4-5億元。在二十世紀早期，銀元幾乎完全取代銀錠的使用。[44]

　　1930年代初期，中國的存銀數量，可參見余捷瓊的彙整如下：「中國存銀多少，向乏真確統計，數年前銀貴風潮發生時，中外人士，紛紛進行估計。民二十年及二十一年間，有謂存銀約二十八萬萬元者，有謂十八九萬萬元者。然一般認為比較近似之估計，則為二十二萬五千萬元。民二十四年改革幣制時，Eduard Kanin氏估計當時存銀約為十四至十五萬萬元。青島俄領壽台司格氏估計，為十七萬萬元，日人速水篤次郎則估計為十六萬萬元。然各家均未將其估計方法宣佈，大體僅憑當時各都市中存銀情形，定出約略數字而已。」[45]

　　作者估計明末1644年，中國存銀7.6億兩；[46]清代流入中國的白銀達5.05億兩，中國自產白銀0.69億兩（請參見前述）；根據海關資料，1912-1933年，中國淨進口的白銀數量為7.92億海關兩、約等於8.71億兩。[47]所以1911年，中國白銀存量約為13.3億兩；1933年為22.1億兩。各家數字，請參見表3-15。作者的估計，應在合理的範圍內。

---

[44] 王業鍵（2003），〈中國近代貨幣與銀行的演進〉，《清代經濟史論文集（一）》，161-274，台北：稻鄉。

[45] 余捷瓊（1940），《1700-1937 年中國銀貨輸出入的一個估計》，長沙：商務，頁 1。

[46] 李隆生（2005），《晚明海外貿易數量研究》，台北：秀威，頁 156-165。

[47] Hsiao, L. L.（1974）, China's Foreign Trade Statistics 1864-1949, Cambridge: Harvard University Press, pp. 126-129.

表 3-15：1910-1930 年代中國白銀存量

	中國白銀存量	來源	附記
1910	13 億元	度支部	
1911	13 億兩	作者	約 17 億元
1931-1932	18-28 億元	余捷瓊	
1933	22 億兩	作者	約 29 億元
1935	14-15 億元	Eduard Kanin	僅根據都市存銀狀況，應導致低估。
	17 億元	壽台司格	
	16 億元	速水篤次郎	

資料來源：作者整理。

第二節　十九世紀中國貨幣／白銀危機

　　十八世紀晚期，因棉花進口日增，中國對外貿易順差就已開始減少。到了1820年前後，再由於鴉片進口，中國貿易開始出現赤字，產生白銀外流和銀貴錢賤的現象。白銀的淨輸出，可能造成中國貨幣供給的收縮，以致對經濟產生不利影響，特別對中國南方普遍用銀之地，造成較大負面影響。王業鍵認為，此段時期因白銀淨輸出，導致「物價下跌〔以銀計價〕、賦稅負擔加重、工商凋敝、就業與所得減少。太平天國動亂便是在這種經濟景況中爆發出來。鑑於這次社會大動亂遍掃南方，北方未被波及，白銀供給與經濟興衰的關連尤值得注意」。[48]

　　林滿紅根據1808-1860年間全國各地的銀錢比價，認為銀貴錢賤「除起始的嘉慶晚期和即將結束的咸豐初期之外均遍佈全

---

[48] 王業鍵（2003），〈中國近代貨幣與銀行的演進〉，《清代經濟史論文集（一）》，161-274，台北：稻鄉。

國」，因此認為在1808-1854年間，中國經歷了嚴重的貨幣危機。
而太平天國之亂，正是貨幣危機的高潮，貨幣危機是導致太平天
國之亂的最重要因素。[49]據她粗略的估計，1814-1856年，白銀外
流數量佔總白銀供給的19%，白銀兌銅錢升值了約一倍。[50]清代
銀、錢兌價，請參見表3-16和圖3-4。約略說來，「康、雍、乾三
朝〔1661-1799〕的一百多年當中，大抵維持在一兩銀七百至九百
文銅錢之間。乾隆末期、嘉慶初期的1775年至1801年之間，略為
上揚至一兩折1,000文左右。1802年至1807年之間降至九百多文。
1808年至1854年間則由一兩1,040文漲至2,220文。在這以後，直至
清亡，大抵維持在1,500文上下。」[51]

表 3-16：1798-1864 年寧津、屯溪等地銀、錢兌價（文／兩銀）

年	河北 寧津縣	安徽 屯溪縣	林滿紅 的數字	年	河北 寧津縣	安徽 屯溪縣	林滿紅 的數字
1798	1090.0		1090	1832	1387.2		1387
1799	1033.4		1033	1833	1362.8		1363
1800	1070.4		1070	1834	1356.4		1356
1801	1040.7		1040	1835	1420.0		1420
1802	997.3		997	1836	1487.3		1487
1803	966.9		967	1837	1559.2		1559

---

[49] 林滿紅（1993），〈銀與鴉片的流通及銀貴錢賤現象的區域分布（1808-
1854）〉，《中央研究院近代史研究所集刊》，22（上），89-135。

[50] 這裡用的是林滿紅最新的數字，參見 Lin, M. H. （2006），China Upside
Down, Cambridge: Harvard University Press, pp. 86-87 & 285 & 292-293. 她
先前的估計是：1808 年到 1850 年，白銀供給減少了 13%、相當銀錢貨幣
總值的 11%，白銀對銅錢升值了 1.5 倍，參見林滿紅（1994），〈嘉道年
間貨幣危機爭議中的社會理論〉，《中央研究院近代史研究所集刊》，23
（上），161-203。

[51] 林滿紅（1990），〈明清的朝代危機與世界經濟蕭條〉，《新史學》，
1：4，127-147。

1804	919.9		920	1838	1637.8		1637
1805	935.6		936	1839	1678.9		1679
1806	963.2		963	1840	1643.8	1374	1644
1807	969.9		970	1841	1546.6	1374	1547
1808	1040.4		1040	1842	1572.2	1499	1572
1809	1065.4		1065	1843	1656.2	1520	1656
1810	1132.8		1133	1844	1724.1	1520	1724
1811	1085.3		1085	1845	2024.7	1666	2025
1812	1093.5		1094	1846	2208.4	1771	2208
1813	1090.2		1090	1847	2167.4	1833	2167
1814	1101.9		1102	1848	2299.3	1833	2299
1815				1849	2355.0	1823	2355
1816	1177.3		1177	1850	2230.3	1833	2230
1817	1216.6		1217	1851		1833	
1618	1245.4		1245	1852		1833	
1819				1853		1833	2220
1820	1226.4		1226	1854		1833	2270
1821	1266.5		1267	1855		1833	2100
1822	1252.0		1252	1856		1875	1810
1823	1249.2		1249	1857		1406	1720
1824	1269.0		1269	1858		1250	1420
1825	1253.4		1253	1859		1292	1610
1826	1271.3		1271	1860		1354	1530
1827	1340.8		1341	1861		1250	1420
1828	1339.1		1339	1862		1250	1210
1829	1379.9		1380	1863		1250	1130
1830	1364.6		1365	1864		1187	1190
1831	1388.4		1388				

資料來源：河北寧津縣的兌價根據寧津縣大柳鎮統泰昇記商店出入銀兩流水帳、買賣總帳，參見嚴中平（1955），《中國近代經濟史統計資料選輯》，北京：科學，頁 37。1840-1864 年安徽屯溪縣的兌價（一兩上海規元／銀兩合制錢數）來自該縣如會堂帳冊和購貨記錄等資料，參見鄭友揆（1986），〈十九世紀後期銀價、錢價的變動與我國物價及對外貿易的關係〉，《中國經濟史研究》，2，1-27。林滿紅的數字，參見 Lin, M. H. (2006), China Upside Down, Cambridge: Harvard University Press, pp. 86-87. 值得注意的是，當時中國各地的銀兩成色，存在些許差別。

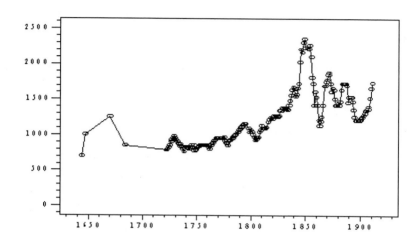

圖 3-4：清代銀、錢兌價（文／兩銀）
參見 Lin, M. H. (2006), China Upside Down, Cambridge:
Harvard University Press, pp. 86-87.

　　政府賦稅、長程貿易和躉售交易採用白銀，零售和工資則以銅錢支付。例如在十九世紀上半期，大概至少90%的政府支出和75%的民間支出使用白銀。[52]銀、銅錢間相對價值的變化，可能導致很大影響。例如80-90%的升斗小民以銅錢繳稅，地方官再將之轉換成白銀用以上繳。由於賦稅用白銀計算，因此銀、錢的匯率變化，會影響生斗小民的實質賦稅，銀貴錢賤則平民的賦稅加重。又如士兵的薪水以銅錢給付，以銀計價的實質薪資若縮水，可以導致中國軍備的衰敗。再如白銀供給減

---

[52] 林滿紅（1994），〈嘉道年間貨幣危機爭議中的社會理論〉，《中央研究院近代史研究所集刊》，23（上），161-203。

少，對農業和商業部門的發展或許會產生阻礙。[53]林滿紅還認為因銀貴錢賤、農民繳稅困難，導致田賦短收10-30%；另由於鹽商買鹽和繳納鹽稅採銀計價，而售鹽採銅錢計價，導致鹽商虧損和影響經營意願，以致鹽稅短徵33%。1840年代，短少的稅額或許達到總稅收的30%。[54]

根據上述，王業鍵和林滿紅認為十九世紀中國的貨幣危機／白銀外流，是導致太平天國之亂的最重要原因；林滿紅進一步認定貨幣危機是發生中、英鴉片戰爭的重要因素之一。不過，傳統上認為導致白蓮教、鴉片戰爭和太平天國之亂的重要原因，包括人口壓力、[55]經濟衰退（recession）[56]、鴉片進口[57]、政治腐壞、貿易利益或中英不平等的外交關係等等。

在十六世紀，美洲四種作物，亦即玉蜀黍、甘藷、煙草、花生傳入中國，特別是甘藷和玉米，為導致清朝人口大幅成長的重要因素。甘藷和玉蜀黍可以在過去其他穀物不易生長的土地上種植起來，再加上耐旱與高產的特性，養活了日增的人口。清代人口資料如下：1679年為1.6億、1776年3.115億、1820年3.831億、1851年4.361億、1880年3.645億（1851-1864太平天國之亂）、1910年4.36億。[58]

---

[53] Lin, M. H. （2006）, China Upside Down, Cambridge: Harvard University Press, pp. 289-292.

[54] 林滿紅（1990），〈明清的朝代危機與世界經濟蕭條〉，《新史學》，1：4，127-147。

[55] Ho, P. T. （1959）, Studies on the Population of China 1368-1953, Cambridge: Harvard University Press, pp. 63-64 & 226 & 236-256 & 270-275.

[56] 只要經濟相對長期趨勢成長較慢，就可稱為經濟衰退。

[57] Lin, M. H. （2006）, China Upside Down, Cambridge: Harvard University Press, pp. 292-293.

[58] 曹樹基（2001），《中國人口史——第五卷清時期》，上海：復旦大學，頁 831-832。

　　全漢昇認為主要受到美洲白銀流入的影響，十八世紀中國物價普遍上揚。他根據江南米價的變化，認為全國米價大約上漲四倍以上，而廣州絲價大約上漲了一倍多。[59]另外，陳仁義等對1738-1789年的蘇州米價進行了時間數列分析，發現蘇州米價年均線性增長率約為6%（年均複合成長率約2%），由於人口增長率和糧食增長率大致相當，所以他們認為十八世紀蘇州米價的長期上漲趨勢，幾可完全歸因於美洲白銀的流入。[60]當然，除了貨幣供給外，米價和人口、種植面積、收成狀況也有很大的關係。[61]

　　1683年，清政府統一中國，以後直到十九世紀早期，中國基本上處於平順發展的狀態——經濟擴張和人口增加。作為經濟活動潤滑劑的白銀和銅錢，雖然隨著雲南銀、銅礦的開採和海外貿易的興盛而有所增加，但仍不敷所需，在此情況下，私票（主要是私人發行的銀票和錢票）日益普遍，到了十八世紀末、十九世紀初，私票在全國已普遍流通，大幅提高了貨幣制度的彈性。十九世紀中期前的另一趨勢是，隨貿易流入的西班牙銀元，在中國南方、貿易發達之地，漸漸開始取代形式和成色紊亂的銀塊和銀錠，作為交易的媒介。在十九世紀中葉，市面上流通的銀票，多以銀元為記帳單位，另外，東南沿海省分的地方賦稅，以及低級軍官、士兵、水手的薪資也漸漸改為以銀元計算。而貨幣供給的

---

[59] 全漢昇（1996），〈美洲白銀與十八世紀中國物價革命的關係〉，《中國經濟史論叢》，475-508，台北：稻禾。

[60] 陳仁義、王業鍵、胡翠華（1999），〈十八世紀蘇州米價的時間序列分析〉，《經濟論文》，27: 3，311-334。

[61] Wang, Y. C.（1992），Secular trends of rice prices in the Yangzi Delta, 1638-1935, in T. G. Rawski and L. M. Li ed. Chinese History in Economic Perspective, 35-68, Berkeley: University of California Press.

增加，也推升了物價，據估計，從十七世紀八十年代到十八世紀末，物價水準大致上升三倍，相當於年均複合成長率1%；極為溫和的通貨膨脹，促進了經濟的發展。[62]

　　上述的信用工具，最早可以追溯到十八世紀早期。大概在鴉片戰爭之前的一百年（c. 1740），中國出現了四種信用工具：銀票或錢票、莊票、匯／會票、過賬銀，其中銀票和錢票由銀號、錢莊、當鋪或其他商號發行，用以取代白銀和銅錢的流通。發展到十九世紀上半葉，中國北方貨幣流通以銅錢和錢票為主，東南方以白銀、銀元、銀票和錢票為主，大西部以白銀和銅錢為主。[63]至於官方發行的銀票，則要遲至道光25年（1845）才開始發行，[64]陸續發行了面額1兩、2兩、5兩、10兩、50兩的官票，後因發行過於浮濫，大約到了1860年，這些官票就幾已不再流通。至此之後的二、三十年，中國流通的貨幣又回到銀、銅錢和私票三種。不過到了十九世紀末、二十世紀初，民間私票開始被政府和銀行發行的紙幣所取代。[65]咸豐三年（1853）戶部發行的十兩官票，請參見圖3-5。

---

[62] 王業鍵（2003），〈中國近代貨幣與銀行的演進〉，《清代經濟史論文集（一）》，161-274，台北：稻鄉。

[63] 王業鍵（2003），〈中國近代貨幣與銀行的演進〉，《清代經濟史論文集（一）》，161-274，台北：稻鄉。

[64] 黃亨俊（2001），《清代官銀錢號發行史》，台北：國立歷史博物館，頁27。

[65] 王業鍵（2003），〈中國近代貨幣與銀行的演進〉，《清代經濟史論文集（一）》，161-274，台北：稻鄉。外國銀行進入中國後，除經營國際貿易匯兌業務外，還發行鈔票，例如在 1874 年 2 月，四大發鈔銀行（麗如、麥加利、有利和匯豐）共發行 350 萬元，其中匯豐佔了約 51%。參見劉詩平（2007），《金融帝國》，香港：三聯，頁 25。

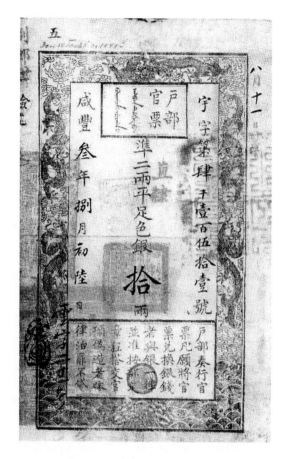

圖3-5：1853年戶部十兩銀官票（正面）

參見黃亨俊（2001），《清代官銀錢號發行史》，
台北：國立歷史博物館，頁2-3。

　　十九世紀前期，中國到底流通了多少銀票，未有記載。王業
鍵傾向認為這些私票已經相當重要；[66]林滿紅認為1776-1795期

---

[66] 王業鍵（2003），〈中國近代貨幣與銀行的演進〉，《清代經濟史論文集
（一）》，161-274，台北：稻鄉。

間，由於和歐美的商貿，導致白銀流入，加上中國國內私票的發行和雲南銅產增加，因而貨幣供給顯著增加，讓經濟平穩發展，特別是長程貿易和城市經濟。[67]但陳昭南根據1910年，紙鈔佔貨幣供給總額的1／4，因此認為十九世紀初，開始不久的民間紙幣佔貨幣存量的比例應微不足道。[68]然而，不可否認的是民間銀票的發行，對十九世紀前期中國的白銀供給緊張應可以產生緩和的作用。另外，中國民間仿鑄外國銀元，在十九世紀上半期就已是公開的祕密。[69]銀元的價值較相同成色和相同重量的銀錠為高，清末官鑄銀元的收益率約為10-14%。[70]這也有助於舒緩實體白銀的短缺。

使用銀、錢兌價來證明貨幣危機的存在，可能還存在其他問題。一是中國各地銀、錢兌價差異頗大，[71]因此使用某一地方的銀、錢兌價變化情形，並非一定能代表全中國的狀況；林滿紅

---

[67]　林滿紅（1997），〈與岸本教授論清乾隆年間的經濟〉，《中央研究院近代史研究所集刊》，28，235-252。不過全漢昇的見解稍有不同，他認為「乾隆（1736-1795）時代的中國，銀子供應充裕，經濟相當繁榮」。參見全漢昇（1996），〈三論明清間美洲白銀的輸入中國〉，《中國近代經濟史論叢》，19-29，台北：稻禾。

[68]　Chen, C. N.（1975），Flexible bimetallic exchange rates in China 1650-1850, Journal of Money, Credit and Banking, 7: 3, 359-376.

[69]　張國輝（1997），〈晚清貨幣制度演變述要〉，《中國社會科學院經濟研究所》，5，14-33。

[70]　何漢威（1993），〈從銀賤錢荒到銅元氾濫〉，《中央研究院歷史語言研究所集刊》，62: 3，389-494。

[71]　Chen, C. N.（1975），Flexible bimetallic exchange rates in China 1650-1850, Journal of Money, Credit and Banking, 7: 3, 359-376. 又如1806-1902年，林滿紅使用的銀、錢兌價皆在2,000文以下，請參見附錄。但Robert C. Allen使用的銀、錢兌價約在4,000文以上，兩者有非常大的差異。參見Allen, R. C. et al.（2007），Wages, prices, and living standards in China, Japan, and Europe 1738-1925, Economics Series Working Papers, 316, Department of Economics, University of Oxford.

1798-1850年的數據取自河北寧津縣的記載。二是銀、錢兌價除了會受到白銀供給的影響，也會受到銅材供給的影響。銅材供應若過於充分，也可能導致銀貴錢賤，例子參見下述。

1740-1850年，雲南銅礦大量開發，每年產量常達1,000萬斤以上，此一時期，政府鑄錢所需銅材，約80-90%來自雲南，銅材供應非常充裕。[72]太平天國之亂和之後的雲南回民叛亂，銅錢生產幾乎停頓。1874年後，滇銅重新開採，但產量已大不如前，1874-1890年，滇銅年均外運量僅50萬斤，1890年以後不過才增加至100餘萬斤。國內銅材供給減少是清末（1880s-1911）出現普遍銀賤錢荒的其中一項重要原因，[73]其他的因素則包括全球銀價下跌和銅價上漲。[74]

另即使十九世紀前期（鴉片戰爭前），銅錢雖相對白銀貶值（從每兩銀約900文貶到1,500-1,600文），升斗小民的生活水準也未必受到實質影響。根據表3-17和圖3-6，1807-1838年，北京郊區無技術勞工的實質所得，並無太大變化。[75]這是因為以銅錢計價的工資上升，而以銀兩計價的糧價下跌所致。

---

[72] 嚴中平（1961），《清代雲南銅政考》，台北：文海，頁 22-23 & 81-84。

[73] 鄭友揆（1986），〈十九世紀後期銀價、錢價的變動與我國物價及對外貿易的關係〉，《中國經濟史研究》，2，1-27。

[74] 1890-1899 各年的紫銅錠價格（關平兩或海關兩／擔），分別為 14.00、16.13、16.00、21.99、20.01、23.11、18.82、24.65、22.25 和 31.00。參見張家驤（1973），《中華幣制史》，台北：鼎文，頁 25-27 & 36-37。

[75] 1807-1838 北京郊區無技術勞工的日薪（石米／日）的線性迴歸線為一條水平線，截距／高度為 0.031 石米／日、顯著水準 0.000；斜率（每年日薪變化量）為 0.000、顯著程度 0.106；模型整體解釋能力 $R^2 = 0.138$。

表 3-17：1807-1838 年北京郊區無技術勞工的日薪

	日薪			河北寧津縣	江南米價（兩銀／石）
	銅錢（文）	銀兩	米（石）		
1807	81	.0835	.0355	969.9	2.35
1808	83	.0798	.0268	1040.4	2.98
1809				1065.4	2.95
1810				1132.8	2.63
1811				1085.3	2.41
1812	81	.0741	.0281	1093.5	2.64
1813	80	.0734	.0281	1090.2	2.61
1814				1101.9	2.90
1815					3.09
1816	87	.0739	.0266	1177.3	2.78
1817	80	.0658	.0290	1216.6	2.27
1818	89	.0715	.0302	1245.4	2.37
1819	87				2.11
1820	95	.0775	.0332	1226.4	2.33
1821				1266.5	2.48
1822	99	.0791	.0318	1252.0	2.49
1823				1249.2	2.50
1824	83	.0654	.0262	1269.0	2.50
1825	88	.0702	.0281	1253.4	2.50
1826				1271.3	2.28
1827	88	.0656	.0302	1340.8	2.17
1828				1339.1	2.18
1829	95	.0688	.0310	1379.9	2.22
1830	96	.0704	.0309	1364.6	2.28
1831	92	.0663	.0264	1388.4	2.51
1832	89	.0642	.0247	1387.2	2.60
1833				1362.8	2.77
1834				1356.4	2.96
1835	94	.0662	.0279	1420.0	2.37
1836	85	.0572	.0254	1487.3	2.25
1837	96	.0616	.0284	1559.2	2.17
1838	91	.0556	.0267	1637.8	2.08

資料來源：北京郊區無技術勞工日薪（文），參見 Gamble, S. D. (1943), Daily wages of unskilled Chinese laborers 1807-1902, The Far Eastern Quarterly, 3: 1, 41-73. 河北省津寧縣銀、錢兌價，請參見前表。江南米價，請參見附錄，由於欠缺河北糧價資料，所以使用江南米價作為替代。至於 1839-1902 的數據，可參見附錄。

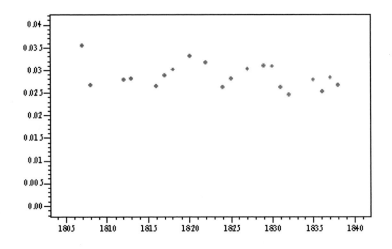

圖 3-6：1807-1838 北京郊區無技術勞工的日薪（石米／日）。

　　以下為作者估計十九世紀初，中國民間銀票流通的數量，應該可對是否發生貨幣危機，提供一些線索。清代的物價變化趨勢，請參見表3-18；每年江南的米價，請參見附錄。王業鍵認為農業社會的穀價可用以建構一般物價指數；他還認為中國三大人口稠密區（廣東、上海——蘇州、天津——北京），因可靠著海運和大運河互相聯繫，所以長期糧價呈現顯著正相關。[76]

表 3-18：清代中國的物價水準

	物價指數 （1682 = 100）	物價趨勢	備註
1646	688	1646-1682	明末清初戰亂天災頻仍以致物價高漲
1682	100	物價快速下跌	
		1682-1800	貨幣流通量因貿易順差、白銀輸入而漸增

[76] Wang, Y. C.（1972）, The secular trend of prices during the Ch'ing period（1644-1911）,《中國文化研究所學報》，5: 2, 347-371.

1700	130	物價溫和上漲	商業發展使貨幣流通速度增加
1750	200		產出也隨著人口成長而相應成長
1800	300		
1815	300	1800-1815 物價持平	
1850	150	1815-1850 物價下跌	鴉片輸入導致白銀外流
1864	500	1850-1864 物價快速上漲	太平天國之亂
1875	240	1864-1875 物價下跌	太平天國亂後、社會恢復暫時的安定
1885	240	1875-1885 物價持平	
1895	360	1885-1910 物價快速上漲	主要因 1873 年後世界各國相繼實施金本位，白銀價值低落，所以流入白銀價值較高的中國。[77]
1910	600		

資料來源：Wang, Y. C. (1972), The secular trend of prices during the Ch'ing period (1644-1911),《中國文化研究所學報》，5: 2, 347-371.

　　1930年代初期、法幣改革前夕，中國流通的貨幣種類和數量估計值，請參見表3-19。在1930年代初期，銀幣的流通量佔鑄造數量的37%。另外，李隆生估計明末中國白銀存量為7.6億兩白銀；[78]而在1643年，明朝官員蔣臣估計中國民間流通約2.5億兩的

---

[77] 十九世紀末，小麥和稻米市場已經出現了全球性的整合，參見 Latham, A. J. H.（1986），The international trade in rice and wheat since 1868; A study in market integration, in W. Fischer et al. ed. The Emergence of a World Economy 1500-1914, 645-663, Berne: International Economic History Association.作者因此認為王業鍵的看法需要再加些補充。清末中國自海外輸入大量糧食，但因白銀貶值，造成進口糧價上揚，而國產糧食價格和進口糧食價格應約略一致。

[78] 李隆生（2005），《晚明海外貿易數量研究》，台北：秀威，頁 156-165。

白銀。[79]因此，明末白銀的流通量佔總存量的33%。根據上述，我們因此認為清代白銀的流通量應該約佔白銀存量的三分之一。[80]

表 3-19：1930 年代初期中國貨幣流通數量估計（單位：億元）

貨幣總類		鑄造發行數量	流通量	佔貨幣數量的比例（%）
金屬貨幣	一元銀幣	約 18	6	31.3
	銀輔幣	6.2	3	
	銅幣（面額十文、二十文）	4000 億文約等於 1.33	1	
紙幣	國家銀行紙幣	4.57		35.4
	商業銀行紙幣	2.24		
	省市銀行紙幣	1-1.5		
	外國銀行紙幣	3		
	私票	0.5		
存款貨幣	本國銀行支票存款	7.67		33.4
	外國銀行支票存款	3		
貨幣數量 = 金屬貨幣流通量 + 紙幣發行量 + 支票存款數量 = 31.98 億元				

資料來源：王業鍵（2003），〈中國近代貨幣與銀行的演進〉，《清代經濟史論文集（一）》，161-274，台北：稻鄉。

表3-20列出1679、1740、1776、1820和1851各年的糧價、人口數、名目生產毛額、實體白銀存量、流通的白銀貨幣數量、白銀貨幣流通速度和估計的民間銀票數量。糧價採江南米價，請參見附錄；人口數使用曹樹基的數字，他研究的主要部份，「大都

---

[79] 《崇禎長編》卷 1：「今歲行五千萬，五歲為界，是為二萬五千萬，則民間之白金，約已盡出，後且不可繼矣。」蔣臣的估計不包括皇室、貴胄的儲銀，這部份的數量，應相當可觀。參見蕭清（1992），《中國古代貨幣思想史》，台北：台灣商務，頁 299-300。

[80] 附帶一提，王業鍵認為這個比例應介於 1/4 到 1/3 之間。參見王業鍵（2003），〈中國近代貨幣與銀行的演進〉，《清代經濟史論文集（一）》，161-274，台北：稻鄉。

是在何炳棣著作基礎上進行的。」[81]一般而言，每年每人（成人）的糧食消費量為4.8石，[82]因此估計每人年均實質產出約值7石米；[83]名目生產毛額等於糧價乘以每人年均實質產出、再乘以人口數。白銀存量來自明末白銀存量7.6億兩，加上清代各年海外白銀的淨輸入數量和國內產量；白銀貨幣數量（實體白銀和民間以銀計價的私票）、白銀貨幣流通速度和民間銀票數量估計，則使用費雪方程式（Fish equation）。[84]除此，1740年的人口為作者根據1679年和1776年的人口數自行估計；選用1740-1851年為研究期間，乃是因為此段時期，基本上是承平時期（太平天國之亂1851-1864），中國經濟大致穩定、經濟結構也幾乎沒有變動；而要探討的焦點為1820年代到1850年白銀淨流出的效應；約在1740年時，民間私票開始出現；以及十九世紀中期以後，中國的經濟發展慢慢地開始走上了現代化的道路／緩緩地出現結構性的改變。

---

[81] 曹樹基（2001），《中國人口史–第五卷清時期》，上海：復旦大學出版社，頁3。

[82] 珀金斯（1984），《中國農業的發展（1368-1968 年）》，上海：上海譯文，頁396-398。

[83] Feuerwerker 推估中國宋、明、清時期的經濟狀況時，做了以下假設：（1）非農業勞動力佔總勞動力的20%；（2）農業部門產出佔總產出／國民所得的70%；（3）80%的農地種植穀物；（4）平均每人的穀物產出約固定在 500-600 斤未去穀的穀。參見 Feuerwerker, A.（1984），The state and the economy in late imperial China, Theory and Society,13: 3, 297-326. 據以估計，可得每人年均產出約值 7 石糧食。

[84] 中國當時的貨幣制度為銀、銅複本位制，據估計在 19 世紀上半期，大概至少 90%的政府支出和 75%的民間支出使用白銀。參見林滿紅（1994），〈嘉道年間貨幣危機爭議中的社會理論〉，《中央研究院近代史研究所集刊》，23（上），161-203。因此使用費雪方程式似乎顯得有些疑慮，不過比較確定的是交易中的絕大部份（應至少80%）用銀，所以只要用銀交易的比例約略固定，本文各時期銀票佔白銀貨幣供給量比例的量化推估就不會受到影響，只有白銀貨幣的流通速度須相應減慢。

前述王業鍵提及，民間私票約在1740年開始流通。所以使用1740年的資料和費雪方程式，可以計算白銀貨幣流通的速度。費雪方程式陳述：流通的白銀貨幣數量乘以流通速度會等於名目國民生產毛額。[85]因此，1740年時，白銀貨幣之流通速度為每年8.67次（24.35／2.81）。並假設1740-1851期間，流通速度不變，[86]來估計民間銀票的數量。

表 3-20：1740-1851 年中國米價、人口數、名目生產毛額、實體白銀存量、流通的白銀貨幣數量和估計的民間銀票數量

| | 米價(兩銀／石)[87] | 人口數(億)[88] | 名目生產毛額 | 實體白銀存量(億兩)[89] | 流通的白銀貨幣數量 | | 民間銀票佔實體白銀存量的比例(％) |
					實體白銀	民間銀票	
1679	0.96	1.6					
1740	1.43	2.433[90]	24.35	8.42	2.81	0	0

---

[85] Felderer, B. and S. Homburg （1987）, Macroeconomics and New Macroeconomics, Berlin: Springer-Verlag, pp. 53-58.

[86] 根據表 3-19，1933 年中國的生產毛額為 299.8 億元，白銀貨幣數量約為 29.98 億元，因此白銀貨幣的流通速度為每年 10 次，比 1740-1851 年的 8.67 次稍高；隨著經濟的發展，貨幣的流通速度自會加快。這裡的數字顯示，從 1740 年到 1933 年，貨幣的流通速度增幅僅 15%，所以假設 1740-1851 期間，白銀貨幣流通速度不變，應是合宜的假設。

[87] 使用 31 年移動平均價格，用以消除氣候變化所帶來的米價波動。參見 Wang, Y. C. （1992），Secular trends of rice prices in the Yangzi Delta, 1638-1935, in T. G. Rawski and L. M. Li ed. Chinese History in Economic Perspective, 35-68, Berkeley: University of California Press.

[88] 曹樹基（2001），《中國人口史——第五卷清時期》，上海：復旦大學，頁 831-832。

[89] 清代流入中國的白銀數量，參見表 3-11。1662-1795 年，中國白銀年均產量為 47 萬兩；1811-1845 年，年均 16 萬兩，參見前述。

1776	1.84	3.115	40.12	10.08	3.36	1.27	13
1820	2.55	3.831	68.38	11.07	3.69	4.20	38
1851	2.36	4.361	72.04	10.46	3.49	4.82	46
1880	1.91	3.645	48.73[91]				
1930年代初			299.8億元[92]		9億元	20.98億元[93]	87[94]

資料來源：作者整理和推估。1880 年的生產毛額，以及 1930 年代初期的貨幣紙鈔化程度和白銀貨幣流通速度，可作為作者估算合理性的佐證。

　　1820-1851年間，中國基本上處於白銀淨外流的時期。此一期間，實體白銀減少0.20億兩（淨流出0.61億兩），但民間以銀計價的私票增加0.62億兩；流通的白銀貨幣數量從7.89億兩增為8.31億兩，年均複合成長率為0.17%；人口複合年均增率為0.42%；基於人地壓力可能已近臨界點，此一時期的年均實質經濟成長率應該不超過年均人口成長率。據此推論，白銀貨幣的增長速度較慢，對經濟或許會造成一些傷害，不過應該不是太嚴重。另一種解釋是，因為此一時期處於經濟衰退狀態，成長較之前為慢，因此相

---

[90] 1679 年和 1776 年的人口數分別為 1.6 億和 3.115 億，因此 1679-1776 期間，年均人口複合成長率為 0.6891945%。據此估計 1740 年時，中國人口為 2.433 億。

[91] 張仲禮估計中國 1880 年代的 GNP 為 33.4 億兩，參見 Chang, C. L.（1962）, The Income of the Chinese Gentry, Seattle: University of Washington Press, p. 296. Feuerwerker 認為張仲禮使用官方的可耕地面積資料來估計農業產值，過於低估，實際的農業產值至少應比張仲禮的數字（22.3 億兩）要高出 1/3 以上。參見 Feuerwerker, A.（1978），《中國近百年經濟史》，台北：華世，頁 2。所以根據 Feuerwerker 的看法，1880 年代，中國 GNP 至少達 41 億兩銀，和作者的估計大致相符。

[92] 參見 OECD Development Center （1998）, Chinese Economic Performance in the Long Run, Paris: OECD, Table C.1.

[93] 包括紙幣和支票存款（表 3-19）。小額紙幣可視為相當於傳統錢票，根據銀幣總值和銅幣總值的比例為 9：1，所以估計小額紙幣大概為 1 億元；支票存款通常用於大額支付，所以將之視為白銀貨幣。

[94] 根據表 3-19。將大額紙幣和支票存款相加後除以銀幣數額而得。

應的貨幣需求和供給成長自然也就放緩。附帶一提的是，十九世紀盛行的私票，到了1930年代初，便微不足道，幾乎被政府和銀行發行的紙幣所取代，請參見表3-19。

前述林滿紅提到，1840年代政府稅收減少約30%，不過若考慮物價水準下降、白銀的購買力上升，政府的實質收入不一定就受到負面影響。根據前述王業鍵的研究，1815年和1850年的物價指數分別為300和150；1820年和1851年的江南米價（31年移動平均價格）分別為2.55兩銀和2.36兩銀。

升斗小民或許會因銀貴錢賤受到些傷害。不過應不致太嚴重；前述曾提到十九世紀前期北京無技術勞工實質所得的狀況。且清代的稅賦極輕，十八世紀中期到鴉片戰爭前，政府總收入（主要是田賦）在4,000萬兩銀上下，[95]僅約佔當時國民生產毛額的1-2%。1890年代初期，因商稅大幅增加，政府總收入也不過約9,000萬兩銀。[96]所以即使在十九世紀上半葉，銀貴錢賤也不應造成農民的過大負擔。林滿紅提到田賦短徵約20%，作者認為未必完全是銀貴錢賤的結果，也可能是社會動盪產生的，又可能是政治敗壞引起的。

---

[95] 申學鋒（2006），〈清代財政收入規模與結構變化述論〉，參見 http://www.66wen.com/07lsx/lishixue/lishixue/20061119/31664.html （2007/10/06 查詢）。

[96] Jamieson, G.（1897），Report on the Revenue and Expenditure of the Chinese Empire, London: HM Stationary Office. 轉引自 Twitchett, D. and J. K. Fairbank（1987），《劍橋中國史──晚清篇（上）1800-1911》，台北：南天，頁69。關於商稅收入，1841-1849 年間，田賦和商業稅分別約佔清政府總稅收的 75%和 11%，但到了 1890 年，田賦的金額並未下降多少，但商業稅佔清政府稅收總額的比例卻提高到 65%（金額約增加 13 倍），而田賦僅佔 28.2%。參見朱伯康，〈中國近代稅制〉，《中國大百科智慧藏》，http://134.208.10.81/cpedia/Content.asp?ID=7339（2006/10/29 查詢）。

根據前述對民間銀票數量和變化趨勢的探討，可以推論十九世紀前、中期的動亂（白蓮教和太平天國），貨幣危機／實體白銀減少應不致扮演很重要的推手；傳統因素或許更有說服力。經濟通常總會找到自己的出路，海外白銀流入數量過少或甚至發生淨流出現象之時，民間銀票／私票可相應增加，以滿足經濟運作對貨幣的需求；另外，銀錠改鑄銀元也可些微舒緩白銀的短缺。所以作者認為人地壓力可能是最主要的因素。王業鍵將明末徐光啟編的《農政全書》中記載的農具，和二十世紀初日本東亞同文會編的《支那經濟全書》進行比較，發現三百多年來並未有任何改進。[97]不只是農業科技沒有太多進步，人均耕地也少得可憐；在1930年代，長江三角洲、河北和山東的人均耕地面積分別為2.10畝、4.21畝和3.70畝，十九世紀前期的狀況也不會好到哪裡。[98]

Rabb給危機（crisis）下了一個定義，它必須滿足兩個條件：短期（short-lived）和與眾不同（distinctive）。[99]余捷瓊認為中國的白銀外流，從1827年開始，持續到1846年，總共流出9,364萬兩銀（請參見前述）；林滿紅認為白銀外流持續了48年（1808-1856），共計流出3.84億元、約相當2.88億兩。[100]到底十九世紀前期，中國有沒有發生白銀貨幣危機，值得再去思考！從Rabb的觀點，應可傾向認為並未發生貨幣危機，理由如下：（一）20-48年

[97] 王業鍵（2003），〈明代經濟發展並論資本主義萌芽問題〉，《清代經濟史論文集（一）》，17-34，台北：稻鄉。

[98] 1930年代的中國人口，很可能較之太平天國之亂前夕稍多。

[99] Atwell, W. S.（1997），A seventeenth-century "general crisis" in East Asia?, in G. Parker and L. M. Smith ed. The General Crisis of the Seventeenth Century, 235-254, New York: Routledge.

[100] Lin, M. H.（2006），China Upside Down, Cambridge: Harvard University Press, p.286.

算不算短期？（二）晚明和清代的三百五十年間，基本上都是白銀流入中國，因此白銀大量流出當然是個特殊事件，不過若探查貨幣供給，由於民間銀票／私票的發行，貨幣供給應該並未出現太大異常。[101]

第三節　中、英鴉片戰爭

1830年代，鴉片大量走私進入廣州，給中國帶來嚴重問題，主張禁煙和弛煙的兩派官員為之爭論不休。據當時人的估計，1830年代，中國約有1,250萬鴉片吸食者，這個數字或許過於誇大。史景遷估計在1880年代，中國可能有4,000萬個吸食者，其中一千多萬人屬重度上癮者。[102]另一個嚴重問題是白銀外流，作者估計1827-1839年，中國每年白銀外流分別為303、152、424、382、274、172、426、780、780、780、780、780、10萬兩銀。[103]至於中國本身的記錄，根據《道光朝籌辦夷務始末》卷二記載：1814年中國白銀外流達數百萬兩；1823-1831年，外流白銀每年達

---

[101] 當然不能排除因白銀外流，所可能引起的民眾集體恐慌心態，以致囤銀增加，並對銀票的接受度下降，白銀貨幣的流動性問題。不過這需要微觀地探查當時中國銀號等金融機構的確實情形和銀票的流通狀況，才得以釐清，而此一巨大工作超出了本書的範圍。

[102] Jonathan, S.（1975），Opium smoking in Ch'ing China, in F. Wakeman, Jr. and C. Grant eds. Conflict and Control in late Imperial China, 143-173, Berkeley: University of California Press.

[103] 另一項根據西方資料的估計是 1828-1836 年，流出 3,800 萬元、約相當 2,850 萬兩銀（作者估計值為 4,170 萬兩銀）。參見 Twitchett, D. and J. K. Fairbank（1987），《劍橋中國史——晚清篇（上）1800-1911》，台北：南天，頁 203-205。除此，張曉寧根據 H. B. Morse 的著作指出 1817-1833 年，中國貿易赤字總額為 5,174 萬元、約相當 3,881 萬兩銀。參見張曉寧（1999），《天子南庫》，江西：江西高校，頁 127。

1,700-1,800萬兩；1831-1834年，外流白銀每年達2,000萬兩；1834-1838年，外流白銀每年漸增至3,000萬兩。[104]中國文獻裡的數字或許為了強調問題的嚴重性而流於誇大不實。[105]

　　1838年道光皇帝決定禁煙，1838年12月31日任命林則徐為大臣關防，下令全國禁煙。1839年3月10日，林則徐抵達廣州，隨即嚴厲禁煙，成效斐然。但也因此，導致中、英戰爭的發生。[106]1839年9月4日的九龍之戰，揭開了中、英鴉片戰爭的序幕。[107]

　　1839年林則徐寫了封照會給英國維多利亞女皇，要求英國不得再種植鴉片並停止對中國輸出鴉片，以及英商來華貿易應遵守中國法律。值得注意的是，林則徐信中的第二段有以下字句 "You, the queen of your honorable nation, sit upon a throne occupied through successive generations by predecessors, all of whom have been styled respectful and obedient. Looking over the public documents accompanying the tribute sent (by your predecessors) on various occasions……", [108]清楚顯示中國如何看待兩國關係——

---

[104] 轉引自張研（2002），《清代經濟簡史》，台北：雲龍，頁508-509。

[105] 如果《道光朝籌辦夷務始末》的數字是正確的話，則1823-1838年，中國共流出約3億兩的白銀。

[106] 「若無林文忠公『入即正法，船貨歸官』的鐵腕政策，則『鴉片戰爭』便不會爆發！蓋清廷至此，禁煙已百餘年。然鴉片之禍，愈禁愈熾；鴉片貿易愈禁愈大。『鴉片戰爭』原為鴉片而戰嘛！如鴉片之禁令始終只是一紙具文，則英國又何必發動什麼鴉片戰爭呢？」參見唐德剛（1999），《晚清七十年》，長沙：岳麓書社，頁21。

[107] 〈林則徐〉，《維基百科》，參見 http://zh.wikipedia.org/wiki/%E6%9E%97%E5%88%99%E5%BE%90#.E6.8E.88.E5.91.BD.E7.A6.81.E7.85.99（2007/10/07 查詢）。

[108] 這封信的全文，可參見 Chinese Repository, Vol. 8 （February 1840），pp. 497-503; reprinted in William H. McNeil and Mitsuko Iriye, eds., Modern Asia and Africa, Readings in World History Vol. 9, （New York: Oxford University Press, 1971），pp. 111-118. 轉引自 Commissioner Lin: Letter to Queen

視英國是一個對中國恭謹和感恩的朝貢國家。十九世紀初年以前，歐洲人和清政府的貿易談判常是以「朝貢」貿易的形式在進行的。清代最早在1663年，荷蘭派遣的全權代表抵達中國，呈獻禮物並表達願意提供對台灣作戰的協助，意欲換取貿易的許可。之後，歐洲使節分別在1667（荷）、1670（葡）、1678（葡）、1686（荷）、1725（教皇）、1752（葡）、1753（葡）、1793（英）、1794（荷）、1795（英）、1805（英）和1816（英）前來中國進行貿易談判。[109]但隨著英國日益強大，就愈來愈難以忍受和中國的不平等互動方式。

是否對中國用兵，英國國會從1840年4月7日起，經過兩個月激烈的爭論，最終在維多利亞女王的決定性聲明下和帝國經濟利益的考量下，以271票對262票通過軍事行動。維多利亞女王認為中國中止兩國貿易將影響「英國子民的利益和國家尊嚴」（"the interests of my subjects and the dignity of the Crown"）；[110]當時的外相Palmerston也強力主張通過戰爭來保護英國在亞洲的利益。簡言之，支持戰爭的人認為必須保護在廣州的英國公民、洗刷英國受到的侮辱，並強調戰爭是達成與中國公平貿易的唯一手段。[111]

不過為了鴉片而戰，畢竟是一場不道德的戰爭。上議院議員Stanhope譴責鴉片貿易為「不合法和不道德」（"illegal and

---

Victoria 1939, Internet Modern History Sourcebook, http://www.fordham.edu/halsall/mod/1839lin2.html（2007/10/07 查詢）。

[109] Fairbank, J. K. and S. Y. Teng （1941），On the Ch'ing Tributary System, Harvard Journal of Asiatic Studies, 6: 2, 135-246.

[110] Audrey Ronning Topping, History paints a scandalous portrait of Britain, http://bbs.chinadaily.com.cn/viewthread.php?gid=2&tid=555475&extra=page%3D1&page=8（2007/10/07 查詢）。

[111] Twitchett, D. and J. K. Fairbank（1987），《劍橋中國史──晚清篇（上）1800-1911》，台北：南天，頁 232-233。

immoral"）；另一個上議院議員William Gladstone稱它為「不名譽和殘暴的」（"infamous and atrocious"）；前英國東印度公司主席Henry St. George Tucker也反對「如此令人難以忍受的邪惡」（"so grievous an evil"），他問到：「有人可以盲目到看不出，這將對我們國家的聲譽造成非常大的負面傷害嗎？」

最終通過的對華戰爭法案（War Chest Bill）裡，英國宣稱乃是為了報復中國的「傲慢自大和挑釁」（"arrogance and provocation"），這當然有其道理，不過卻完全未提到鴉片的貿易問題。直到今天，大英百科全書（Encyclopedia Britannica）仍將這場戰爭稱為「貿易戰爭」（"Trade Wars"）。這場戰爭不完全是突發的，而是醞釀了一段很長的時間。例如「廣州的英商在1830年12月向下院請願時主張：中國貿易的潛力是世界上最重要的。現已到了應該置於『永久而正當的基礎』的時候了。1793年馬戛爾尼（Macartney）使團與1816年阿美士德（Amherst）使團的失敗『將有力地暗示議會，以任何優雅的外交在中國所能得到的是多麼的少。』甚至東印度公司公班衙，正收拾準備遷出，已感覺到外交的姊妹──戰爭才是答案。」[112]

1759年，發生洪任輝事件，英商James Flint（中文名字為洪任輝、通曉漢語）前往北京向乾隆皇帝告御狀，控告廣州海關人員貪腐和行商黎光華欠五萬餘兩銀不還，並要求改革保商制度。乾隆皇帝認為「事涉外夷，關係國體，務須徹底根究，以彰天朝憲典」，最後此一事件獲得公允處理，惟保商制度未獲更動。1793年，英國第一次派出使團（以馬戛爾尼為首）來華，名義上是為乾隆皇帝祝壽，實際上乃是為了促進貿易而來。英國請求：第

---

[112] Twitchett, D. and J. K. Fairbank（1987），《劍橋中國史──晚清篇（上）1800-1911》，台北：南天，頁206-207。

一、開放更多通商口岸；第二、在北京開設商館；第三、請清政
府提供舟山和黃埔附近的某些小島給英商使用；第四、特許英商
買地建廠。但因英國使臣不願行叩頭禮，乾隆拒絕了英國的請
求。1816年，英使阿美士德率團再度來華，但還是因禮儀之爭，
雙方不歡而散。[113]不難理解，從十八世紀晚期開始，英國對中國
的冀求有兩大主軸：貿易利益和平等往來。

　　1776年亞當斯密在英國出版《國富論》，這部著作奠定了資本
主義自由經濟的理論基礎，也可視為自由貿易學說的濫觴。[114]十九
世紀初，在英國自由貿易者的努力之下，英國國會在1813年決議廢
除東印度公司在印度的專利權，至於在中國的專利權則僅可再維持
到1833年。[115]過去東印度公司為追求利潤，不論中方多不合理，仍
會盡量滿足，不願損害和中國的關係。英國東印度公司對中國貿易
專利權廢止後，中、英政府失去了這個中間談判者，不僅讓英國在
廣州的貿易變得欠缺秩序，[116]更讓英國政府必須直接和中國進行貿

---

[113] 陳耀權（1997），《清代前期中英貿易關係研究》，香港：新亞研究所碩
士論文，頁 60-71。

[114] 〈國富論〉，《維基百科》，http://zh.wikipedia.org/wiki/%E5%9C%8B%
E5%AF%8C%E8%AB%96（2007/10/07 查詢）。

[115] Twitchett, D. and J. K. Fairbank（1987），《劍橋中國史──晚清篇（上）
1800-1911》，台北：南天，頁 201。

[116] 「現在中國的壟斷依然存在，它的權力絲毫沒有削減；但是英國的壟斷已
經取消，英國商人被遺棄得像是一個沒有牧人的羊群，並且英國政府也還
沒有採取有效的步驟，以一個政府官吏代替〔東印度〕公司的地位，來作
為領導人和保護人。商業的後果可以從貿易數字上看出。既然一方面是結
成一氣的，而另一方面則是完全自由競爭的，不再受公司從前所掌有的那
種市場管制權的約束，所以外商們大量地增加了茶、絲和其他中國產品的
裝運，同時也被迫支付了增漲很高的價格……外商在行商手中是束手無策
的，甚至於在拖延帳目清理這件事上也是這樣；隨著對他們商業地位的削
弱他們認識的越清楚，對於他們的政治、社會和個人的屈辱也產生了一種
越來越敏銳的感覺。」參見 Morse, H. B.（2000），《中華帝國對外關係
史》第一卷，上海：上海書店，頁 193。

易磋商，以致造成兩國更多的摩擦。例如1834年英國商務監督律勞卑（Lord Napier）寫給兩廣總督盧坤的信，採平等格式，被盧坤認為「事關國體」（中國是天朝上國）而無法接受，試想這是當時全球最強的大英帝國能夠忍受的嗎？[117]──永遠被視為僅只是中國的一個朝貢國。

　　鴉片戰爭，甚至是英、法聯軍之役以前，清政府的對外政策（「夷務」）建立在四個認知上：（一）中國優越的軍事力量；（二）中國先進的文明；[118]（三）中國擁有寶貴和外人不可或缺的商品、如茶葉；（四）中國是天朝上國，其餘國家皆是蠻夷之國。[119]中國的朝貢貿易，主要是為了建立以中國為核心的政治秩序，政治動機大於經濟動機，並對前來貿易的國家加諸了許多限制和不平等待遇。[120]例如海關稅則不公開，「歷康雍乾嘉四朝，外人索看海關稅則多次，每次概被衙門拒絕；」[121]官吏貪索，正

---

[117] Twitchett, D. and J. K. Fairbank（1987），《劍橋中國史──晚清篇（上）1800-1911》，台北：南天，頁 207-211。以及蔣廷黻（1982），《中國近代史研究》，台北：里仁，頁 18。

[118] 關於如何駕馭夷商，蔣廷黻提到官府先通過商對夷商勸勉疏通，要求其遵守各項規定。如仍不遵守，則採停止貿易，甚至斷絕其生活的供應來要脅。「因這種利器用了多次，每次都見了效，官吏遂以為「馭夷」易如反掌。」參見蔣廷黻（1982），《中國近代史研究》，台北：里仁，頁 180。直到英法聯軍之役後，清政府才真正了解「西夷」是無法「羈縻」的。

[119] Twitchett, D. and J. K. Fairbank（1987），《劍橋中國史──晚清篇（上）1800-1911》，台北：南天，頁 206-207。

[120] 陳國棟（2005），《東亞海域一千年》，台北：遠流，頁 297-298。以及Fairbank, J. K. and S. Y. Teng （1941），On the Ch'ing Tributary System, Harvard Journal of Asiatic Studies, 6: 2, 135-246.

[121] 蔣廷黻（1982），《中國近代史研究》，台北：里仁，頁 177-179。

稅加各種陋規的實際稅率約高達商品價值的20%；[122]對外商不合理的規範，如對外商行動的限制和歧視。[123]

　　十八世紀末和十九世紀上半葉，中國國力日漸衰落，而英國卻如日中天。英國是最早工業化的國家，也是當時全球海軍實力最強的國家；其餘西方列強，很快追隨英國的腳步，開始了工業化進程。十九世紀前期，局勢的演變讓中、英的武力衝突無法避免。英國不可能長久忍耐中國對貿易的限制和不平等的雙邊關係，中國也絕不可能放棄天朝上國的想法和祖宗成制，英國勢必為了打破中國的朝貢貿易體系而對中國用兵，只是時間遲早而已。可以說，林則徐的嚴厲禁煙只不過提前引爆了雙方的軍事衝突罷了。

　　1842年8月29日，中、英簽訂《南京條約》。主要內容有以下六項：（一）宣佈戰爭結束；（二）開放廣州、福州、廈門、寧波和上海為通商口岸，准許英國派駐領事，准許英商及其家屬自由居住；（三）賠款2,100萬元；（四）讓英國使用香港；（五）

---

[122] 鴉片戰爭前，清廷關稅正稅的稅率並不高。例如根據 1735 年中國的稅則，進出口稅率僅 2-4%，即使後來調高了些，也不過 3-6%。此外根據外人的記載，十八世紀初，中國出口商品的稅率約介於 1-8%之間。但官府收取的雜稅／附加稅的稅額通常和正稅相當，有時甚至超過，雜稅包括諸如「禮金」、「繳送」等等。到了十九世紀前期，進口商品正稅加上各種陋規，約為商品價值的 20%。參見張曉寧（1999），《天子南庫》，江西：江西高校，頁 40-42 & 47-49。

[123] 蔣廷黻（1982），《中國近代史研究》，台北：里仁，頁 177-179。對外商不合理的規範包括：「『番婦』不得來廣州。『夷船』開去以後，『夷商』不得在廣州逗留，他們必須回到澳門或隨船回國。『夷商』出外游散只能到河南花地，每月只許三次，每次不得超過十人，並須有『通事』隨行。『外夷』不許坐轎。『外夷』不許學習中文，購買中國書籍。『外夷』移文到衙門必須由十三行轉，必須用『稟』，祇許用『夷』字，不許用漢字。『外夷』只許租用十三行；僕役有限數，且須由十三行代雇。每年開市之初（秋末），官吏把這些禁令宣佈一次，並訓令十三行好好的開導那班不知禮義廉恥的外夷。」

另訂關稅則例；（六）廢除公行制度，准許英商與華商自由貿易。基本上《南京條約》尚稱公允和平等、特別對一個戰敗國而言，另它終讓英國達成和中國自由貿易和平等往來的目的。不過1843年簽訂的附約──《中英五口通商章程》和《五口通商附粘善後條款》，卻讓英國從這兩個附約獲得了許多特權，包括協定關稅、領事裁判權和片面最惠國待遇。1844年，在中、英條約的基礎上，中國和美國、法國分別簽訂了《中美望廈條約》和《中法黃埔條約》，中國又喪失更多權力。[124]

　　表面上，鴉片戰爭並未對清政府和中國社會帶來任何衝擊，不過它的影響卻很深遠。「今日回顧鴉片戰爭時，常將它描繪的如洪水猛獸一般，但是當時卻沒有如此的記載。」[125]黃仁宇認為魏源的《海國圖志》或許是中國對鴉片戰爭唯一的具體反應。[126]

　　晚清思想家魏源在1843年編撰完成的50卷《海國圖志》，雖然著成之時並未受到重視，但對日後中國的洋務運動和日本明治維新產生重要影響；《海國圖志》描述當時西方世界的狀況。這本書是林則徐在廣州禁煙之時，令人編譯英人休·幕瑞所著的《世界地理大全》，魏源據以增修後在1843年將之出版，1852年擴充為百卷。[127]林則徐在廣州期間，組織了一支翻譯隊伍，專門負責翻譯外國報紙和外國書籍。他們翻譯了《澳門月報》、英國商務總監戴維斯著的《中國人：中華帝國及其居民的概況》（即《華事夷言》）、傳

---

[124] 〈南京條約〉，《百度百科》，http://baike.baidu.com/view/18410.htm
（2007/10/08 查詢）。此網址亦提供南京條約的中文全文。

[125] Twitchett, D. and J. K. Fairbank（1987），《劍橋中國史──晚清篇（上）1800-1911》，台北：南天，頁 272。

[126] 黃仁宇（1995），《近代中國的出路》，台北：聯經，頁 76。

[127] 〈海國圖志〉，《維基百科》，http://zh.wikipedia.org/w/index.php?title=%E6%B5%B7%E5%9C%8B%E5%9C%96%E5%BF%97&variant=zh-tw
（2007/10/07 查詢）。

教士地爾窪牧師著的《對華鴉片罪過論》、休‧慕瑞著的《世界地理大全》（即《四洲志》），以及其他軍事書籍。[128]

中、英鴉片戰爭結束後，中國中央政府繼續以天朝上國自居，且不願意做出任何改變。例如廣東當局曾建議造輪船和火器，但道光皇帝的裁示卻是「無庸製造，亦無庸購買」；耆英呈請仿造美式洋槍，又被拒絕。[129]直到英法聯軍在1860年攻入北京，咸豐皇帝走避熱河後，清政府在1862年才開始了「師夷之長技以制夷」和「中學為體、西學為用」的「自強運動」。關於英法聯軍形成的原因和中國的心態，蔣廷黻評論道：「根本的困難在中國不願更進一步的加入國際的生活，西人則無論如何不得讓中國閉關自守。所以咸豐四年〔1854〕的和平交涉失敗以後，外人知道了非用武力不可，而用武力則須待機。到了咸豐八年〔1858〕，外人就覺得時機到了……我們所應注意的有幾點：（一）中國自大的心裡完全與鴉片戰爭以前相同。」[130]1861年清政府在京師設立總理各國通商事務衙門，負責對外交涉事宜。雖然這比之前的朝貢貿易體系有所進步，但仍離現代的外交概念有一段距離—通商兩字反映出當時把夷務／洋務與通商看成了一回事。[131]

鴉片戰爭以來，中國對西方尖銳挑戰的回應，是搖擺不定和極為緩慢的。「我們近六十年來的新政都是自上而下，並非自下

---

[128] 〈林則徐〉，《維基百科》，http://zh.wikipedia.org/wiki/%E6%9E%97%E5%88%99%E5%BE%90#.E6.8E.88.E5.91.BD.E7.A6.81.E7.85.99（2007/10/07 查詢）。

[129] 黃仁宇（1995），《近代中國的出路》，台北：聯經，頁 76。

[130] 蔣廷黻（1982），《中國近代史研究》，台北：里仁，頁 30-31。

[131] 〈〔晚清變局叢談〕"北洋係"是怎樣興起的〉，《中國網》，http://big5.china.com.cn/international/txt/2007-06/29/content_8457514.htm（2007/10/08 查詢）。

而上，一切新的事業都是由少數先知先覺者提倡，費盡苦心，慢慢奮鬥出來的。在甲午以前，這少數先覺者都是在朝的人。甲午以後，革新的領袖權纔慢慢的轉到在野的人手裏，可是這些在野的領袖都是知識份子，不是民眾。嚴格說來，民眾的迷信，是我民族近代接受西洋文化大阻礙之一。」[132]作者認為中國改變遲緩的重大因素是中國的龐大身軀和輝煌歷史[133]──P. A. Cohen提到「中國最近幾百年歷史有一條自身的『劇情主線』（story line），即使在1800或1840年，都沒有完全中斷，也沒有被西方搶占和替代」。[134]

> 中國被封閉在一個四方形裡〔一邊臨海、三面臨陸〕。在這四邊形中，雖然並非沒有抗拒和仍然落後於形式，但唯有邊緣地帶〔通商口岸〕真正按世界的時間生活，接受世界的貿易和節奏。世界的時間優先使這類邊沿地帶變得活躍。那麼，四邊形的中心有沒有反應呢？在個別地區，反應無疑是有的，但也可以說，基本上沒有反應。中國「大陸」所發生的事在地球上所有有人居住的地區，甚至在產業革命時代的不列顛諸島重演。到處都有一些角落，世界史在那裡竟毫無反響，那是一些寂靜

---

[132] 蔣廷黻（1982），《中國近代史研究》，台北：里仁，頁 271-276。

[133] 例如「事實上，在 15 世紀晚期，中國仍然是全球唯一的經濟強權。人口或許超過 1 億、驚人的農業生產力、龐大和複雜的國內市場網絡，以及毫無疑問在各方面都領先世界的手工業」。參見 Atwell, W. S. （1998），Ming China and the emerging word economy, c. 1470-1650, in D. Twitchett and F. W. Mote ed. The Cambridge History of China （Vol. 8）– The Ming Dynasty 1368-1644 （Part 2），376-416, Cambridge: Cambridge University Press.

[134] 李慶新（2004），《明代海洋貿易制度研究》，天津：南開大學歷史學研究所博士論文，頁 308。

的、無聲無息的地方[135]……受它自身之累，它的厚度、體積和巨人症都對它不利……它自身的聯繫也變得不便，政府的命令，國內生活的運動和脈衝以及技術進步同樣難以傳遍全國。[136]

　　中、英鴉片戰爭最終為中國帶來巨大改變。「中國在時間、空間上都與這個人類革命的進程相隔絕。這種孤立狀態延續的時間越長，當這個最後的巨大的獨立歷史的文化藩籬被打碎時，它所感到的震動就越劇烈，這一突然打擊的戲劇是盡人皆知的……即鴉片戰爭（1839-1942）及中國的大門被打開。」[137]「後來的歷史說明，西方的大潮衝擊了中國的舊有模式……但在客觀上為中國提供了擺脫循環的新途徑。從短期上講，負面作用大於正面效應，而從長期來看，負面作用在不斷退隱，正面效應在逐漸生長。」[138]正如同「今天的日本史學家幾乎無人否認，「安政五國條約」的失敗是今日日本成功之母。」[139]

　　鴉片戰爭的評價，事隔近兩百年以後，終於可以全然用理性來理解它在歷史上的長期合理性。[140]傳統的見解如下：「這次戰

---

[135] Braudel, F.（1996），《15 至 18 世紀的物質文明、經濟和資本主義》第三卷，北京：三聯，頁 2。此處，作者將印度改成中國，這是對原文唯一的更動。

[136] Braudel, F.（1996），《15 至 18 世紀的物質文明、經濟和資本主義》第三卷，北京：三聯，頁 368。此段文字原是描述法國的狀況，但中國比法國大得多，用以形容中國，自是非常貼切。

[137] Wakeman, F（2004），《大門口的陌生人》，台北：時英，頁 xi-xii。

[138] 茅海建（1995），《天朝的崩潰》，北京：三聯，頁 483-484。

[139] 茅海建（1995），《天朝的崩潰》，北京：三聯，頁 558-559。

[140] 黃仁宇對於 1929-1930 年的中原會戰，有如下的評價：「我提到中原之戰，也有它歷史上的意義，因為它代表中國統一過程中的階段，同時替抗戰籌備新陣容。因為它在北伐與抗戰之間前後銜接，即具備歷史上的合理性，當然這不是褒揚軍閥提倡內戰。同時中原之戰業已發生，抗戰業已發

爭是英國強行向中國傾銷鴉片引起的，所以歷史上叫做鴉片戰爭。鴉片戰爭以後，中國開始由獨立的封建國家逐步變成半殖民地半封建的國家，中華民族開始了一百多年屈辱、苦難、探索、鬥爭的歷程。」[141]但我們也可以說它開啟新中國的序幕，讓中國跳躍到一條全新的「劇情主線」。雖然「回顧十九世紀中國所經歷的種種，可說是一齣事先無法預估，但又必然會趨向敗亡的悲劇……一次災難之後，繼之而來的是另外一場更大的災難，相對亦被迫付出更大的代價。最後中國素來所持唯我獨尊的觀念、北京的皇權和據以統治天下的儒家的正統，以及以士大夫為中心的統治菁英等逐一被摧毀……就是因為昔日文明的光輝燦爛，以致中國的領導者對於這場即將降臨的大災難，竟然毫無準備。」[142]不過這些連續性的外來因素對晚清中國產生非常巨大的改變，國際科技、外資、國際貿易和國際政治逐漸影響並重新塑造了中國，中國在帝國主義的挑戰下艱困回應，漸漸踏上了現代化的歷程。[143]鴉片戰爭位於承先啟後的樞紐位置，為它的發生提供了歷史的合理性。

　　1839-1842年的中、英鴉片戰爭，由於英國遠道而來，加上當時雙方軍事力量的差距沒有日後來得大，中國的確有可能獲得勝利。[144]但即使中國取得勝利又如何呢？中國輸了鴉片戰爭都沒有

生，內戰業已發生，今日我們的立場，即為這些事蹟匯集之成果。」參見黃仁宇（1995），《近代中國的出路》，台北：聯經，頁52。

[141] 孫鐵（2006），《影響世界歷史的重大事件》，台北：大地，頁342。

[142] Twitchett, D. and J. K. Fairbank（1987），《劍橋中國史——晚清篇（上）1800-1911》，台北：南天，頁4 & 8。

[143] Twitchett, D. and J. K. Fairbank（1987），《劍橋中國史——晚清篇（下）1800-1911》，台北：南天，頁xxiv。

[144] 閻崇年（2005），《正說清朝十二帝》，台北，聯經，頁196-202。至於雙方的軍事科技差距，雖然英國海軍在1830年代，已開始引進蒸汽動力

檢討改進，何況是贏了呢！西方列強要求自由貿易和平等往來，而中國卻堅持閉關自守和尊卑之分，雙方最終還是會有軍事衝突的。隨著西方科技和軍事力量的增強，中國即使贏得第一次鴉片戰爭，又怎麼可能在西方捲土重來以後，還能贏得勝利？中國的大門終究會被迫打開，還是會經過一段漫長和曲折的痛苦轉型歷程——或許失敗來得晚不如來得早！

再說即使中國贏得1839-1842年鴉片戰爭的勝利，又能有多少機會逃得過極可能顛覆清朝的太平天國之亂？它主要是對中國人口壓力的一個回應，但同時也注入了一些西方的新元素。魏斐德說得好：「太平天國之變（1850-1864）是世界上最具災難性的內戰……在隨之而來的恢復時期中，使人口稠密地區的生活得到了新的緩和……歷史學家被吸引，是因為太平叛亂是中國歷史長河的分水線……它不過是中國常見的農民叛亂的新形式，還是那種在日後年代中形成或改變中國新力量的表現？……這樣，兩個進程——內部的及世界的——匯合，變得更混亂了。」[145]

最後試想，若1838年道光皇帝不是派嚴禁鴉片的林則徐前往廣州禁煙，則中、英鴉片戰爭或英國所稱的「貿易戰爭」就很可能不會在當時發生；又或是中國幸運地贏得了戰爭的勝利。但本質性因素——西方的自由貿易體系和中國朝貢貿易體系的嚴重矛盾，仍將讓軍事衝突難以避免，只是推遲發生的時間罷了。如此一來真的對中國有利嗎？清政府很可能必須同時面對太平天國之亂和位於大門口來自西方的挑戰（不可能有崛起的上海作為後

的鐵殼明輪船。但鴉片戰爭之時，英國海軍主力仍使用木製帆船，只是排水量較大、安砲較多也較先進。參見茅海建（1995），《天朝的崩潰》，北京：三聯，頁39。

[145] Wakeman, F.（2004），《大門口的陌生人》，台北：時英，頁 ix-xii。

盾、也不可能有華爾的常勝軍幫忙作戰），就像明末須同時面對
關內的流寇和關外的滿清！也許太平天國之亂後的中國，是一個
分裂的中國，那就可能如同分裂的印度最終成了英國的殖民地一
樣，被西方列強鯨吞蠶食吞併了——中國的下場或許不是半殖民
地、而可能是殖民地！[146]

---

[146] 這一切只是作者的猜測而已，進一步的討論超出作者對本書預設的範圍。
不過它絕對是令人深思的好題目，或許對鴉片戰爭，我們因此可以有新的
評價。Andrew Roberts 認為歷史有它的偶然性，若某件事情沒有發生，或
是發生了另一件事，則後續的發展可能完全不一樣，所以他認為「思索歷
史上未曾發生之事的確多少有助於瞭解歷史真相……透過反事實的嚴謹檢
視，可以凸顯對峙與決定的利害關係，並且聚焦在真正的轉捩點上……此
外，我們也發現機會與意外在人類事務中扮演的角色。這些想法能讓我們
免於驕傲，並且提醒我們，當初在路口轉角處很可能遭遇另一種情況，現
在仍是如此。」除此，Jonathan Clark 認為反事實歷史是「開放性的另類
歷史思考」，以及「默默撐起重構歷史大事的重任」。參見 Roberts A.
（2006），《假如日本不曾偷襲珍珠港》，台北：麥田，頁 5-11。

第四章　貨幣制度、
國際貿易和晚清經濟發展

第一節　緒論

　　本章嘗試從經濟全球化的角度理解和評價晚清中國現代工業的發展。經濟全球化的現象非常繁複，起始的時間甚至可以回溯到15世紀的大航海時代，它的一個可能的、或許較為適當的定義如下：資本追逐利潤所產生的一系列現象的總和，這些現象包括商品、勞務、人員和資本的跨國界流動，產生了日增的國際市場整合，並讓全球各地緊密地連結在一起並相互影響。[1]其中，國際貿易應該是經濟全球化裡，最為重要驅動力，也是本文談論的最重要的焦點—「全球經濟日漸成形的歷史基本上可視為國際貿易擴張的歷史」。[2]

　　雖然「銀、金、銅、子安貝、瓷器、絲和許多其他商品〔如茶、棉花〕，早已存在高度發展的全球貿易網絡」。但「『在1846年以前，對大部分的歐洲國家，出口佔產出的比重或進口佔

---

[1]　李隆生、鄧嘉宏（2007），〈經濟全球化對高等教育的衝擊與其因應之道〉，《國會月刊》，35: 12，36-55。

[2]　Schön, L.（1986），Market development and structural change in the mid-nineteenth century – with special reference to Sweden, in W. Fischer et al. ed. The Emergence of a World Economy 1500-1914, 413–427, Berne: International Economic History Association.

國家消費的比重可能介於1-2%之間，即使像英國、葡萄牙和荷蘭這些小的海權國家，國際貿易佔所得的比重也不會超過15%……生產者和貿易者不僅與全球的競爭對手隔離，且甚至在國界內也受到交通成本和其他多種障礙的保護』。」[3]不過到了十九世紀晚期，由於運輸成本巨幅下降和通訊的便利，[4]進一步促進全球商業的發展，各國貿易財的價格也開始趨於一致，以及發生了生產資

---

[3] Remer, C. F.（1926）, International trade between gold and silver countries, The Quarterly Journal of Economics, 40: 4, 597-643.

[4] 1871年，從香港經上海到日本長崎的海底電纜完工，這是中國的第一條電報線路，中國的對外貿易也跟著出現了重大變化。例如遠在倫敦的商人，只需發個電報向上海訂貨，即可在6個星期之後收到貨物，這樣便不須保有大量存貨，結果對促進貿易有很大的幫助。參見劉詩平（2007），《金融帝國》，香港：三聯，頁41-42。1891年全球主要的電報路線圖，請參見下圖，資料來源為〈電報〉，《維基百科》，http://zh.wikipedia.org/wiki/%E7%94%B5%E6%8A%A5（2007/11/04查詢）。

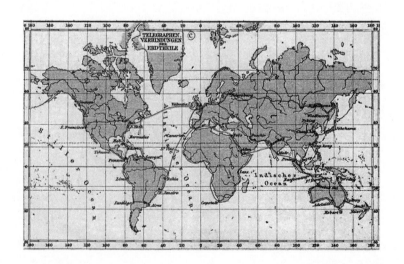

源的重新配置。[5]例如小麥和稻米市場出現全球性的整合，1868-1914年，中國米價和緬甸米價、孟加拉稻米出口價、新加坡稻米出口價、暹邏（今泰國）、西貢（今胡志明市）的相關係數，分別為0.76、0.60、0.77、0.82、0.72。[6]

　　隨著蘇彝士運河的完成，[7]以及汽船和鐵路的普及，導致運輸成本大幅下降。從十九世紀中期開始，亞洲便快速整合在全球經濟之下。十九世紀中到二十世紀初，亞洲、拉丁美洲和非洲出口初級產品到西方（英國、歐陸和美國），再從西方進口工業產品。即使到了1912年，亞洲最先進的日本對西方的出口裡，初級產品（主要是生絲）仍佔69%；工業產品則佔從西方進口的66%。1883-1913年間，亞洲和西方貿易的年成長率約為3.2%，而亞洲內部貿易的年成長率則約達5.4%，這是因為日本率先工業化（特別是棉產業）所致，日本逐漸取代西方在亞洲的貿易；1898年以後，棉貨貿易成了亞洲內部貿易的主流，1905年起，日本成了印度棉花最大的買主。[8]詳細數字，請參見表4-1。

---

[5]　Harley, C. K. （1986）, Late nineteenth century transportation, trade and settlement, in W. Fischer et al. ed. The Emergence of a World Economy 1500-1914, 593-617, Berne: International Economic History Association.

[6]　Latham, A. J. H. （1986）, The international trade in rice and wheat since 1868; A study in market integration, in W. Fischer et al. ed. The Emergence of a World Economy 1500-1914, 645-663, Berne: International Economic History Association.

[7]　1869 年通航，使歐洲到中國的航程縮短了一半以上。例如原先從倫敦到上海，繞經好望角需要 4 個月，但經蘇彝士運河則最快甚至僅需 6 個星期。參見劉詩平（2007），《金融帝國》，香港：三聯，頁 41。

[8]　Sugihara, K. （1986）, Patterns of Asia's integration into the world economy 1880-1913, in W. Fischer et al. ed. The Emergence of a World Economy 1500-1914, 709-728, Berne: International Economic History Association.

表 4-1：1883、1898、1913 年中國對西方和亞洲的進出口
（百萬英鎊和%）

		1883 年			1898 年			1913 年		
		西方	亞洲	總額	西方	亞洲	總額	西方	亞洲	總額
出口	金額	17.78	3.96	23.25	15.47	8.85	25.80	29.99	30.42	61.87
	%	76	17	100	60	34	100	48	49	100
進口	金額	8.55	9.29	18.02	13.46	12.51	26.62	48.59	36.53	86.14
	%	47	51	100	52	48	100	44	53	100

資料來源：Sugihara, K. (1986), Patterns of Asia's integration into the world economy 1880-1913, in W. Fischer et al. ed. The Emergence of a World Economy 1500-1914, 709–728, Berne: International Economic History Association.

　　無可否認，貨幣制度／匯率對國際貿易的影響很大。「1870年中期以後，金本位和銀本位國家間匯率和國內物價的歧異，引起許多理論上和實務上的討論，焦點為金本位國家（工業化國家）和銀本位國家（生產初級產品）承擔之成本和所獲利益……印度作為全球主要貿易國，她持續貶值的貨幣，吸引了許多當代經濟學家的注意……專業經濟學家關注於貨幣貶值所導致的國內經濟調整－主要焦點在於價格的行為」。十九世紀下半期，印度貨幣持續貶值導致貿易出超、貴金屬流入和農業產品價格上漲－1872-1873到1893-1894年間，貨幣約貶值1／3，累計5.55億英鎊的貿易順差和輸入約價值1.8億的貴金屬，農產品上漲約40%。B. R. Tomlinson認為持續貶值的印度貨幣，維持了印度農業的國際競爭力，使得印度這個農業國家免於受到國外先進農業科技發展造成的挑戰。但持續貶值的貨幣也對政府造成壓力，貨幣政策的自主性受到擠壓，這或許是最重要的負面影響。除此，他還認為清末

中國政府稅收和外債的失控，以致無法對持續的貨幣／白銀貶值做出適當調整，因而產生日增的外部壓力和不斷的國內動亂。[9]

西方主要強權，約在1870年代，皆已將金、銀複本位制或銀本位制，改成金本位制；而亞洲國家卻直至十九世紀末，才陸續放棄銀本位、改採金本位。由於和英國的緊密關係，印度首先在1893年採用金本位；日本隨後在1897年改採金本位；中國直到1935年才改採金本位。[10]全漢昇認為清末的金貴銀賤現象，對中國的工業化產生負面影響。他認為金貴銀賤（相當中國貨幣受到低估）有助於中國的出口和白銀流入，但卻減少了機器設備的進口（以白銀計價的機器設備非常昂貴）；從1895-1913年，進口機器金額僅約佔總進口金額的1%左右。[11]另一方面，白銀大量流向中國：據估計1871-1884年、1885-1898年、1899-1913年分別輸入白銀0.8億萬、1億萬、0.61億海關兩，1871-1913年中國共計輸入白銀2.41億海關兩。[12]

清代中國工業化的成果極差，全漢昇認為原因有五：第一、交通建設薄弱，例如欠缺鐵路運送山西的煤產；第二、儲蓄率低（中國以農民為主體且政府外債龐大）和金融機構不發達；第

[9] Tomlinson, B. R.（1986）, Exchange depreciation and economic development, in W. Fischer et al. ed. The Emergence of a World Economy 1500-1914, 413-427, Berne: International Economic History Association.

[10] Sugihara, K.（1986）, Patterns of Asia's integration into the world economy 1880-1913, in W. Fischer et al. ed. The Emergence of a World Economy 1500-1914, 709-728, Berne: International Economic History Association.

[11] 全漢昇（1996），〈清季的貨幣問題及其對於工業化的影響〉，《中國經濟史論叢》，735-744，台北：稻禾。

[12] 全漢昇（1990），〈從貨幣制度看中國經濟的發展〉，《中國經濟史研究（二）》，405-429，台北：稻鄉。

三、科學技術落後；第四、官辦和公營企業效率低落、效能不彰；第五、進口關稅過低。[13]

　　王業鍵認為清末到二次戰前，中國工業化發展遲緩的原因在於：（一）外人直接投資意願不高，多投資在金融和服務業，且集中於上海和東北兩地；（二）政府收入佔生產總值的3-3.5%，比例很低，而軍費、賠償和外債常佔歲出的三分之二，實無力從事經濟建設；（三）國內銀行業不發達，[14]又多侷限在江蘇、浙江和九大城市，且主要從事政府放款和購買公債、國庫卷（年利率17-25%），而非做工商業放款；（四）農村的手工業因勞動成本極低，產品價廉物美；（五）中國大部分地區交通不便；（六）貨幣和度量衡不統一；（七）最重要的是政治不安定，戰亂不斷。[15]

　　Feuerwerker認為中國工業化初期的發展相當遲緩，除勞動力成本極低外，原因很多，包括中國鄉村低度的有效需求、[16]交通運輸不便、[17]落後的金融、[18]政府缺乏足夠的財力和執行力來從事

[13] 全漢昇（1990），〈近代中國的工業化〉，《中國經濟史研究（二）》，237-245，台北：稻鄉。

[14] 中國第一家銀行設立於1897年，此後到了1936年，每百萬人才有3家銀行，相較西方先進國家，落後約有半個世紀。參見王業鍵（2003），〈世界各國工業化類型與中國近代工業化的資本問題〉，《清代經濟史論文集（二）》，317-336，台北：稻鄉。

[15] 王業鍵（2003），〈世界各國工業化類型與中國近代工業化的資本問題〉，《清代經濟史論文集（二）》，317-336，台北：稻鄉。

[16] Feuerwerker, A.（1978），《中國近百年經濟史》，台北：華世，頁40。

[17] 中國到了1911年，鐵路總長度僅約9,000公里，且大部分的路線，是在清末的最後幾年才通車。參見Feuerwerker, A.（1978），《中國近百年經濟史》，台北：華世，頁63-64。

[18] 「1911年以前，中國銀行制度幾乎全侷限在山西票號形式的匯兌票號及地方性的錢莊上」。參見Feuerwerker, A.（1978），《中國近百年經濟史》，台北：華世，頁68。

經濟建設。[19]他還說：「顯明的事實是到了十九世紀中葉（假如不太早），中國經濟以它所具備的技術水準（包括機械的和組織的）已達到了發展的可能性的極限，而到1911年，新技術（『前進的』、『現代的』）只相當微小地傳入、採用或在國內推廣，更有甚者，政府或私人均缺乏意識上或財政上的能力以提倡『經濟發展』的首要政策」。[20]

Feuerwerker認為「晚清中國近代製造工業的希望是有限的。將非通商口岸的資金轉用於工業的制度，尤其是近代銀行制度，並未建立。中央政府在意識形態上、政治上均無法建立保障法律、商業、教育制度之體系，而無這些保障，現代企業即無法興旺。由於關稅自主權的喪失，及外人的強求特權，使得中國無法保護初興的工業，以對抗進口貨和在中國的外資工廠的產品，更重要的是，中國必須重組農業組織，以提供工業成長所需的原料，提供城市人口所需的糧食，提供有效的市場吸收增加的產量。十九世紀末葉中國經濟是貧乏的。」[21]

黃仁宇認為，晚清中國的經濟發展緩慢，受到財政稅收體制很大的影響。他認為由於中國政府的稅收水準太低，政府行政效率不佳，便難以將農業剩餘投入到工業和其他部門。他將英國和中國進行了對比，發現在1700年左右，英國的人均土地稅負擔已

---

[19] 晚清的中央政府稅收，每年不到一億兩。1840 年以後，軍事費用、賠款和外債使得清政府財政困窘。所以到了 1900 年以後，當政府慢慢開始突破意識形態上的束縛，想要從事各層面上的經濟發展時，已欠缺所必須的資源，而無能為力。參見 Feuerwerker, A.（1978），《中國近百年經濟史》，台北：華世，頁 69-79。

[20] Feuerwerker, A.（1978），《中國近百年經濟史》，台北：華世，頁 79。

[21] Twitchett, D. and J. K. Fairbank（1987），《劍橋中國史──晚清篇（下）1800-1911》，台北：南天，頁 43。

是中國的8倍。[22]其他重要的原因還包括：秤重貨幣的缺陷、欠缺法律保障私人財產權、金融體系落後和基礎建設嚴重不足。他說

> 資本主義要金融經濟、商品經濟趨於成熟，信用廣泛的展開，支持現代經濟的技術因素如信用狀、匯票、提貨單、複式簿記都已通行，而且保障這些因素的法制都已在位，才夠談得上。明朝與清朝，不僅貨幣還沒有組織得上頭緒，而且法律上還沒有徹底支持個人私人財產權利這一觀念，一般人也還認為『集體責任』是好辦法，不僅銀行業和保險業還沒有開頭，連最基本的交通通信條件尚不具備。在這情形下如何談得上資本主義，尤其我們以為資本主義是一種組織和一種運動的話？[23]

中國和西方的發展，從十八世紀起有了截然不同的面貌（西方突飛猛進而中國發展遲緩），王業鍵認為有三種理論最具代表性。第一是社會經濟制度說，認為封建土地所有制、國家政權和宗法制度妨礙了中國資本主義的發展；二是資本耗散說，商業資本，被繼承、炫耀性消費、購買土地、求取功名和照顧宗族等因由，而無法累積，當然更不可能轉化為手工業／工業資本；三是高水準均衡陷阱說（the high level equilibrium），中國的人口密度很高，為養活過多的人口，生產／農業技術朝著減少資本和增加人力的方向前進，到了晚清整體技術水平停滯不前，經濟發展達到傳統道路的最高峰。[24]

---

[22] 黃仁宇（1995），《近代中國的出路》，台北：聯經，頁8-17。
[23] 黃仁宇（1995），《近代中國的出路》，台北：聯經，頁24。
[24] 王業鍵（2003），〈明代經濟發展並論資本主義萌芽問題〉，《清代經濟史論文集（一）》，17-34，台北：稻鄉。

　　Liu and Fei以日本明治政府為例，認為中國的工業化和現代化需要資本積累，但剛開始的資本積累必須從農業剩餘而來。晚清的低田賦政策，造成農業剩餘無法透過政府來支持工業發展和經濟建設，以致推遲了中國的工業化和現代化。[25]

　　國際貿易對中國的工業化發展多所助益，鴉片戰爭以後1世紀的國際貿易，促使「中國的資本主義成份從〔帝國主義經濟侵略的〕夾縫裡發展起來」。[26]例如王良行探查了船舶修造、軍火業、機器製造、礦冶、棉紡織、製茶、繅絲業，發現晚清中國藉由和英國的貿易，所取得的科技移轉，對中國的工業化進展幫助頗深。他提到1840年代，廣州的工匠開始仿造從英國進口的鐘錶，到了1870年代，廣州就成為中國的重要鐘錶製造中心。另外，中國第一家的棉紡織工廠為1878年創設的上海機器織布局，剛開始時，機器全由英國進口，並聘請英國工匠教授中國工人紡織技藝。到了1890年代末期，中國已能從修配和零件製造，進展到模仿和改良製造紡織機具。[27]另外，王業鍵認為明、清中國商品經濟的發展、特別是江南，和海外市場的擴大有很大關係。[28]

---

[25] 清代在 1865 年以前，中國每畝（0.16 英畝）的田賦，平均約為 0.3 石（每石約 103 公升）左右，大約是每畝稻米收成的 1/7。之後，田賦再降至平均每畝約 0.2 石左右。參見 Liu, T. J. and J. C. H. Fei（1977），An analysis of the land tax burden in China 1650-1865, The Journal of Economic History, 37: 2, 359-381.

[26] 鄭友揆（1984），《中國的對外貿易和工業發展（1840~1948 年）》，上海：上海社科院，頁 x-xi。

[27] 王良行（1994/95），〈清末中英通商的科技轉移效果〉，《興大歷史學報》，4，55-76。

[28] 王業鍵（2003），〈明代經濟發展並論資本主義萌芽問題〉，《清代經濟史論文集（一）》，17-34，台北：稻鄉。

　　另一方面，晚清中國的工業化遠遠落後，實為1880年代以後，中國對外貿易赤字日益嚴重的一項重要因素；例如中國的產出無法滿足人口增長的需求，得靠大量進口，又即使生產過剩地區的商品也因交通不便難以運出。Remer檢視1884-1913年中國的進出口，發現以銀計價的出口價格上升時，中國的出口值並未大幅增加。他認為這是由於中國的出口品主要是農副產品，而農民生產這些副產品主要是為了補貼家計，並非為了營利目的，以致對市場的變化感受遲緩。此外，他觀察到以銀計價的進口價格上升時，進口意外地並未受到影響而減少，可能是因為進口品（如化妝品、熱水瓶、珠寶等）的消費者主要是中國社會的上層階級，他們的購買行為不太會受到價格上漲的影響。[29]鄭友揆的觀點也很類似，他認為由於進口必須用外幣（黃金）支付，為反應成本，以銀計價的中國進口品價格便很快隨之上漲。另一方面，由於中國的出口品主要為原料和農礦的半製成品，這些產品的生產者多為沒有太多知識的勞動者，分散在中國各地，對市場變化的反應相當緩慢，所以出口商的收購價格，即使在銀幣貶值後，仍能在一段時期內，幾乎還是用原來的價格進行收購，以致中國出口價格調漲的時間點往往大幅落後於國際銀價下跌。[30]

　　鄭友揆還認為進口品負擔的稅賦較低，是造成清末中國貿易赤字的另外一項重要原因。鴉片戰爭後、1842年的《南京條約》規定，中國所有進口商品和出口商品採值百抽五的稅率。1858年，進出口稅率做了修正，調降進口稅率。此後直至清亡，除了

---

[29] Remer, C. F. （1926），International trade between gold and silver countries: China, 1885-1913, The Quarterly Journal of Economics, 40: 4, 597-643. Remer 認為灰色布料、棉線、老舊車輛、煤油、米、糖為中國的主要進口品。

[30] 鄭友揆（1984），《中國的對外貿易和工業發展（1840~1948 年）》，上海：上海社科院，頁 101。

在1902年為籌措庚子賠款開始調高進口關稅外，稅率未再做修正。另一方面，外國商品輸入中國，除了享有低關稅外，從1858年起，在繳納2.5%的子口稅後，便可自由輸往中國各地，不須再負擔任何稅賦。相反地，中國商品須繳納厘金，通常商品運送經過數省後，厘金總額可達商品價值的15-20%。稅賦負擔上的不公平，導致國產品和進口品價格的差異，以及中國內地市場和沿海市場的分隔，例如中國的棉紡織廠，就不願使用價昂的國產棉花，而傾向採用較低廉的進口原料。[31]

附帶一提，進口品的賦稅過低，對中國本土產業的發展也有負面影響。觀諸英國的工業化發展，她是在其工業領袖群倫之後，方大力推動貿易自由化政策。事實上，所有西方列強採取的都是「先有保護後有自由」的政策。[32]

清末的貿易赤字，也可從全球觀點來理解。1870年代到一次世界大戰前夕，不發達地區／國家的經濟發展受到很多不利因素的影響。不發達地區以出口初級產品為主，且集中於少數幾種，例如埃及出口棉花、佔出口總額的77%，以及巴西出口咖啡和棉花、合計佔出口總額的63%，因此整體經濟極易受到國際原材料價格變動的影響。另一方面，初級產品在此一時期，相較工業國

---

[31] 鄭友揆（1984），《中國的對外貿易和工業發展（1840~1948 年）》，上海：上海社科院，頁 13-14。

[32] 例如美國首任財政部長 A. Hamilton（1789-95；現在十元美鈔印的便是其遺像）主張「政府必需保護新興工業直至它們有能力與英國同業競爭為止」。李斯特（首倡德國實施關稅同盟）在 1824 年於英國流亡期間，其「先有保護後有自由」的理論，受到當時英國自由貿易主義瀰漫的學界和政界的詰難。參見潘維（2007），〈對新興國家不公平的自由貿易〉，http://www.sis.pku.edu.cn/pub/panwei/DocumentView.aspx?Id=6089（2007/10/07 查詢）。

家出口的機器製品價格下跌了40%，貿易條件的惡化不可避免地導致不發達國家的貿易逆差問題。[33]

　　中國工業化發展的遲緩，也導致晚清中國經濟力量日衰和人民的日益窮困。十八世紀中葉，西方國家的人均所得是否高過世界其他地區，仍有待釐清，但十九世紀初，西方國家經歷了工業革命帶來的經濟快速成長，人均所得已毫無疑問大幅領先世界其他地區。根據Angus Maddison的估計，1820年，中國人均所得為118美元（本段以下皆採1965年幣值）、印度112美元，英國312美元、法國254美元、美國276美元；1820-1870年，中國年均經濟成長率為0.0%、印度0.0%、先進國家平均1.1%；1870年，中國人均所得維持在118美元、印度123美元，英國668美元、法國423美元、美國567美元；1870-1913年，中國年均經濟成長率為0.5%、印度0.6%、先進國家平均1.4%；1913年，中國人均所得微幅增加為149美元、印度156美元，英國1,025美元、法國794美元、美國1,344美元。[34]中國人均所得停滯不前，和西方國家越拉越大。

　　第二節呈現晚清中國的經濟發展狀況。接著在第三節討論晚清貨幣制度對中國國際貿易的影響；第四節則探討國際貿易對晚清經濟發展的影響。

---

[33]　鄭友揆（1984），《中國的對外貿易和工業發展（1840~1948 年）》，上海：上海社科院，頁 287-289。附帶一提，中國在十九世紀晚期，出口以茶葉和生絲為主。

[34]　Maddison, A. （1983）, A comparison of levels of GDP per capita in developed and developing countries 1700-1980, The Journal of Economic History, 43: 1, 27-41.

第二節　晚清中國經濟發展概況

本節分別從手工業／工業、金融業、農業、基礎建設和政府政策各個層面，來呈現晚清中國經濟發展的狀況。

一、手工業／工業

清代中國的工業化發展約略開始於1865年的自強運動，1894-5年的甲午戰爭，把清代的工業化分成兩個階段。第一個階段（1865-1894）：官方資本從事國防工業的建設；第二個階段（1895-1911）：私人和外國資本，投資於輕工業和消費品工業，並伴隨鐵路的建設。不過即使到了1926-29年，人均年均工業產值，美國、英國和日本分別為254、112和28美元，但中國只有3美元。[35]到了清末，中國現代工業仍然無足輕重。

鴉片戰爭以後中國開始有了自己的新式工業。1843年英國倫敦會教士在上海創辦一家印刷所——墨海書館（London Missionary Society Press），以及1845年約翰・柯拜（J. G. Couper）在廣州黃埔設立了柯拜船塢，可視為中國新式工業之濫觴。[36]

---

[35] 全漢昇（1990），〈近代中國的工業化〉，《中國經濟史研究（二）》，237-245，台北：稻鄉。

[36] 柯拜船塢「是中國第一個最大的石船塢，同時還是中國第一家近代造船工業企業，中國境內第一家"外資"企業、並且孕育出中國近代第一批產業工人」。所附照片為十九世紀時柯拜船塢的外貌。參見嚴中平（1955），《中國近代經濟史統計資料選輯》，北京：科學，頁 116；以及〈嗚喂——船塢往事〉，《黃埔信息網》，http://big5.hp.gov.cn/mtbd/t20061008_36349.htm（2006/10/22 查詢）。

　　據估計，1872-1911年，中國以自有資本共設立521家新式
企業，資本額總計159,654,812元：其中商辦419家、資本額
88,552,367元，官辦或官、商合辦66家、資本額43,776,710元，
中外合辦36家、資本額27,325,735元。[37]另一項估計顯示「1895-
1913年間至少有549家中國私營和半官營的機製廠和採礦企業應
用機械動力，他們的總創辦資本是120,288,000元……大部分的
新工廠在數目和創辦資本上都集中於如織布（160家公司、佔總
數的29.14%、資本為30,246,000元、佔總數的26.14%）和食品
製造（123家公司、佔了22.73%、資本為18,875,000元、佔了
15.69%）等輕型製造業上，礦業公司佔公司總數的14.75%，及
創辦資本總數的18.35%」。這些公司大多是小型企業；設立地

[37] 這裡的新式企業只包括全部新式採礦業和資本在 1 萬元以上的製造業。參
見嚴中平（1955），《中國近代經濟史統計資料選輯》，北京：科學，頁
90-93。

點則多選擇在上海、武漢、天津、廣州等地；約雇用了24萬的工人。[38]

　　清末外資在許多重要工業產品（煤、鐵、棉紗）方面，都有舉足輕重的地位。以1912年為例，全中國煤開採總量為907萬噸，外資企業佔52.4%；外資企業完全使用機械開採。[39] 1900-1911年間，中國機械開採（不含土法）的生鐵年均產量為5.3萬噸，清代中國的新式鋼鐵廠雖為內資企業，但主要靠借外債來維持和營運。[40] 紗錠產量，1897年內資廠佔59.3%（234,304錠）、

[38]　參見 Feuerwerker, A.（1978），《中國近百年經濟史》，台北：華世，頁41-46。除此，工人人數的估計詳見以下內容：「最好的說明為，清末大約有 500-600 家中外礦務、製造企業使用機械動力，這些公司的總資本額在 200,000,000 銀元。在這些公司中，估計大約有 116 家中國所屬企業和40 家外資企業，均雇用了 500 以上的工人，前者的總數為 130,985 人，後者為 109,410 人。當然取 500 個僱員為標準是獨斷的，但若接受此數字，則 240,395 名工人可視為中國在 1900 年代近代勞工的勢力。」參見 Twitchett, D. and J. K. Fairbank（1987），《劍橋中國史——晚清篇（下）1800-1911》，台北：南天，頁 42。

[39]　嚴中平（1955），《中國近代經濟史統計資料選輯》，北京：科學，頁123-124。

[40]　嚴中平（1955），《中國近代經濟史統計資料選輯》，北京：科學，頁127-128。「漢冶萍公司全稱 "漢冶萍煤鐵廠礦公司"，由漢陽鐵廠、大冶鐵礦和江西萍鄉煤礦三部分組成，是中國第一代新式鋼鐵聯合企業。1908 年，盛宣懷奏請清政府批准合併漢陽鐵廠、大冶鐵礦、萍鄉煤礦而成立。到辛亥革命前夕，該公司員工 7,000 多人，年產鋼近 7 萬噸、鐵礦50 萬噸、煤 60 萬噸，占清政府全年鋼產量 90％以上……起初，大冶鐵礦和漢陽鐵廠皆屬官辦，1895 年清政府由於財政拮据，允許廠礦官督商辦，盛宣懷接辦漢陽鐵廠，預計招募商股 1,500 萬元，結果只招到 100 萬元，於是依靠舉借外債來維持和擴建……到 1911 年。該公司總計用銀3,200 萬兩，除 1,000 萬兩本金外，其餘 2,200 萬兩都是貸款，日商占大多數，日商的借款後來都變成了投資」。參見 http://www.pep.com.cn/200406/ca413337.htm（2006/10/22 查詢）。以下照片顯現二十世紀初漢陽鐵廠一隅，參見〈湖北煉鐵廠（漢冶萍公司）：亞洲最大鋼鐵聯合企業〉，《新浪網》，http://news.sina.com.cn/c/2004-12-21/19025289288.shtml（2006/10/22 查詢）。

外資廠佔40.7%（160,548錠），到了1911年，內資廠增加到67.6%（497,448錠）、外資廠減少成為32.4%（238,884錠）；凡中外合資者，產量採各半計算。[41]中國內、外資的產業資本，請參見表4-2。

表 4-2：1894、1936 年中國的產業資本（億元）

	1894		1936		1894-1936 資本額年均成長率
	資本額	比重（%）	資本額	比重（%）	
外國企業	0.5406	44.47	19.5924	35.33	8.92%
政府企業	0.4757	39.14	19.8925	35.87	9.30%
私人企業	0.1992	16.39	15.9744	28.20	11.00%
總計	1.2155	100	55.4593	100	9.52%

資料來源：許滌新、吳承明（1993），《中國資本主義發展史》第三卷，北京：人民，頁 720-726 & 748。1894-1936 資本額年均成長率為作者計算。

[41] 嚴中平（1955），《中國近代經濟史統計資料選輯》，北京：科學，頁134-136。

　　中國從事手工業的廉價勞動力，在某種程度上，推遲了中國工業化的進程。[42]因為唯有技術進步到某種程度，機器生產在成本和品質上可以超越成本低廉的中國手工製品時，才為機器生產提供了必要條件。以手織布為例。進口的棉布，銷售對象主要限於中國城市的富有家庭，鄉村地區仍然使用手織布；機器製的紗和手工紗混合織的土布，較為耐用和經濟。「那是眾所周知的，十八省幾百萬辛勞的下層階級的中國人，以及他們以外的廣大地區，都不用外國製造的布，而著國內的製造品。問一個中國人為何如此？他會告訴你，窮人穿著土布衣服，因為這種衣服較之洋布耐穿數倍而不易毀損，在冬天亦較暖和，為何比較暖和？他會告訴你，因為本國所紡的紗與外國不同，自然較為暖和。富裕的商人穿壞了三、四套美觀精製的洋布衣，而機械工、農人、門房和船夫則滿意於，而且必須滿意，一套粗糙但品質較好的衣服。」[43]所以遲至十九世紀末到二十世紀初，松江地區仍然使用簡陋和廉價的單錠紡車。[44]

　　晚清國際貿易和中國工業化的發展，還是對中國的農村經濟產生了改變。繅絲廠和紗廠漸漸成了晚清中國的兩大輕工業；到了1913年，國內機器紡紗逐漸取代進口棉紗。[45]植棉的小農開始

---

[42] 黃宗智（2000），《長江三角洲小農家庭與鄉村發展》，北京：中華書局，頁311。

[43] 參見1886年廈門英國領事的報告Report on the Native Cloth in Use in the Amoy Consular District（Foreign office, miscellaneous series, 1886, no. 19），p. 4. 轉引自Twitchett, D. and J. K. Fairbank（1987），《劍橋中國史——晚清篇（下）1800-1911》，台北：南天，頁26。

[44] 黃宗智（2000），《長江三角洲小農家庭與鄉村發展》，北京：中華書局，頁86。

[45] Feuerwerker, A.（1978），《中國近百年經濟史》，台北：華世，頁23-26。1870年代，英國紗逐漸被價廉的印度紗取代，1890年起，中國開始從日本進口機器製紗。

將所產的棉花賣到城市的機器紡紗廠，然後再買回機製紡紗（國產或進口）在家中織布。同樣地，農民生產的蠶繭，先送到繅絲廠加工後，[46]再運往國外用機器織綢；織綢廠較繅絲廠所需的資本更高。不過前述現象，是慢慢發展起來的，大概要到了二十世紀的20、30年代，機器紡紗和織布的數量才超過手紡紗和手織布。[47]到了1930年代，中國棉產品的出口值超越了進口值。[48]如前所述，正是因為中國手工業和現代工業的競爭存續了相當長的時間，所以推遲了輕工業的進展。1933年中國農業產值佔總產值的比例，只比1887年下降4.4%；1931-1936年，中國總產值裡，投資不過只佔5%（其中外資佔2%）。[49]

清末民初的輕工業又尤以棉紡織業最為重要。1890年開工生產的上海織布局，是中國最早採用機器的棉紡織廠之一。1895年，上海生產紗錠數144,124枚佔全國生產紗錠數174,564枚的82.6%；1913年，上海生產紗錠數491,032枚佔全國生產紗錠數838,192枚的58.6%；1937年，上海生產紗錠數2,125,762枚佔全國生產紗錠數5,071,122枚的41.9%。到了對日抗戰前夕，上海工業產值（主要是輕工業）佔了全中國的一半。[50]

---

[46] 1899 年，中國生絲出口量的 4 成，是用蒸汽繅絲機來處理。參見 Feuerwerker, A.（1978），《中國近百年經濟史》，台北：華世，頁32。

[47] 黃宗智（2000），《長江三角洲小農家庭與鄉村發展》，北京：中華書局，頁 310-312。

[48] 鄭友揆（1984），《中國的對外貿易和工業發展（1840~1948 年）》，上海：上海社科院，頁 268-269。

[49] 王業鍵（2003），〈世界各國工業化類型與中國近代工業化的資本問題〉，《清代經濟史論文集（二）》，317-336，台北：稻鄉。

[50] 全漢昇（1996），〈上海在近代中國工業化中的地位〉，《中國經濟史論叢》，697-733，台北：稻禾。

　　1900年代，外資經營中國紡織工廠的年報酬率約為20-30%，營運良好的銀行之年利潤可達36%，又即使單純經營匯兌業務的銀行，年利潤也有15-20%。到了1920年代末，外資企業的平均年利潤也還維持在10-20%。[51]受到良好報酬的吸引，外資便在中國投資，同時也吸引了中國的商人加入。到了1930年代初期，中國現代製造工廠約有3,450家，產值為54,700萬美元，其中外資工廠283家、產值佔總產值的31.8%；煤礦工業，外資企業產值佔總產值的56.3%；外輪佔中國船舶總噸位143萬噸的49.8%；全國總長16,972公里的鐵路系統，外資或合資經營的佔21.3%，另45%的鐵路使用外國貸款興建。[52]

　　中國的工業發展，雖然受到很多挫折，但終究慢慢地發展起來。對日抗戰前，1912-1936年的中國工業生產指數，參見表4-3。此一時期，中國工業產量增長9.25倍，年均複合成長率為10.2%。據估計，到了1933年，中國手工業產值佔工業總產值的68%，[53]亦即現代工業佔32%。比起十九世紀末和二十世紀初的狀況，應有很大的進步。表4-4列出中國1933年14類產品裡手工和現代工業的生產比重。

表 4-3：1912-1936 年中國工業生產指數

	指數值		指數值
1912	11.9	1925	55.7
1913	15.6	1926	59.0

[51] 雷麥，《外人在華投資》，頁 69、70、76、260、274、308、357、438。轉引自鄭友揆（1984），《中國的對外貿易和工業發展（1840~1948 年）》，上海：上海社科院，頁 116-117。

[52] 鄭友揆（1984），《中國的對外貿易和工業發展（1840~1948 年）》，上海：上海社科院，頁 266。

[53] Feuerwerker, A.（1978），《中國近百年經濟史》，台北：華世，頁 19。

1914	20.1	1927	66.6
1915	22.5	1928	72.1
1916	24.0	1929	76.9
1917	26.9	1930	81.6
1918	27.8	1931	88.1
1919	34.1	1932	91.6
1920	40.2	1933	100.0
1921	42.4	1934	103.6
1922	34.7	1935	109.7
1923	41.6	1936	122.0
1924	46.9		

資料來源：約翰·K.張，《共產黨統治中國的工業發展：計量分析》，頁 60—61。參見 http://hist.cersp.com/book/200701/5084_3.html（2007/10/15 查詢）。張編制的指數根據 15 種製造業和礦業產品，涉及約 50％的工業產量；1933 年 = 100。

表 4-4：1933 年各類產品裡手工和現代工業的生產比重（％）

	手工業	現代工業
木材和木製品	95.5	0.5
機器（不包含電機）	31.3	68.7
金屬製品	12.1	87.9
電器	0.5	99.5
運輸設備	69.4	30.6
石頭、黏土和玻璃製品	67.8	32.2
化學製品	22.5	67.5
紡織品	46.1	53.9
衣被和編織品	66.5	33.4
皮革和類似製品	56.2	43.8
食品	90.1	9.9
煙草、果酒和酒	30.2	69.8
紙和印刷品	55.9	44.1
雜品	63.7	36.3

資料來源：劉大中和葉孔嘉，《中國大陸經濟》，頁 142—143 & 512—513。參見 http://hist.cersp.com/book/200701/5084_3.html（2007/10/15 查詢）。

二、金融業

清代中國的信用工具大概從十八世紀中期開始發展。這些信用工具包括（一）銀票或錢票（二）莊票（三）匯票（四）過賬銀。銀票和錢票是由銀號、錢莊、當鋪或其他商號所發行，分別為銀錠和銅錢的替代物，發行時不須十足準備，[54]十八世紀末到十九世紀初，就已在全國的範圍內普遍使用。[55]莊票由錢莊[56]發行，通常5-10天兌現，用於買賣交易，當買方一時無力付現，則可向錢莊融資，取得莊票來支付貨款，然後在約定期限內連本帶利還給錢莊；莊票對促進貿易貢獻很大。[57]

匯票（會票）是一種匯款的工具，在晚明就已出現，後逐漸發展，到十八世紀末山西票號出現後，匯款才成為全國性的大規

---

[54] 「據江南河道總督楊以增的觀察（咸豐三年〔1853〕），各省錢鋪資本數萬（串？）通常發出錢票十餘萬之多」。參見王業鍵（2003），〈中國近代貨幣與銀行的演進〉，《清代經濟史論文集（一）》，161-274，台北：稻鄉。

[55] 例如十九世紀中葉的福建，就多用錢票、少用銅錢。1853 年閩浙總督王懿德上奏：「閩省商民交易，向係紋銀、制錢、與各錢鋪之錢票並用。邇年以來，用票者十之八九。緣錢票輕便，易於攜帶收藏」。參見王業鍵（2003），〈中國近代貨幣與銀行的演進〉，《清代經濟史論文集（一）》，161-274，台北：稻鄉。

[56] 錢莊一開始僅是從事銀、錢兌換，到了明末已演變成兼營存放款業務。另外，錢莊多採單一銀行制，未設分支。參見王業鍵（2003），〈中國近代貨幣與銀行的演進〉，《清代經濟史論文集（一）》，161-274，台北：稻鄉。

[57] 舉例來說，1881 年福州茶區茶商收購茶葉的資金，90%來自錢莊。參見王業鍵（2003），〈中國近代貨幣與銀行的演進〉，《清代經濟史論文集（一）》，161-274，台北：稻鄉。

模事業，十九世紀末，山西票號幾乎壟斷了國內各地匯兌。[58]過帳（轉帳）制度由寧波錢業界所創，可以將某個帳戶的錢轉到另一個帳戶，對完成交易非常方便。

　　晚清貿易（國內和國際）所需的商業貸款由錢莊提供，錢莊的資金需求由票號和銀行（國銀和外銀）提供。除此，外銀主要提供外國商人對中國貿易所需的資金，極少直接貸給中國商人。民國以前，中國的金融機構放款幾乎都為承做商業貸款，工業貸款極少。[59]清末西式銀行興起後，中國傳統的金融機構就慢慢地萎縮；票號整個被淘汰出局。以1925年的上海為例，本國銀行佔所有資金的40.8%、外資銀行佔36.7%、錢莊佔22.5%。[60]

　　1904年和1907年，清政府分別設立戶部銀行（後改為大清銀行）[61]和交通銀行，開始發行鈔票。中國人最早設立的銀行──中國通商銀行，由盛宣懷成立於1897年，[62]截至清亡共設了16家本國

---

[58] 鴉片戰爭前，全中國有 17 家山西票莊，到了清末增加為 33 家、414 家分號，資本總額 3,300 萬兩、吸收存款 1.5 億兩，發行小票約 2,000 萬兩。參見王業鍵（2003），〈中國近代貨幣與銀行的演進〉，《清代經濟史論文集（一）》，161-274，台北：稻鄉。

[59] 王業鍵（2003），〈中國近代貨幣與銀行的演進〉，《清代經濟史論文集（一）》，161-274，台北：稻鄉。

[60] 劉詩平（2007），《金融帝國》，香港：三聯，頁 119-120。

[61] 附設儲蓄銀行、造幣總廠、紙廠、印刷廠，負責發行鈔票和公債。參見張研（2002），《清代經濟簡史》，台北：雲龍，頁 232。

[62] 盛宣懷在 1896 年表示：「各國與中國通商以來，華人不知辦理銀行，而英、法、德、俄、日本之銀行乃推行來華，攘我大利。」另外，《中國通商銀行大略章程》第二條規定：「用人辦事，悉以匯豐〔銀行〕為準，不用委員而用董事，不刻關防而用圖記，盡除官場習氣，俱遵商務規矩，絕不徇情，毫無私意，權歸總董，利歸股商，中外以信相孚，生意以實為主。」參見劉詩平（2007），《金融帝國》，香港：三聯，頁 70-73。通商銀行從 1898 年起開始發行紙幣，有銀元票和銀兩票兩種，面額分別為 1、5、10、50 和 100，較清政府戶部銀行要早上 8 年，為中國之銀行發行鈔票的濫觴。面額 50 兩的銀兩票，請參見下圖，資料來源：〈中國第一

銀行，它們的總行和分行幾乎都位於大城市。最早的外商銀行為
1849年在上海設立分行的東方銀行，接著重要的里程碑為在1865年
匯豐銀行進入中國的香港和上海，之後更多國家相繼在中國設立銀
行和分行。從1851年起至清朝結束，上海對外貿易額約佔全中國對
外貿易額的一半。隨著上海對外貿易的興盛，外資在中國開銀行，
自然以上海為第一首選，上海的銀行業便發達起來。不過直到
1920-1930年代，銀行的營運仍幾乎只限於通商口岸和大城市。[63]

　　當時官、私銀行皆可發行鈔票，但由於各省和本國銀行，鈔
票發行過於浮濫，以致民眾不願使用，外國銀行在中國發行的鈔
票，因此流通日廣。例如以上海和香港為中心的英國匯豐銀行[64]，

鈔〉，《新華網》，http://news.xinhuanet.com/collection/2004-05/11/
content_1461872.htm（2007/11/04 查詢）。

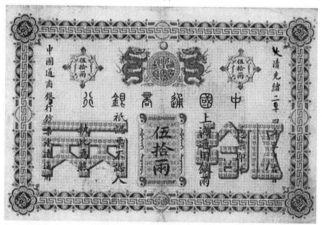

[63] 鮑靜靜（1999），〈對外貿易與晚清上海外國銀行的興起〉，《歷史教學
問題》，2，31-33。以及 Twitchett, D. and J. K. Fairbank（1987），《劍橋
中國史──晚清篇（下）1800-1911》，台北：南天，頁63。

[64] 匯豐銀行成立於1865年，「當時間進入到1890年代時，匯豐銀行已包攬
了外資銀行在中國的匯兌、和商業放款業務的絕大部份，包攬了外資銀行
發行鈔票業務的絕大部份，還包攬了中國政府外債發行業務的絕大部份，
以後又陸續包攬了中國關稅和鹽稅的存放業務，也就是說，它左右著中國

所發行之鈔票普遍流通於廣東和長江流域一帶；以越南為根據地的法國匯理銀行之鈔票，為廣西、雲南和貴州三省的主要通貨；東北則為俄國和日本銀行的勢力範圍。[65]

即使到了1934年，中國的新式金融體系在農村仍可視為處於萌芽階段。根據民國政府中央農業試驗所出版的《農情報告》，各地農村借款來源中，銀行佔2.4%，合作社佔2.6%，兩者合計、新式金融體系僅佔5%；傳統體系中的典當佔8.8%、錢莊5.5%、商店13.1%、地主24.2%、富農18.4%、商人25.0%。[66]

三、農業和農村經濟

生產要素有四種：勞動力、土地、資本和企業家精神（或管理水平）。從生產要素和邊際報酬的觀點，可將農業生產，分為以下三種形態。第一、單純的密集化：單位面積勞動投入增加，單位面積產出以同等幅度增加；第二、過密化或內卷：單位面積勞動投入增加，單位面積產出以相應較少的幅度增加；第三、發展或成長：單位面積勞動投入增加，單位面積產出以相應較大的幅度增加。[67]

如果農業生產技術沒有進步，以及單位面積沒有使用更多的資本，僅是增加勞動力的投入，則單位產出增加的幅度會隨著勞

的金融市場以外，又進一步涉足控制中國的財政和經濟命脈……在中國，多年來形成的各通商口岸的外匯市場，一向以上海市場行情變化為依歸，而上海則以匯豐銀行的牌價為準繩。」參見劉詩平（2007），《金融帝國》，香港：三聯，頁48-49。

[65] 王業鍵（2003），〈中國近代貨幣與銀行的演進〉，《清代經濟史論文集（一）》，161-274，台北：稻鄉。

[66] 嚴中平（1955），《中國近代經濟史統計資料選輯》，北京：科學，頁340-341 & 345。

[67] 黃宗智（2000），《長江三角洲小農家庭與鄉村發展》，北京：中華書局，頁11。

動力的增加而遞減，這也正是中國明、清時代農村生產的寫照。只有當農業技術獲得改善、增加資本投入，和更有效的勞動分工，農業生產才會取得真正的增長。

黃宗智認為明、清時代中國農業產出的增長，主要是通過過密化。他認為在南宋和明代早期以後，水稻種植的技術就已達到很高的水平，直到1950年以前，技術的進步極為有限。因此在不大的耕地上，要養活一家子人，就只有靠過密化的生產，俾儘可能提高單位面積產量，以及讓家庭的剩餘／輔助勞動力（婦女、孩童和老人）從事手工業來增加收入。[68]晚清和民初，中國傳統農業的發展應該已達極限而停滯不前——1850年和1933年中國每畝糧產分別約為243斤和242斤。[69]

由於農村剩餘勞動力，幾乎無法在市場找到出路，所以從事農業生產（包括糧食生產、植桑、種棉等）或是手工副業（如養蠶、繰絲、紡紗、織布）的機會成本，皆趨近於零。大量的農村剩餘勞動力從事農村副業，使得副業收入相當微薄，例如十八世紀時，紡紗者一天的收入僅能獲得一天的口糧，棉織則為兩天口糧。[70]不難理解，農村存在的大量剩餘勞動力，延長了中國手工業的壽命。

---

[68] 參見黃宗智（2000），《長江三角洲小農家庭與鄉村發展》，北京：中華書局，頁11-13。另外，黃宗智指出：「即使到20世紀，長江三角洲的勞動市場很大程度上仍侷限於短工（日工）……在華北平原，10%的農戶有一人外出當長工。長江三角洲則低的多，僅為0.8%」，參見前引書，頁8 & 113。

[69] 王業鍵（2003），〈清代經濟芻議〉，《清代經濟史論文集（一）》，1-16，台北：稻鄉。

[70] 黃宗智（2000），《長江三角洲小農家庭與鄉村發展》，北京：中華書局，頁307。

1890年，中國農場平均面積為20.25市畝，其中小麥地帶為26.55市畝、水稻地帶為12.15市畝；到了1910年，中國農場平均面積為15.90市畝，其中小麥地帶為19.80市畝、水稻地帶為11.55市畝。[71]根據22省所作調查，1912年中國自耕農佔49%、半佃農佔23%、佃農佔28%。[72]1910年代，中國農村經濟商品化發展的速度開始加快了，1921-1925年，中國北部農家農產品出售比例為43.5%、農家生活所需購買比例為26.7%；中國中東部，農家農產品出售比例為62.8%、農家生活所需購買比例為41.9%。[73]

總而言之，直至清末，中國農業的技術和組織，和1840年代相比，仍然無太大差異。[74]另外，一直要到民國初年，農村才開始加快腳步，捲入中國的現代經濟體系。

四、政府經濟、產業政策和基礎建設

晚清中國政府進行三次改革，第一次是1860年代到1890年代的自強運動；第二次是十九世紀末的戊戌變法；最後一次是二十世紀初的清末新政。自強運動是對英法聯軍的回應；戊戌變法是在甲午戰後嚴重民族危機的刺激下，光緒皇帝進行的百日維新；清末新政是八國聯軍後，清政府在各方壓力下，做出的妥協──

---

[71] 卜凱，《中國土地利用》，頁 356。轉引自嚴中平（1955），《中國近代經濟史統計資料選輯》，北京：科學，頁 286。

[72] 中華民國中央農業試驗所，《農情報告》。轉引自嚴中平（1955），《中國近代經濟史統計資料選輯》，北京：科學，頁 276。

[73] 卜凱，《中國土地利用》，頁 275 & 493-494 & 525。轉引自嚴中平（1955），《中國近代經濟史統計資料選輯》，北京：科學，頁 327-328。

[74] Twitchett, D. and J. K. Fairbank（1987），《劍橋中國史──晚清篇（下）1800-1911》，台北：南天，頁 3。

以日本為標竿，進行籌備立憲、改革官制、制定法例、建立新軍和廢除科舉。[75]

　　黃仁宇分別用兵工廠和造船廠，以及憲法和預算來概括自強運動和百日維新。並認為自強運動之所以失敗，乃在於它「是一種有限度的運動，組織尚且缺乏傳統社會的支持。」光緒皇帝意識到國家富強不能只有槍炮，還須有健全的制度，相較自強運動，百日維新觸碰到中國更深層的問題。但百日維新主張的盲點在於「如果全國社會尚且逗留在十七世紀，而皇帝的一紙詔書即可以使之躍進至二十世紀也是夢想。」[76]

　　自強運動裡關於中國的工業發展，清政府採取官辦（軍事工業），以及官督商辦和官商合辦（如紡織、礦業、航運等）的方式。對於私營企業，政府則傾向採取壓制和阻撓的態度，即使對政府未涉及的產業（如繅絲、菸酒、火柴、麵粉），亦不予以支持。事實上，中國明、清時代的抑商傳統，根深蒂固。

　　重農抑商政策始於秦和漢初。自漢武帝起，雖然某些時期（如宋朝），商業受到政府的鼓勵，但大致上，重農抑商為中國歷代王朝遵循的常規，特別是重農政策。《鹽鐵論》被某些學者視為重農抑商政策取得正統地位的起點，到了東漢，「農本商末」的主軸思想，即已完全建立。[77]吾人從清政府對待廣州行商的方式，可以很容易理解清代商人所承受的政治風險。

---

[75] 王曉秋、尚小明（1998），《戊戌維新與清末新政》，北京：北京大學，頁 1-2。

[76] 黃仁宇（1995），《近代中國的出路》，台北：聯經，頁 77-79。

[77] 王大慶（2000），〈1980 年以來中國古代重農抑商問題研究綜述〉，《中國史研究動態》，3，11-18。以及林天蔚（1982），〈試論我國的重農抑商時代與重農輕商時代〉，《中國文化復興月刊》，15: 5，27-32。

　　從1760年廣東行商成立「公行」開始，到1843年因南京條約
走入歷史，共有47家行商先後營業，但在1771-1839年間，陸續有
37家停業，其中20家行商因週轉不靈而破產；1843年行商制度廢
止時，僅剩10家行商，除同孚行和怡和行外，其他8家的財務狀況
都不太好。究其原因，行商資本額太小（開業資本額約5-20萬兩
銀），但週轉金需求太大，以致行商必須經常舉債，最後很可能
週轉不靈而破產停業外，官府剝削也是一個很重要的因素；1800-
1843年，每年向朝廷捐輸和應付官吏需索的金額約為110萬兩銀，
但進出口的毛利潤不過約13%。[78]1760-1843年全體行商每年所需
最低週轉金的估計，請參見表4-5。

表 4-5：1760-1843 年廣州全體行商每年所需最低週轉金的估計
（單位：萬兩）

項目	1760-1784	1784-1800	1800-1843
關稅	60	100	150
捐輸[79]	8	8	80
外債	—	12	12
設施和家族費用	30	30	30
官吏榨取	—	30	30
小計	98	180	230
與港腳商人結帳	—	200	400
總計	98	380	630

資料來源：陳國棟（2005），《東亞海域一千年》，台北：遠流，頁 384。週轉金額
　　　　　隨時間的增加，反應了貿易金額的增長。

---

[78] 陳國棟（2005），《東亞海域一千年》，台北：遠流，頁 369-392。附帶
　　一提，1820 年代，行商出口茶葉的毛利潤率約為 17%、進口毛料約為
　　4%。根據行商和英國東印度公司所訂的契約規定，行商要銷售多少茶
　　葉，就必須購進一定比例的毛料，因此兩種商品合併計算，行商的整體毛
　　利潤率約為 13%。
[79] 捐輸是政府向全體行商要求的一種強迫捐獻，如 1773 年因四川軍需，要求
　　行商捐輸 20 萬兩、1809 嘉慶皇帝 50 歲生日要求 12 萬兩、東河（黃河）河
　　工 60 萬兩，總計從 1773 年到 1835 年，廣州行商共計捐輸 508.5 萬兩。參見
　　陳國棟（2005），《東亞海域一千年》，台北：遠流，頁 380-381。

　　自強運動的里程碑，請參見表4-6。一直到甲午戰爭以後，清政府的工商政策，方改弦易轍，發展模式改以鼓勵工商業自由發展的國家監督體制。這是因為（一）戰爭賠款龐大，政府財政困難；（二）《馬關條約》確立外商在華設廠權；（三）進口日增，貿易逆差日益龐大；（四）官辦企業虧損嚴重、生產效率低落和產品品質不佳。[80]

表 4-6：自強運動里程碑

咸豐十一年	1861	恭親王及文祥聘請外國軍官訓練新軍於天津。 恭親王及文祥設立同文館於北京，是為中國新學的開始。 恭親王及文祥託總稅務司赫德購買砲艦，聘請英國海軍人員來華，創設新水師。
同治二年	1863	李鴻章設外國語文學校於上海
同治四年	1865	曾國藩、李鴻章設江南機器製造局於上海，附設譯書局。
同治五年	1866	左宗堂設造船廠於福州，附設船政學校。
同治九年	1870	李鴻章設機器製造局於天津。
同治十一年	1872	曾國藩、李鴻章挑選學生赴美留學。 李鴻章設輪船招商局。
光緒元年	1875	李鴻章籌辦鐵甲兵船。
光緒二年	1876	李鴻章派下級軍官赴德學陸軍，船政學生赴英法學習造船和駕駛。
光緒六年	1880	李鴻章設水師學堂於天津，設電報局，請修鐵路。
光緒七年	1881	李鴻章設開平礦務局。
光緒八年	1882	李鴻章築旅順軍港，創辦上海機器織布廠。
光緒十一年	1885	李鴻章設天津武備學堂。
光緒十三年	1887	李鴻章開辦黑龍江漠河金礦。
光緒十四年	1888	李鴻章成立北洋海軍。

資料來源：蔣廷黻（1982），《中國近代史研究》，台北：里仁，頁 269-270。

---

[80] 王曉秋、尚小明（1998），《戊戌維新與清末新政》，北京：北京大學，頁 257-258。

　　清末中國政府的財政非常困難，能用於經濟和產業發展的錢
很有限，請參見表4-7。1890年代初期，中央政府軍費、防務支出
約2,000萬庫平兩、佔總支出的22%，外債的支出不大（僅佔
2.81%），政府勉強達成收支平衡，並擠出一點點錢來從事經濟建
設──公共工程和鐵路建設的年支出為200萬庫平兩（僅佔
2.25%）。但甲午戰後，由於支付賠款、外債和軍費，中央政府財
政嚴重入不敷出，落得只能舉債度日，1894-1911年間，共借款
746,220,453庫平兩，其中的119,838,648兩用在甲午戰爭的軍費，
263,176,701兩用於賠款，330,587,160兩用於鐵路建設（鐵路營運
產生的收益用於還債），另有25,517,349兩用來支持半官方的漢冶
萍煤鐵公司，5,452,783兩用於電話、電報線設備。[81]

表 4-7：1890 年代初期中央政府每年收支的估算

收入			支出		
	庫平千兩	%		庫平千兩	%
田賦	25088	28.20	中央政府行政、皇族、東北守備軍薪餉	19478	21.89
漕糧	6562	7.37	海關行政	2478	2.78
鹽課（包括鹽釐金）	13659	15.35	公共工程	1500	1.69
商品釐金	12952	14.56	現代化軍隊、沿海防務	8000	8.99
海關稅（1893）	21989	24.71	東三省防務	1848	2.08
常關稅	1000	1.12	甘肅、新疆、西藏之內政及軍政	4800	5.39
土藥釐金和稅收	2229	2.51	北洋艦隊	5000	5.62
雜稅雜入等	5500	6.18	南洋艦隊	5000	5.62
合計	88979	100.00	鐵路建設	500	0.56
			廣西、貴州、雲南之協款	1655	1.86

[81] Twitchett, D. and J. K. Fairbank（1987），《劍橋中國史──晚清篇（下）1800-1911》，台北：南天，頁71-72。

				各省行政、軍事費	36220	40.71
				外債的本利支付	2500	2.81
				合計	88979	100.00

資料來源：Jamieson, G. (1897), Report on the Revenue and Expenditure of the Chinese Empire, London: HM Stationary Office. 轉引自 Twitchett, D. and J. K. Fairbank（1987），《劍橋中國史－晚清篇（上）1800-1911》，台北：南天，頁69。

　　基礎建設影響經濟發展至鉅，特別是交通建設裡的鐵路和航運。十九世紀後期到二十世紀前期是鐵路運輸的黃金時代，那時陸上的客、貨運輸，幾乎都以鐵路為主。興建於1876年的吳淞鐵路（上海到吳淞）為中國的第一條鐵路，[82]但在翌年拆毀，最後運往台灣。1877-1894年，中國內部對是否興建鐵路爭論不休，因此只建了總長364公里的鐵路，平均每年僅20公里。甲午戰爭失敗，方完全了解到興建鐵路的重要，1895-1911年，共興建9,618公里的鐵路，平均每年544公里；此一時期，完成東清[83]、膠濟[84]、滇越[85]、京漢[86]、津浦[87]、滬寧[88]等幾條較長的幹線，開始興建京奉[89]、粵漢[90]、京綏[91]、瀧海[92]、滬杭甬[93]等幾條重要路線。[94]清代

---

[82] 世界上第一條鐵路──英國斯托克頓到達林頓約48公里長的鐵路在1825年9月27日正式通車。參見〈世界上最早的火車出現在哪裡？什麼時候？〉，《中國雅虎‧知識堂》，http://ks.cn.yahoo.com/question/1406062801854.html（2007/10/13查詢）。

[83] 1898-1903年，滿州里──綏芬河，共1,481公里，俄國興建。同一時間，還完成了240公里長哈爾濱──長春與704公里長的長春──大連兩條支路。

[84] 1899-1904年，膠州──濟南，共394公里，德國興建。

[85] 1903-1909年，昆明──河口，共464公里，法國興建。

[86] 1898-1906年，北京──漢口，共1,214公里。

[87] 1908-1911年，天津──浦口，共1,009公里。

[88] 1904-1908年，南京──上海，共311公里。

[89] 1878-1912年，北京──瀋陽，共849公里。

[90] 1901-1936年，廣州──武昌，共1,190公里。

[91] 1905-1923年，北京──包頭，共814公里。

[92] 1905-1945年，連雲港──天水，共1,356公里。

的鐵路不是由外國所興建，就是向外資借款興建，因此外國／外資對中國鐵路有極大的控制權。[95]清末鐵路運輸，貨運所佔比重較客運稍低，且貨運以農、礦產品為大宗。[96]清末鐵路約有1／3鋪在東北，不只是總長度非常少和分布不均，更重要的是大部分的路線，是在清末的最後幾年才通車，例如在1906年，長1,215公里的京漢鐵路（北京到武漢）通車。因此鐵路建設對晚清經濟和商業體系之影響極微。[97]晚清鐵路建設，敬請參見圖4-1。

　　中國的鐵路建設開始的很晚，進展也很緩慢。相對而言，美國在十九世紀晚期，一年最高可修築一萬哩的鐵路。[98]日本的鐵路建設，在十九世紀末取得很好成果。從1881年日本鐵路開設以來，到1895年，日本鐵路全長總計3,686公里，其中私營2,731公里，國鐵955公里。[99]

---

[93]　1907-1912 年，上海──寧波，共 353 公里。

[94]　嚴中平（1955），《中國近代經濟史統計資料選輯》，北京：科學，頁 171-180。

[95]　關於外國對中國鐵路的控制權，「拿 1937 年來說，計直接經營的佔全國鐵路里程的 46.6%，控制經營的佔 44.1%，完全自主的不過 9.3%」。參見嚴中平（1955），《中國近代經濟史統計資料選輯》，北京：科學，頁 182。

[96]　參見嚴中平（1955），《中國近代經濟史統計資料選輯》，北京：科學，頁 206。1907-1909 年，貨運收入佔客、貨運總收入的 55.1-59.1%（前引書、頁 209）。清末貨運以農、礦產品佔大宗，此乃根據 1916-1920 年的數據推測；1916-1920 年，鐵路運貨數量每年約為近 2,000 萬噸，其中礦產品約佔 50%，第二位的農產品約佔 20%（前引書、頁 211）。

[97]　Feuerwerker, A.（1978），《中國近百年經濟史》，台北：華世，頁 63-64。

[98]　全漢昇（1990），〈近代中國的工業化〉，《中國經濟史研究（二）》，237-245，台北：稻鄉。

[99]　行政院經濟建設委員會經濟研究處（1988），《日本對外貿易》，台北：行政院經濟建設委員會，頁 20。

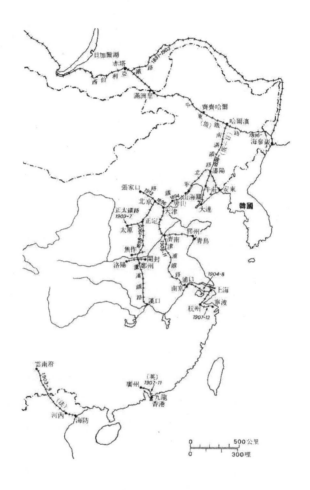

圖 4-1：晚清鐵路建設。

參見 Twitchett, D. and J. K. Fairbank（1987），
《劍橋中國史——晚清篇（下）1800-1911》，台北：南天，頁 62。

　　航運線是晚清中國另一個重要的運輸網絡。航運的運費極
低—大運河為明、清中國南北貨運最重要的運輸管道，其航運

運費為傳統陸路運費的70%，後來漸被鐵路所取代；宜昌到上海之長江通航條件極佳，運費非常低廉，清光緒（c. 1900）某一英國人的一份報告顯示，長江大木帆船的運費僅為陸運的1/20到1/30。[100]

清道光年間（1821-1850），外國輪船進入中國水域後，中國的帆船航運業便衰弱下去，木帆船漸漸被輪船所替代。大概自1860年代起，歐美商人開始在中國設立輪船公司，最早的如1862年的旗昌輪船公司。[101]1872年由中國政府主導（官督商辦）設立第一家大型輪船航運公司——招商局，1877年招商局買下旗昌所屬的所有產業後，中國輪船總運輸噸數達到400萬噸，佔當時在通商口岸進出的中、外輪船總噸數的36.7%。但後來由於外輪發展的更快，到了1907年，國輪僅佔15.6%。[102]1872-1916各通商口岸進出的中、外船隻統計，請參見表4-8。

表 4-8：1872-1916 年各通商口岸進出的中外船隻

年	總計			中國			外國		
	艘次	噸位	%	艘次	噸位	%	艘次	噸位	%
1872				?	?		9711	6512463	
1877	13708	10635625	100	5104	3908034	36.7	8604	6727591	63.3
1882	19607	16102574	100	5105	4667753	29.0	14502	11434821	71.0
1887	23439	21149526	100	6402	5508178	26.0	17037	15641348	74.0

---

[100] 李伯重（2002）：《發展與制約》，台北：聯經，頁 363-370。

[101] 1862 年美國旗昌洋行在上海成立旗昌輪船公司，專門經營中國沿海及長江沿岸的客、貨運輸。它是中國境內第一家專業航運公司。參見〈美國旗昌輪船公司成立〉，《中華博物》，http://www.gg-art.com/history/hcontent_b.php?year=1862（2006/10/23 查詢）。

[102] 嚴中平（1955），《中國近代經濟史統計資料選輯》，北京：科學，頁 218-220。

1892	28974	28410156	100	8246	6308523	22.2	20728	22101633	77.8
1897	34566	32519729	100	12706	7543529	23.2	21860	24976200	76.8
1902	58086	52806393	100	18102	8931652	16.9	39984	43874741	83.1
1907	91380	74130376	100	33772	11598697	15.6	57608	62531679	84.4
1916	105296	82381569	100	45552	18460533	22.4	59744	63921036	77.6

資料來源：嚴中平（1955），《中國近代經濟史統計資料選輯》，北京：科學，頁221-222。本表數字乃根據各通商口岸按普通行輪章程之往來外洋和國內船舶的進出艘次統計。

五、小結

張仲禮估計1880年代中國的國民生產毛額GNP為33億兩，其中農業產出為22億兩、約佔總產值的67%。Feuerwerker認為張仲禮使用可耕地面積的官方資料來估計農業產值，造成嚴重低估，實際產值應至少高出1／3以上。[103]根據Feuerwerker所作修正，1880年代的中國GNP至少達40.8億兩，其中農業產值佔72.84%以上。詳見表4-9。

表 4-9：1880 年代中國國民生產總額之估計

項　目		張仲禮		Feuerwerker	
		數　量 （千兩銀）	百分比 （%）	數　量 （千兩銀）	百分比 （%）
農業		2229941	66.79	2973255+	72.84+
非農業	採礦業	47800	1.43	47800	
	機器製造業	125800	3.77	125800	
	建築	30000	0.90	30000	
	運輸	30000	0.90	30000	
	貿易	220000	6.59	220000	

---

[103] Chang, C. L. （1962）, The Income of the Chinese Gentry, Seattle: University of Washington Press, p. 296

金 融	74645	2.24	74645	
住宅業	164000	4.91	164000	
政府公共事業	164000	4.91	164000	
專業、「仕紳」及其他公職	241313	7.23	241313	
國外淨收入	11258	0.34	11258	
總　計	3338757	100.00	4082071+	

資料來源：Feuerwerker, A.（1978），《中國近百年經濟史》，台北：華世，頁2。

　　Feuerwerker推估中國宋、明、清時期的經濟狀況時，做了以下假設：（1）非農業勞動力佔總勞動力的20%；（2）農業部門產出佔總產出／國民所得的70%。[104]1880年代中國農業產值佔GNP的比例，約在67-73%之間，因此中國經歷了數百年，直到1880年代，經濟結構可說幾乎沒有甚麼變化。又即使到了1930年代，中國的現代經濟部門，佔整體經濟的比重還是不高──「1933年，中國的現代部門，包括製造業、礦業、銀行業與運輸業，僅達到國民淨生產的百分之十二。」[105]

　　Feuerwerker認為「二十世紀以前的中國經濟幾乎完全包含在農業範圍之內，或非常緊密地與其相聯繫；」[106]王業鍵認為清代「中國經濟並未產生結構上的改變，即使到二十世紀中葉依然非常落後。」[107]他還說道「事實上，十九世紀中期，中國經濟已達於可能發展的極限（機器的、組織的），至1911年很少有新的（進步、近代化）技術輸入、採用或發生於內地。國家與私人

---

[104] Feuerwerker A.（1984），The state and the economy in late imperial China, Theory and Society, 13: 3, 297-326.

[105] Twitchett, D. and J. K. Fairbank（1987），《劍橋中國史──晚清篇（下）1800-1911》，台北：南天，頁463-464。

[106] Feuerwerker, A.（1978），《中國近百年經濟史》，台北：華世，頁1。

[107] 王業鍵（2003），〈清代經濟芻議〉，《清代經濟史論文集（一）》，1-16，台北：稻鄉。

部份，在觀念和財政上，均無法以推動經濟發展作為首要之務。」[108]劉大中和葉孔嘉指出，在1893年，中國農業產值仍佔總產值的65%，傳統手工業佔了幾近20%，政府部門約佔3%，現代化部門僅佔近13%。[109]

　　作者認為清末甲午戰後的數十年，中國雖然依舊只是一個農業國家，不過已經可以看到現代經濟日漸成形——輕工業、礦業、鐵路、公路、輪船、自來水、電力、電報、電話、銀行、保險公司等，這些來自西方的事物，先從通商口岸開始，慢慢地改變中國的面貌。特別要指出的是，其中國際貿易扮演了重要的催化劑角色。下述引文明白點出了這個趨勢：

> 在十九世紀末葉，其最顯著的影響，無疑是主要通商口岸裡所發生的社會與經濟的變遷。西方勢力的擴展使通商口岸能有持續性的經濟成長，形成了這些城市中較為『現代』的部份，而與外國市場緊密地相維繫……然而……在通商口岸之外，傳統中國的社會和經濟結構很少受到影響……上層階級的某些成員明顯地感到社會改變正在進行，他們認為1894-1904的十年之間是一個轉捩點；這種變遷無可避免地正加在加速進行。[110]

---

[108] Twitchett, D. and J. K. Fairbank（1987），《劍橋中國史——晚清篇（下）1800-1911》，台北：南天，頁 74。

[109] Liu, T. C. and K. C. Yeh （1965）, The Economy of the Chinese Mainland, Princeton: Princeton University Press, pp. 66 & 69.

[110] Twitchett, D. and J. K. Fairbank（1987），《劍橋中國史——晚清篇（下）1800-1911》，台北：南天，頁 302 & 599。附註：中譯本寫著 1890-1904 的十年之間，英文本則為 1894-1904，本引文採英文本。

第三節 晚清貨幣制度和國際貿易

中國的銀兩秤重貨幣制，從明代中期（c. 1500）一直延續到十九世紀末。鑄造銀幣違反祖宗成法可能只是表面的原因，實際上主要是因朝廷和官員可以獲得巨大的利益所致。「有一個典型的例子，從庫平銀折合銅錢的兌換率是每兩2,600文，從銅錢再往回折合庫平銀的兌換率卻是1,105文，因此，一筆70.66兩的稅款，經過折合就要交納166.29兩」。透過收付不同的銀、錢兌換率，政府和官員從中獲取巨大利益，但也加重老百姓的納稅負擔。另關於鑄造銀元一事，早在1833年，林則徐[111]就已上奏請鑄銀元：「推廣制錢之式以為銀錢，期於便民利用，並非仿洋錢而為之」。他的委婉主張，還是受到道光皇帝「太變成法、不成事體」的駁斥。其後對於是否要鑄造銀元，正反意見都有。直到1890年，兩廣總督張之洞在廣東設廠使用機器製造銀元，因大勢所趨，反對意見才算完全銷聲。[112]

廣東鑄造銀元，是清政府開鑄銀元之始。廣東所鑄銀元，共分五種面額：一元、五角、二角、一角和五分，其中以兩角和一角輔幣鑄造枚數最多並流通最廣。甲午戰後（1894-95），輿論鼓吹變通圜法，廣東之外的各省也以「補制錢之不足」紛紛開始鑄造銀元；據估計銀元的鑄幣收益率約10-14%。[113]

---

[111] 林則徐是清政府首先倡議仿造西法鑄造銀幣的官員，他認為銀幣替代銀塊是市場必然的趨勢，並曾在任職江蘇時進行了試鑄。參見魏寬永（1999），〈林則徐首倡仿西法鑄銀幣〉，《西安政治學院學報》，12: 6，92-94。

[112] 汪敬虞（2003），〈"同治銀幣"的歷史意義〉，《中國經濟史研究》，4，3-14。

[113] 以上根據日人黑田明伸。參見何漢威（1993），〈從銀賤錢荒到銅元氾濫〉，《中央研究院歷史語言研究所集刊》，62: 3，389-494。

　　1890年，當時的兩廣總督李鴻章採新式機器開鑄銅元[114]，隨後其他各省跟進鑄造。一開始由於銅元形狀、大小、重量、成色一致，加上銅錢欠缺，以致市場供不應求，初期鑄幣收益率可達30-50%。到了1905年，累計鑄造約17億枚，幾乎已完全滿足市場需要，其後因仍繼續大量鑄造，銅元開始貶值，以北京為例，從1905年一銀元兌換97.5當十銅幣，1910年貶到只換130.3當十銅幣；不同面額銅元裡，以當十銅幣市場流通最廣。清末銀幣和銅元大量鑄造，雖然帶來一些不利影響，但對交易的便利性也發揮重大功用。例如清末湖北發行銅元貨幣，致銅元普遍在市場流通。由於當時中國對外貿易主要出口農產品和原材料，錢幣的流通和貿易的發展把市場原先孤立的小農捲進「開港經濟」，提高了農作物的商品化。另因供應過剩，銅元價跌，使用銅元的生產者拿農產品與通商口岸用銀的商人交易，二十世紀初期因銀貴銅賤導致商人獲得高額利潤，這些利潤的一部份轉化成為產業資本，為武漢的工業化奠下基礎。[115]

　　英國早在1816年，就將黃金定為主要幣材。其餘歐美各先進國家（如德國、荷蘭、丹麥、瑞典、挪威、美國），以及拉丁美洲國家，約在1870年代，也將金、銀複本位制或銀本位制，改成金本位制；金本位國家間的匯率幾乎固定不變。相反地，中國到了1935年才改為金本位制。因此十九世紀後期到二十世紀前期，產生金貴銀賤的現象；1866年每盎斯銀價為1.25美元、1903年降為0.43美元、1932年再降為0.24美元。[116]

---

[114] 銅元和傳統制錢最大的差別在於制錢中間有孔、而銅元則無。

[115] 何漢威（1993），〈從銀賤錢荒到銅元氾濫〉，《中央研究院歷史語言研究所集刊》，62：3，389-494。

[116] 全漢昇（1996），〈清季的貨幣問題及其對於工業化的影響〉，《中國經濟史論叢》，735-744，台北：稻禾。以及 Foreman-Peck, J. and R. Michie（1986），The performance of the nineteenth century international gold

　　全漢昇認為，清末中國為何未追隨國際潮流，實施金本位，原因有三：第一、中國金存量不足；第二、當時中國經濟仍相當落後，白銀和銅錢已足敷使用，尚不須使用價值較高的黃金；第三、當時部份人士為抑制進口和增加出口，主張繼續使用銀本位制。[117]

　　1864-1911年，中國海關兩和英國英鎊間的匯率變化，請參見圖4-2。英鎊反應的是黃金的價值，從圖中可以清楚看到此一時期，白銀呈現明顯日漸貶值的趨勢，特別是1894-1911年期間，相較前一時期大幅貶值。

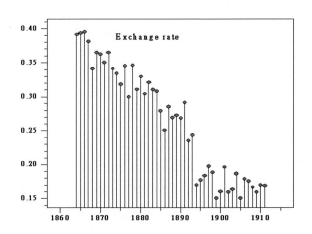

圖4-2：1864-1911年海關兩和英鎊間的匯率
（1海關兩等於多少英鎊）。

資料來源：Hsiao, L. L. (1974), China's Foreign Trade Statistics 1864-1949, Cambridge: Harvard University Press, pp. 189-192.

standard, in W. Fischer et al. ed. The Emergence of a World Economy 1500-1914, 383-412, Berne: International Economic History Association.

[117] 全漢昇（1996），〈清季的貨幣問題及其對於工業化的影響〉，《中國經濟史論叢》，735-744，台北：稻禾。

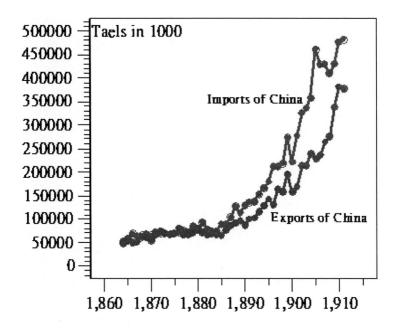

圖 4-3：1864-1911 年中國的進口（上方線）和出口（下方線）。

資料來源：Hsiao, L. L. (1974), China's Foreign Trade Statistics 1864-1949,

Cambridge: Harvard University Press, pp. 22-25.

　　1867-1911年中國的進口金額和出口金額，基本上呈現指數型成長，參見圖4-3。從圖4-3，可以看出進口金額較出口金額成長的更為快速。另外，根據經濟學理論，匯率的變化會影響進出口的金額，以及進出口金額的變化趨勢。因此假設（省略誤差項）

$$IM_t = IM_0 * \exp(G_{IM} + A_{IM} * ER) * t \quad （式 4\text{-}1）$$

$$EX_t = EX_0 * \exp(G_{EX} + A_{EX} * ER) * t \quad （式 4\text{-}2）$$

　　其中*IM*和*EX*分別為進口金額和出口金額，*t*為時間（統計迴歸分析時讓1864年等於第0年），*ER*為匯率（1海關兩等於多少英鎊；*ER*增加代表中國貨幣／白銀升值、減少代表中國貨幣／白銀貶值），*G*為進出口金額的基本成長率，*A*為受匯率影響的進出口成長率調整係數。上兩式可以改寫成

$$\ln(IM_t) = \ln(IM_0) + G_{IM} * t + A_{IM} * ER * t \qquad （式 4-3）$$
$$\ln(EX_t) = \ln(EM_0) + G_{EX} * t + A_{EX} * ER * t \qquad （式 4-4）$$

　　使用統計軟體SPSS 裡的非線性迴歸模組，得到以下的估計值，參見表4-10和表4-11。

表 4-10：1864-1911 年中國進口金額迴歸結果

參數	估計值	漸近標準差	漸近的 95%信心水準區間	
			低限	高限
$\ln(IM_0)$	10.966	0.047	10.871	11.062
G_{IM}	0.0702	0.0026	0.0649	0.0755
A_{IM}	-0.155	0.017	-0.189	-0.120
$R^2 = 0.973$				

表 4-11：1864-1911 年中國出口金額迴歸結果

參數	估計值	漸近標準差	漸近的 95%信心水準區間	
			低限	高限
$\ln(EX_0)$	10.885	0.053	10.779	10.991
G_{EX}	0.0576	0.0029	0.0517	0.0635
A_{EX}	-0.127	0.019	-0.165	-0.089
$R^2 = 0.952$				

從表中結果可以得知：（一）接近1的R^2值代表模型的解釋能力非常好；（二）參數G_{IM}和G_{EX}顯著為正值，且$G_{IM} > G_{EX}$代表進口成長快於出口成長；（三）參數A_{IM}和A_{EX}顯著為負值，代表匯率變小（白銀相對英鎊／黃金貶值），出口增加且進口也增加。一般而言，中國貨幣／白銀貶值，出口最終應該增加，且進口應會減少——所謂的J曲線效應，但此處A_{IM}卻顯著為負，原因為何呢？

作者認為此一時期，中國的進口商品幾乎都是民生必需品、原材料和鴉片，對價格的敏感度不高，因此即使以銀計價的進口品價格上漲，進口數量減少有限，進口總金額將持續上升。1870年，棉貨進口佔進口總值的42.50%、鴉片佔40.96%，兩者合計佔83.46%；1910年棉貨佔41.23%、鴉片佔11.63%（中國自己種植取代進口）、燃料佔6.29%、糧食佔7.2%、糖佔4.68%，合計為71.03%。詳細內容，請參見第二章。另外，中國人口增加，自會帶動進口的成長。中國人口從1880年的3.645億增加為1910年的4.36億，增加20%、年均複合成長率為0.6%。[118]何況以人均耕地面積和技術水平來看，中國人地壓力應該極大。

另一方面，1880年代以後，中國的主要出口品、先是茶再來是生絲的國際競爭力下降，以致出口受到影響。例如，1880年代開始，印度和錫蘭的茶葉出口快速增加，對中國的茶葉出口產生重大影響。1910年，印度和錫蘭茶葉的出口值就已是中國茶葉的兩倍，到了1920年，中國茶葉出口大幅衰退，僅佔當年出口總額的1.6%；二十世紀初這個比例為16%。[119]1870年，茶葉和絲貨佔

---

[118] 曹樹基（2001），《中國人口史——第五卷清時期》，上海：復旦大學，頁 832。

[119] 鄭友揆（1984），《中國的對外貿易和工業發展（1840~1948 年）》，上海：上海社科院，頁 19 & 268。

中國出口總值的99%，到了1910年，這個比例大幅下降成為36%。詳細內容，請參見第二章。

　　總而言之，清代實施的銀本位制，和清末的國際貿易狀況和貿易赤字關係是不大的；他們主要受到國內外不同經濟和社會結構，以及中國產品（如茶葉）的國際競爭力衰退所影響。清末中國人口持續增長，人地壓力過大，但生產力提升停滯不前，因此大量進口商品以滿足市場需求—棉貨日增的進口反應了這個趨勢；1885-1913年，進口數量增加了146.9%、年均複合成長率為3.28%（請參見表2-44）。

　　從另一個角度來看，清末中國國內的物價水準上漲相當快速，物價指數從1885年的240上漲到1910年的600、上漲2.5倍，年均物價複合成長率為3.7%（請參見表3-18）；同一時期，出口價格指數從33.9增加到91.8、上漲2.71倍、年均複合成長率為4.07%（請參見表2-44）。根據經濟學購買力平價理論，中國以銀計價的物價上漲跟白銀貶值有很大關連。

　　1885年和1910年，1海關兩分別等於0.265英鎊和0.135英鎊。因此，若以英鎊計價，1885-1910年間，中國物價水準僅上漲27.4%、年均複合成長率為0.97%；出口價格水準僅上漲38.0%、年均複合成長率為1.30%；對較起來，英國物價指數上漲9.3%、年均複合成長率為0.36%。[120]職是之故，中國貨幣貶值對促進出口的效應，完全被國內物價上漲所抵消；前述曾提及，從十九世

---

[120] 1885 和 1910 年，英國的物價指數分別為 8.6 和 9.4（1974 年 = 100）。參見 Twigger, R.（1999），Inflation: the value of the pound 1750-1998, House of Commons Library, research paper 99/20. 金本位時期，英國的物價非常平穩。另外，美國在 1870-1913 年間，每年物價也僅上升 0.2%。總之，金本位時期，物價水準非常平穩，每年上漲不超過 1%。參見 Greenspan, A.（2007），《我們的新世界》，台北：大塊文化，頁 542。

紀晚期，各國貿易財的價格已趨於一致。所以，清末中國的進出口狀況，與採用銀本位制的關係不大。

　　至於全漢昇認為採用銀本位，以致推遲中國工業化的進程，作者並不認同。以銀計價，機器設備的成本的確變貴了，但產品售價也相應變貴了、甚至變得更貴；若不考慮關稅和運輸等成本，則不論是工廠位於何處，機器設備的實質購置成本（相對產品價格）並無太大不同。另外，日本在1897年以前也實施銀本位制，但其輕工業仍舊發展的非常好。作者認為真正的原因在於：甲午戰前清政府的抑商政策、進口商品賦稅較輕、地方保護主義，以及中國傳統商人不習於將資本投資在手工作坊／工業上面等等。[121]職是之故，晚清中國工業化遙遙擺擺、緩步前行，背後的原因是複雜的，僅是強調貨幣制度扮演的角色，應該並不適當；或許銀本位的貨幣制度，可能還稱不上重要因素。

第四節　國際貿易和晚清中國經濟轉型

　　本節焦點主要放在晚清的輕工業發展上。理由是輕工業、特別是棉產業，[122]通常為最初工業化階段的最重要產業（英國工業革命很早便將蒸汽機應用於紡紗廠，另可參見本節日本的例子）；此外，晚清的重工業乏善可陳，也算不上成功。

---

[121] 中國傳統商人將累積的商業資本，多用於購買土地、接濟宗族和炫耀性消費上，幾乎不會將之轉化成為手工業資本。參見王大慶（2000），〈1980年以來中國古代重農抑商問題研究綜述〉，《中國史研究動態》，3，11-18。

[122] 二十世紀前期，中國側重於發展輕工業，其中以棉紡織業和麵粉業的成就最大；中國麵粉業的發展，開始於二十世紀初。參見唐力行（1997），《商人與中國近世社會》，台北：台灣商務，頁303-305。

　　根據國際聯盟，在1913年，中國的國際貿易，進口平均為每人0.94美元，出口為0.67美元，合計1.61美元，是83個國家中最低的一國。[123]1913年，1海關兩等於0.73美元，[124]換算後，進口平均為每人1.29海關兩，出口為0.92海關兩，合計2.21海關兩。同一年，中國進口總值58,629萬海關兩，出口總值40,331萬海關兩，合計98,960萬海關兩。[125]全球出口金額佔GDP的比例為9%，[126]而中國約為8%，[127]比例並不低。不過因為中國的人均GDP很小之故，以致雖然人均進出口額排名墊底，但比例僅比世界平均稍低一點而已。

　　國外進口的棉紗和棉布，對中國棉紡織工業的發展，產生很大影響；中國由於地少人多，棉紡織手工業便成了貧窮農人的主要收入。清末四十年，價廉物美的機器紡紗輸入大幅成長，導致中國手紡紗業的衰落，但也使得原先那些非產棉區得以發展手工織布業。另一方面，棉紗大量進口，也抑制了棉布進口的增長。中國在1910年左右普遍引進機器紡紗以後，棉紗進口量才日漸減

[123] Feuerwerker, A.（1978），《中國近百年經濟史》，台北：華世，頁 59。

[124] Hsiao, L. L.（1974），China's Foreign Trade Statistics 1864-1949, Cambridge: Harvard University Press, p. 191.

[125] Hsiao, L. L.（1974），China's Foreign Trade Statistics 1864-1949, Cambridge: Harvard University Press, p. 23.

[126] 1820 年，貿易全球化比率（世界出口金額除以所有國家 GDP 的和）為 1%，1870 年增為 5%，1900 年再增為 7%，1913 年達到 9%的高峰。參見 Maddison, A.（1995），Monitoring the World Economy, 1820-1992. Paris: OECD, pp. 227 & 239.

[127] 1880 年代，中國 GDP 約為 40-50 億（綜合第三章 Feuerwerker 和作者的估計），人口約為 3.7 億；1913 年人口約為 4.4 億。參見 Feuerwerker, A.（1978），《中國近百年經濟史》，台北：華世，頁 2；以及曹樹基（2001），《中國人口史──第五卷清時期》，上海：復旦大學，頁 3 & 829 & 832。若此一時期，中國人均所得未有太大變動，則 1913 年中國的 GDP 約為 54 億兩銀、大致相當 49 億海關兩。

少。早先由於便宜的印度紗取代英國紗，1871年到1890年代初
期，紗價緩步滑落；1890年代初期以後，紗價開始回升，主要是
受到銀兩對金價的貶值所致。另外，日本在1890年代，取代印
度，成了中國進口棉紗的最大供應國。[128]1871-1910年中國輸入棉
紗、棉布的數量和金額，請參見表4-12。

表 4-12：1871-1910 年中國輸入的棉紗和棉布

	棉紗			棉布		
	千擔	千海關兩	海關兩／每擔	千匹[129]	千海關兩	海關兩／每匹
1871	70	1877	26.81	14439	24877	1.72
1872	50	1372	27.44	12241	21435	1.75
1873	68	3130?	46.03?	8989	16202	1.80
1874	69	1969	28.54	9763	16301	1.67
1875	91	2747	30.19	10720	17315	1.62
1876	113	2839	25.12	11870	17377	1.46
1877	116	2841	24.49	11117	15959	1.44
1878	108	2521	23.34	9158	13509	1.48
1879	138	3191	23.12	12772	19409	1.52
1880	152	3648	24.00	13561	19735	1.46
1881	172	4228	24.58	14931	21818	1.46
1882	185	4505	24.35	12159	18201	1.50
1883	228	5242	22.99	11500	16805	1.46
1884	261	5584	21.39	11229	16557	1.47
1885	388	7871	20.20	15706	23623	1.50
1886	383	7869	20.55	14041	21181	1.51
1887	593	12591	21.23	15267	24457	1.60
1888	683	13496	19.79	18664	30942	1.66
1889	679	13019	19.17	14275	23116	1.62
1890	1081	19392	17.94	16561	25629	1.55

---

[128] Twitchett, D. and J. K. Fairbank（1987），《劍橋中國史——晚清篇（下）
1800-1911》，台北：南天，頁 20-25。

[129] 一匹通常為 40 碼長、36 英吋寬。

1891	1211	20984	17.25	17601	32307	1.84
1892	1304	22153	16.99	16359	30555	1.87
1893	982	16863	18.19	12498	27275	2.18
1894	1160	21397	18.45	13343	30708	2.30
1895	1132	21209	18.74	13437	31865	2.37
1896	1621	32010	19.75	18919	47233	2.50
1897	1571	34430	21.92	16914	44233	2.62
1898	1959	39295	20.06	15524	38324	2.47
1899	2745	54941	20.01	19419	48524	2.50
1900	1488	30187	20.29	15964	45419	2.85
1901	2273	49012	21.56	16688	50640	3.03
1902	2448	54794	22.38	22958	72752	3.17
1903	2738	67736	24.74	19272	60884	3.16
1904	2281	59516	26.09	18704	64568	3.45
1905	2554	67209	26.32	35760	114244	3.19
1906	2541	65141	25.64	28734	87587	3.05
1907	2273	57515	25.30	18193	61401	3.37
1908	1823	46173	25.33	16906	64725	3.83
1909	2406	62464	25.96	21196	74827	3.53
1910	2282	62831	27.53	17013	67852	3.99

資料來源：Twitchett, D. and J. K. Fairbank（1987），《劍橋中國史——晚清篇（下）
1800-1911》，台北：南天，頁 22-23。

　　中國的棉紡織業在清末逐步開始發展起來，並漸漸取代手工
產品和進口品。主要原因一是進入門檻低，二是中國市場胃納量
大。清末棉紗和棉布的消費與供給，請參見表4-13。

表 4-13：清末棉紗和棉布的消費與供給

		棉紗		棉布			
		擔	%	碼	%	平方碼	%
1871 -1880	國內工廠	—	—	—	—	—	—
	輸入	97451	1.96	414805000	11.40	376165000	18.92
	手工業	4882381	98.04	3224960440	88.60	1612480220	81.08
	合計	4979832	100.00	3639765440	100.00	1988645220	100.00

	國內工廠	1055040	17.98	25200000	0.57	24494400	0.97
1901	輸入	2363000	40.27	721400000	16.23	654200000	25.87
-1910	手工業	2449715	41.75	3699890434	83.20	1849945217	73.16
	合計	5867755	100.00	4446490434	100.00	2528639617	100.00

資料來源：Feuerwerker, A. (1970), Handicraft and manufactured cotton textiles in China 1871-1910, Journal of Economic History, 30: 2, 304-341.

　　根據表4-11，清末40年，手工紡紗漸為進口和國內工廠所取代，內、外資的工廠建立在通商口岸及附近。至於棉布，手工業棉布的比重於此一時期，雖略有減少，但絕對數量仍然小幅成長，另即使到清朝滅亡，國內工廠的棉布生產量仍微不足道。[130] 附帶一提，中國絲產業的現代化，起步也很晚，出口中用蒸汽繰絲的比重在1899年為40%，但蒸汽繰絲僅是手工業向現代工業轉型的第一步。[131] 中國絲產業的現代化，應是對全球市場競爭的回應；日本是清末中國生絲出口的最大對手。

　　對照同一時期日本的狀況，應該可以給我們更多啟示。日本明治維新後的二、三十年，工業以輕工業為主，發展非常迅速。日本絲品類、織物品類在製造業生產總額所佔的比例，從1874-1880年的17.2%，成長到1881-1890年的23.0%、再成長到1891-1900年的32.0%。[132]

　　1883年，首家棉紡織公司—大阪紡織設立，之後不久，各地區相繼出現了大規模的棉紡織工廠。由於此一時期銀價低落，使得日本輸出增加，1881-1890年和1891-1900年，絲品類、織物品

[130] Feuerwerker, A. （1970）, Handicraft and manufactured cotton textiles in China 1871-1910, Journal of Economic History, 30: 2, 304-341.

[131] Twitchett, D. and J. K. Fairbank（1987），《劍橋中國史——晚清篇（下）1800-1911》，台北：南天，頁30。

[132] 行政院經濟建設委員會經濟研究處（1988），《日本對外貿易》，台北：行政院經濟建設委員會，頁11-12。

類分別佔日本商品輸出總額的42.5%和56.1%（日本在1897年開始
實施金本位）。1900年代，日本重工業（如鋼鐵、機械）開始蓬
勃發展。[133]日本產業的轉型，自然反應在其輸出品的變化上，
1874-1920年日本輸出品的變化，請參見表4-14。

表 4-14：1874-1920 年日本輸出品的變化

期間	初級商品	工業品			
		輕工業品		重化學工業品（金屬、機械、化學）	其他工業（製材、窯業、雜項）
		食品	紡織品		
1874-1880	47.1	2.1	38.6	7.6	4.6
1881-1890	34.1	1.4	45.0	12.0	7.5
1891-1900	22.1	1.7	52.0	13.1	11.1
1901-1910	14.4	4.5	53.7	14.9	12.5
1911-1920	9.4	4.9	55.5	19.7	10.5

資料來源：南亮進（2002），《日本の經濟發展》，東京：東洋經濟新報社，表 7-6。

　　一般的看法認為國際貿易是日本近代經濟發展初期一項非常
重要的因素。明治初期、中期大量輸出的銅、煤炭、生絲等的初
期產品或準初期產品，對日本的經濟成長貢獻良多。例如1888-
1900年，商品國際貿易依存度介於14%到18%之間，輸出增加使
國內有效需求增加了10%。更重要的是，透過對外交流／對外貿
易，不斷引進先進國家的技術，生產力因之大幅提高，加速了日
本的經濟發展。[134]

　　明、清時期的中、西貿易，十八世紀中期以前，中國進口的
東西幾乎都是白銀。但隨著中國人口的成長和經濟發展，到了十

---

[133] 行政院經濟建設委員會經濟研究處（1988），《日本對外貿易》，台北：
　　　行政院經濟建設委員會，頁 12 & 20-21。
[134] 行政院經濟建設委員會經濟研究處（1988），《日本對外貿易》，台北：
　　　行政院經濟建設委員會，頁 12 & 20-21。

八世紀末，中國開始大量進口棉花，自此以後，即使將鴉片進口略而不論，清代中國的貿易順差開始出現逐漸縮小的趨勢，甚至到了清末、民初還面臨嚴重的貿易逆差。另外，如前所述，清末出口成長率低於進口成長率，究其原因，當時中國的主要出口品（茶葉）品質未能提升、國際競爭力下降，為一項重要因素。

棉花在1704年以前，英國東印度公司就已將之出口到了中國，不過早期數量並不多。[135]在1760年代，成了印度對中國最重要的輸出品。[136]1780年代末，印度棉花輸往中國的數量突然激增，增加到每年出口二十萬擔以上，金額達兩百萬兩銀。1823年以後，鴉片取代棉花，不過棉花輸中的數量仍在增長。[137]中國棉花進口日增，最主要的原因還是人口增長之故。

過去各國發展的經驗顯示，農業國家工業化的初步發展，首先必須提高農業生產力，並將產生的農業剩餘用於工業發展；而工業發展中，必須優先發展與農業密切相關的輕、紡工業。最後階段是讓重工業成為國民經濟的重要部門。前述的日本，就是很好的例子。以重工業是否發展完成觀之，英國大約在1860年代完成工業化、美國則在十九世紀末、日本在1920年代、蘇聯在1940年左右。[138]中國則可能要到1949年共產黨執政以後的二十世紀晚期，才算走完工業化的進程。

中國工業化的進程非常遲緩，但終究還是跌跌撞撞向前邁進。1879年以後，隨著技術的改良和進步，西方國家的大型紡

---

[135] Morse H. B. （1966）, The Chronicles of the British East India Company Trading to China 1635-1834, Vol. I, Taipei: Ch'eng-Wen Publishing Co., pp. 130-132.

[136] 陳國棟（2005），《東亞海域一千年》，台北：遠流，頁 295。

[137] 陳國棟（2005），《東亞海域一千年》，台北：遠流，頁 313 & 317。

[138] 陳准（1993），《工業化》，北京：中國人民大學，頁 12-13 & 17-18。

紗工廠迅速增加起來。[139]二十世紀前期，中國棉紡織工業也發展起來，這是對晚清大量進口棉紗和棉布的回應。另外，幾乎同一時期，中國生絲產業的現代化，也慢慢開始了，否則便不能和日本在全球市場上競爭，以及滿足國際市場對生絲品質的要求。簡言之，國際貿易和與西方的互動終究還是成就了中國輕工業的發展。

　　晚清政府積極投資於重工業／國防工業，也不能說是完全錯誤的政策，除國家安全需要外，它對中國後來的工業發展，也有正面效益。趁著1914-1918年的第一次世界大戰，中國的輕工業獲得了很大的擴張，兵工廠培養出來的技術人才，生產製造了這些紡織廠和火柴廠所需的機器設備和零件，填補了進口的不足。當時打下的基礎，讓中國廠商可以面對戰後激烈的市場競爭並存活下來。[140]

---

[139] 〈為甚麼工業革命發生在英國〉，《百度知道》，http://zhidao.baidu.com/question/1430206.html（2007/10/13 查詢）。

[140] 「讓你猜一猜，亞洲最早的機械化紡織廠座落在哪個城市？大阪、上海或孟買？答案是孟買，比大阪還早了約 20 年；一九一四年，印度的棉紡織業已是全球第四大……靠著第一次世界大戰期間，西方國家無暇東顧，這三個工業城市的工業利潤都大幅成長，但除此之外，孟買和遠東那兩座同性質的城市，卻際遇殊途……但這些看似大而無當的東西〔煤礦廠、鋼鐵廠、兵工廠等〕，在一九一四至一九一八年，卻讓中國、日本獲益良多。當孟買因為西方製造的資本財輸入中斷而陷入發展瓶頸，中國、日本境內由兵工廠培養出來的機械師、技工和其他技術人員，開始將注意力轉向上海、大阪紡織廠、火柴廠等輕工業的需求；供應這些工廠機器所需的鋼材……沒有了外來競爭，就連生產成本相當高的產業都獲利，從而使他們有錢取得更好的技術，進而在第一次世界大戰後有能耐保住市占：上海的工業投資就在一九一八至一九二三年競爭日益激烈的時期達到巔峰。一次世界大戰期間，孟買紡織廠只增加人力而未擴廠，外國紗和布一度再進口，他們就只能裁員（和降低工資）因應」。參見 Pomeranz, K. and S. Topik（2007），《貿易打造的世界──社會、文化、世界經濟，從 1400 年到現在》，台北：如果，頁 364-366。

　　1978年以來，中國經濟的改革開放，取得很不錯的成就。先從四個經濟特區（深圳、珠海、汕頭、廈門）試點開始，然後是沿海城市的開放（如上海、天津），最後是西部大開發（如重慶、西安）。此一期間，積極引進外資和大力發展對外貿易，讓國外的市場、資金、關鍵技術與知識，以及關係網絡，由點而線而面，慢慢地內化為中國的經濟實力。與此對照也可見得，晚清中國的經濟現代化之路，雖然緩慢，但大致上仍朝正確的方向邁進。

第五章　結語[1]

　　十五世紀末、十六世紀早期，新航路的發現，開始了全球化「現代世界體系」的最初階段，也拉開國際貿易和海權時代的序幕。中、西海上貿易日益發展，和美洲白銀的大量產出，以及中國對白銀近乎無止盡的需求有很大關連。

　　直到元朝，中國政府對海外貿易基本上持著開放和鼓勵的態度。1405-1433年的鄭和遠航是中國海權實力達於頂點的標示，最遠抵達非洲東岸。但自此而後的明、清兩朝，政府改採閉關自守的海洋政策，對中國的海外貿易進行了過度管制。

　　葡萄牙人在1510年代起到中國進行貿易，西班牙、荷蘭和英國等國接踵而來。直到十八世紀末、工業革命發生以前，歐洲人在亞洲的貿易，並未取得支配性的地位，亞洲的航海者和商人仍能與之抗衡；貴金屬換商品為此一時期歐、亞貿易的重要特徵。另外，鴉片戰爭前，中國海外貿易的格局，大致可用「西洋來市、東洋往市、南洋互市」來概括。[2]

　　工業革命後，西方開始進入一個根基於科技進步的現代經濟成長時期。工業革命最早出現在英國，1765年代瓦特改進和發明了蒸汽機為產業革命拉開序幕。其後陸續出現重大發明，推動世界工業在十九世紀進入了「蒸汽時代」。

---

[1]　前四章已出現過的內容，便不再加上註腳。
[2]　陳國棟（2005），《東亞海域一千年》，台北：遠流，頁300。

在1450-1700年間，世界權力和經濟力量開始一個巨大變化，從中國向西歐移轉。但直到十九世紀初，上升中的西方強權、特別是英國，其整體國力才超越中國。

1839-1842年發生的中、英鴉片戰爭，開始打破中國的孤立狀態，全球因素透過國際科技、貿易和政治的影響，融入了中國的發展，並越來越重要。鴉片戰爭後，中國進入一百多年的衰落階段，以及經濟轉型時期，逐漸從傳統向現代過渡。

清代中國的對外貿易分成四個階段：清初海禁時期（1644-1684）、四口通商時期（1684-1757）、一口通商時期（1757-1842）和開放貿易時期（1842-1911）。清初海禁時期和四口通商前期，基本上延續晚明的格局，中國的主要貿易夥伴為日本、西屬馬尼拉、葡萄牙的澳門和荷蘭東印度公司。廣州一口通商時期，直至清朝滅亡，英國和其殖民地成了中國最重要的貿易夥伴。1839-1842年鴉片戰爭以後，中國被迫開放口岸，與列強進行貿易。中國的出口始終以絲貨（生絲和絲織品）與茶葉為主（十八世紀前期，茶葉變成最重要的出口商品；十九世紀末，絲綢出口再次超越茶葉成為中國最重要的出口品）。進口商品起初以白銀為主；十八世紀晚期，英屬印度出產的棉花和鴉片漸漸取代白銀；十九世紀上半期，中國對外貿易出現了赤字；十九世紀末，棉花、棉布和棉紗的進口量越來越多，但中國茶葉的出口，因印度茶和錫蘭茶的競爭而日漸衰退。清末中國對外貿易出現非常大的逆差，靠著清政府向外借款、外商投資、華僑匯入和黃金流出得以彌補。詳細的貿易數據，請參見第二章各表。

十五世紀中期以後，白銀漸漸成為中國大額交易的媒介，政府在十六世紀晚期也改以白銀徵稅。白銀作為貨幣—經濟運作的潤滑劑，對明、清中國的經濟有著很大影響。十九世紀前期，鴉

片走私進口中國，導致大量白銀外流。王業鍵和林滿紅認為大量
白銀外流引發的中國十九世紀「貨幣危機」，是導致太平天國之
亂的最重要原因；林滿紅進一步認定貨幣危機是發生中、英鴉片
戰爭的重要因素之一。

　　明末中國白銀存量估計達7.6億兩；1645-1911每年白銀淨流入
的估計數量，請參見表3-11；1662-1795年，中國白銀年均產量估
計為47萬兩，1811-1845年均產量為16萬兩。清代流入中國的海外
白銀數量，作者和其他學者的估計，請參見表5-1（原表3-14）；
1910-1930s中國白銀存量的估計比較，請參見表5-2（原表3-
15）。參照各家數字，作者關於海外白銀流入的估計值，應屬合
理範圍內。

表 5-1：清代流入中國的白銀數量估計（百萬兩銀）

來源地	年	數量	資料來源	李隆生／作者
日本	1648-1708	38	Ótake Fumio	作者使用這裡的年均數字
	1700-1762	0.1	Yamawaki Teijirô	
	1763-1840	-8	Yamawaki Teijirô	
拉丁美洲經菲律賓	1645-1820	93	全漢昇	94
	1645-1760	66	錢江	65
拉丁美洲經歐美	1700-1751	51	余捷瓊	37
	1752-1800	75		81
拉丁美洲	1700-1840	169	莊國土	177
		170+	張曉寧	
整體估計	1700-1830	375	H. B. Morse	257
	1721-1800	130	C. F. Remer	163
	1808-1856	-288		-12
	1857-1886	518		194
	1681-1800	458	彭信威	205
	1721-1740	51	林滿紅	31
	1752-1800	79		113
	1814-1850	-112		-57
	1850-1866	165		118
	1868-1886	378		122

表 5-2：1910-1930 年代中國白銀存量

	中國白銀存量	來源	附記
1910	13 億元	度支部	
1911	13 億兩	作者	約 17 億元
1931-1932	18-28 億元	余捷瓊	
1933	22 億兩	作者	約 29 億元
1935	14-15 億元	Eduard Kanin	僅根據都市存銀狀況，應導致低估。
	17 億元	壽台司格	
	16 億元	速水篤次郎	

　　林滿紅根據十九世紀前半期中國的銀、錢兌價，判定中國發生了「貨幣危機」。但作者認為此一時期，雖然白銀大量流出，但白銀貨幣供給受到的影響還須再進一步探究。十八世紀，隨著中國經濟的快速發展，民間私票（如銀票、匯票和錢票）開始出現，以補實體貨幣的不足。1740、1776、1820和1851年，中國的實體白銀存量、流通的白銀貨幣數量，請參見表5-3（原表3-19）。

表 5-3：1740-1851 年中國米價、人口數、名目生產毛額、實體白銀存量、流通的白銀貨幣數量和估計的民間銀票數量

	米價 (兩銀／石)	人口數 (億)	名目生產毛額	實體白銀存量 (億兩)	流通的白銀貨幣數量		民間銀票佔實體白銀存量的比例 (%)
					實體白銀	民間銀票	
1740	1.43	2.433	24.35	8.42	2.81	0	0
1776	1.84	3.115	40.12	10.08	3.36	1.27	13
1820	2.55	3.831	68.38	11.07	3.69	4.20	38
1851	2.36	4.361	72.04	10.46	3.49	4.82	46

　　1820-1851年間，中國基本上處於白銀淨外流的時期。此一期間，實體白銀淨流出0.61億兩，但民間以銀計價的私票估計增加

0.62億兩；流通的白銀貨幣數量從7.89億兩增為8.31億兩（含國內銀產），年均複合成長率為0.17%。直覺的解釋是：白銀貨幣增長速度過慢，難免對經濟造成一些傷害。不過另一種可能性是：十八世紀末中國由盛轉衰，經濟成長放緩，因此相應的貨幣需求和供給成長自然也就變小。

簡言之，當民間私票已成為廣為接受的信用工具之時，私票的供給量自會隨著經濟的狀況而有所調整。所以十九世紀前期，中國是否發生了「貨幣危機」，作者傾向持否定態度。

林則徐在廣州的嚴厲禁煙，為鴉片戰爭發生的偶然性因素或導火線。但中、英兩國國力的消長，以及巨大的貿易利益和貿易體制（自由貿易 vs. 朝貢貿易）的分歧，才是中、英鴉片戰爭爆發的必然性原因。鴉片戰爭最終為中國帶來了正面的改變，「後來的歷史說明，西方的大潮衝擊了中國的舊有模式……但在客觀上為中國提供了擺脫循環的新途徑。從短期上講，負面作用大於正面效應，而從長期來看，負面作用在不斷退隱，正面效應在逐漸生長。」正如同「今天的日本史學家幾乎無人否認，『安政五國條約』的失敗是今日日本成功之母。」

西方主要強權，約在1870年代，皆已將金、銀複本位制或銀本位制，改成金本位制；而亞洲國家卻直至十九世紀末，才陸續放棄銀本位。由於和英國的緊密關係，印度首先在1893年採用金本位；日本隨後在1897年改採金本位；中國直到1935年才改採金本位。

「1870年中期以後，金本位和銀本位國家間匯率和國內物價的歧異，引起許多理論上和實務上的討論，焦點為金本位國家（工業化國家）和銀本位國家（生產初級產品）因而承擔之成本和所獲利益。」B. R. Tomlinson認為持續貶值的印度貨幣，維持了印度農業的國際競爭力，使得印度這個農業國家免於受到國外

先進農業科技發展造成的挑戰；他還認為清末中國政府稅收和外債的失控，以致無法對持續的貨幣／白銀貶值做出適當調整，因而產生日增的外部壓力和不斷的國內動亂。全漢昇認為中國過時的銀本位制，雖有助於中國的出口和白銀流入，但卻減少機器設備的進口，因此阻礙了中國的工業發展；從1895-1913年，進口機器金額僅約佔總進口金額的1%左右。晚清的銀本制，真是中國工業化發展遲緩的主因嗎？

　　國際貿易是近代西方帝國財富的泉源。另外，國際貿易的興盛，也常帶動國內經濟的發展，尤其是各國的工業化進展和國際貿易有著很大關連。以日本為例，國際貿易是日本現代經濟發展初期一項非常重要的驅動力。明治初期、中期大量輸出的銅、煤炭、生絲等的初期產品或準初期產品，對日本的經濟成長貢獻良多。例如1888-1900年，商品國際貿易依存度介於14%到18%之間，輸出增加使國內有效需求增加了10%。更重要的是，透過對外交流／對外貿易，不斷引進先進國家的技術，生產力因之大幅提高，加速了日本的經濟發展。國際貿易對中國的經濟轉型也助益頗大，例如王良行探查了船舶修造、軍火業、機器製造、礦冶、棉紡織、製茶、繰私業，發現晚清中國藉由和英國的貿易，所取得的科技移轉，對中國的工業化進展幫助頗深。他提到1840年代，廣州的工匠開始仿造從英國進口的鐘錶，到了1870年代，廣州就成為中國的重要鐘錶製造中心。另外，中國第一家的棉紡織工廠為1878年創設的上海機器織布局，剛開始時，機器全由英國進口，並聘請英國工匠教授中國工人紡織技藝，不過到了1890年代末期，中國已能從修配和零件製造，進展到模仿和改良製造紡織機具。

　　清代中國的工業化發展約略開始於1865年的自強運動，1894-5年的甲午戰爭，把清代的工業化分成兩個階段。第一個階段（1865-1894）：官方資本從事國防工業的建設；第二個階段（1895-1911）：私人和外國資本，投資於輕工業和消費品工業，並伴隨鐵路的建設。黃仁宇認為自強運動之所以失敗，乃在於它「是一種有限度的運動，組織尚且缺乏傳統社會的支持。」甲午戰後，情勢開始有了變化。「在十九世紀末葉，其最顯著的影響，無疑是主要通商口岸裡所發生的社會與經濟的變遷。西方勢力的擴展使通商口岸能有持續性的經濟成長，形成了這些城市中較為『現代』的部份，而與外國市場緊密地相維繫……然而……在通商口岸之外，傳統中國的社會和經濟結構很少受到影響……上層階級的某些成員明顯地感到社會改變正在進行，他們認為1895-1904的十年之間是一個轉捩點；這種變遷無可避免地正在加速進行。」

　　日本明治維新後的二、三十年，工業以輕工業為主，發展非常迅速。中國的現代經濟，也是從輕工業／民生工業的發展開始。到了1910年代初，國內機器紡紗才逐漸取代進口棉紗；另約在1930年代，機器紡紗和織布的數量才超過手紡紗和手織布，中國棉產品的出口值也約在同時超越了進口值。整體來說，從1912年到1936年，中國工業產量增長9.25倍，年均複合成長率為10.2%。據估計，在1933年，中國工業產值中，現代工業已佔了32%。

　　本書第四章迴歸分析發現1867-1911年，隨著白銀相對黃金貶值（亦即中國貨幣貶值），導致出口增加，但進口增加的更快，以致貿易逆差日益惡化。這應是由於此一時期，中國人地壓力大，但人口持續成長，而生產力提升卻幾近停滯所導致。另外，中國的進口商品幾乎都是民生必需品、原材料和鴉片，對價格的

敏感度不高，因此即使以銀計價的進口品價格上漲，進口數量減少也有限，進口金額仍不斷上升。1870年，棉貨進口佔進口總值的42.50%、鴉片佔40.96%，兩者合計佔83.46%；1910年棉貨佔41.23%、鴉片佔11.63%（中國自己種植取代進口）、燃料佔6.29%、糧食佔7.2%、糖佔4.68%，合計為71.03%。

　　另一方面，1880年代以後，中國的主要出口品、先是茶再來是生絲的國際競爭力下降，以致出口受到影響；即使中國貨幣／白銀貶值，也無法扭轉這個趨勢。例如，1880年代開始，印度和錫蘭的茶葉出口快速增加，對中國的茶葉出口產生重大影響。1910年，印度和錫蘭茶葉的出口值就已是中國茶葉的兩倍，到了1920年，中國茶葉出口大幅衰退，僅佔當年出口總額的1.6%；二十世紀初這個比例為16%。1870年，茶葉和絲貨佔中國出口總值的99%，到了1910年，這個比例大幅下降成為36%。總而言之，晚清實施的銀本位制，和清末的貿易赤字擴大的關係不大，主要是國、內外不同的經濟和社會結構（如人口壓力），以及中國產品國際競爭力的衰退所致（如茶葉）。

　　1871到1910年，中國輸入的棉紗從7萬擔增加為228萬擔，價值從188萬海關兩增加到6,283萬海關兩。受到大量棉紗進口的影響，棉布僅僅只從1,444萬匹增加到1,701萬匹，價值從2,488萬海關兩變為6,785萬海關兩。1871-1880年，中國國內工廠尚未生產棉紗和棉布，到了1901-1910年，中國國內工廠生產的棉紗和棉布，分別佔消費量的18%和1%。中國的棉紡織業在清末，還僅處於萌芽狀態。一直要到1930年代，中國國內機器紡紗和織布的數量才超過手紡紗和手織布，中國棉產品的出口值也才超越進口值。很明顯，中國棉紡織產業，從進口替代逐步發展到大量出口，而所有的一切開始於通商口岸。

　　Feuerwerker認為「二十世紀以前的中國經濟幾乎完全包含在農業範圍內，或非常緊密地與其相聯繫」；王業鍵認為清代「中國經濟並未產生結構上的改變，即使到二十世紀中葉依然非常落後。」中國工業化的腳步非常遲緩，跟銀本位應無關係；日本在1897年以前也採銀本位。

　　清代中國工業化的成果極差，全漢昇認為原因有五項：（一）交通建設薄弱；（二）儲蓄率低（中國以農民為主體且政府外債龐大）和金融機構不發達；（三）科學技術落後；（四）官辦和公營企業效率低落、效能不彰；（五）進口關稅過低。王業鍵認為清末到二次戰前，中國工業化發展遲緩的原因在於：（一）外人直接投資意願不高，且多投資在金融和服務業，以及集中於上海和東北兩地；（二）政府收入佔生產總值的3-3.5%，比例很低，而軍費、賠償和外債常佔歲出的三分之二，實無力從事經濟建設；（三）國內銀行業不發達，又多侷限在江蘇、浙江和九大城市，且主要從事政府放款和購買公債、國庫券（年利率17-25%），而非做工商業放款；（四）農村的手工業因勞動成本極低，產品價廉物美；（五）中國大部分地區交通不便；（六）貨幣和度量衡不統一；（七）最重要的是政治不安定，戰亂不斷。Feuerwerker認為中國工業化初期的發展相當遲緩，除勞動力成本極低外，原因很多，還包括中國農村低度的有效需求、交通運輸不便、落後的金融、政府缺乏足夠的財力和執行力來從事經濟建設。作者認為背後的深層原因—中國太大、傳統力量太強，改變需要很長的時間才能完成。但通商口岸裡所發生的社會與經濟的變遷，最終還是極為緩慢地擴散到全中國。以下的引文，讓我們清楚理解、至少是說明了部份的原因，為何晚清的經濟轉型是這樣的困難。

　　　　中國被封閉在一個四方形裡〔一邊臨海、三面臨陸〕。在
　　　　這四邊形中，雖然並非沒有抗拒和仍然落後於形式，但唯
　　　　有邊緣地帶〔通商口岸〕真正按世界的時間生活，接受世
　　　　界的貿易和節奏。世界的時間優先使這類邊沿地帶變得活
　　　　躍。那麼，四邊形的中心有沒有反應呢？在個別地區，反
　　　　應無疑是有的，但也可以說，基本上沒有反應。中國「大
　　　　陸」所發生的事在地球上所有有人居住的地區，甚至在產
　　　　業革命時代的不列顛諸島重演。到處都有一些角落，世界
　　　　史在那裡竟毫無反響，那是一些寂靜的、無聲無息的地
　　　　方……受它自身之累，它的厚度、體積和巨人症都對它不
　　　　利……它自身的聯繫也變得不便，政府的命令，國內生活
　　　　的運動和脈衝以及技術進步同樣難以傳遍全國。

　　晚清政府積極投資於重工業／國防工業，也不能說是完全錯誤
的政策，除國家安全需要外，它對中國後來的工業發展，也有正面
效益。趁著1914-1918年的第一次世界大戰，中國的輕工業獲得了
很大的擴張，兵工廠培養出來的技術人才，生產製造了這些紡織廠
和火柴廠所需的機器設備和零件，填補了進口的不足。當時打下的
基礎，讓中國廠商可以面對戰後激烈的市場競爭並存活下來。

　　1978年以來，中國經濟的改革開放，取得很好的成就。先從
四個經濟特區（深圳、珠海、汕頭、廈門）試點開始，然後是沿
海城市的開放（如上海、天津），最後是西部大開發（如重慶、
西安）。此一期間，積極引進外資和大力發展對外貿易，讓國外
的市場、資金、關鍵技術與知識，以及關係網絡，由點而線而
面，慢慢地內化為中國的經濟實力。與此對照，晚清中國的經濟
現代化之路，雖然緩慢，但大致上仍朝正確的方向邁進。

　　1839-1842年的第一次鴉片戰爭，絲毫未改變中國的「傲慢自大」。1857-1860年的第二次鴉片戰爭，英、法聯軍攻佔北京以後，清政府檢討的結果是，在1861年設了總理各國通商事務衙門，認為「夷務」僅限通商；「夷務」這個名稱改成「洋務」，則要遲至1870年代。[3]「自強運動」期間，仍自認中國的制度是優越的，西方不過是「船堅炮利」而已，堅持「師夷之長技以制夷」和「中學為體、西學為用」。要等到1898年光緒皇帝的「百日維新」，才有一些知識分子和統治者體認到制度改革的重要性。不過之後還是發生了戊戌政變和義和團之亂的不幸事件。

　　黃仁宇分別用兵工廠和造船廠，以及憲法和預算來概括自強運動和百日維新。並認為自強運動之所以失敗，乃在於它「是一種有限度的運動，組織尚且缺乏傳統社會的支持。」光緒皇帝意識到國家富強不能只有槍炮，還須有健全的制度，相較自強運動，百日維新觸碰到中國更深層的問題。但百日維新主張的盲點在於「如果全國社會尚且逗留在十七世紀，而皇帝的一紙詔書即可以使之躍進至二十世紀也是夢想。」

　　十九世紀的中國人真的愚昧無知嗎？中國強太久了，天朝上國也做太久了，直到十八世紀末，始終是全球最強盛的國家。鴉片戰爭後，一下由頂峰摔落，面對全新的局面，難以接受，須花很多的時間進行調整。調整是痛苦的，中國又太大，一百多年過去，即使到今天仍在調整。

---

[3]　「『洋務』一詞是對『夷務』一詞的糾正。因為『夷』字帶有侮辱和歧視性，外國人反對這樣的說法，清政府才不得不在公開文書中，將『夷』字改作『洋』字……1872 年李鴻章說：『上海為洋務薈萃之地，又不得人。吳（煦）、應（寶時）長技，動借洋人脅逼上司。』」參見羅偉國（2004），〈《清季的洋務新政》出版〉，《古籍整理》，400，http://www.guoxue.com/gjzl/gj400/gj400_08.htm（2007/10/22 查詢）。

　　歷史研究的重要意義和價值在於「吸取往事中的經驗、教訓，以指導自己當下或未來的行為；」[4]以及「批判過去，教導現在，以利於未來。」[5]另外，邱吉爾說：「你回顧得越久遠，對未來就看得越遠。」[6]因此，若是認為晚清的中國人妄自尊大和愚昧無知，那麼深思一下目前人類的景況，大多數人並不相信必須對未來做出改變。

　　過去相信科學技術可以人定勝天，以及一味追求更好、更方便、更多的物質生活，已經對全球生態環境帶來沈重的負面衝擊，犖犖大者如溫室效應、臭氧層破壞、酸雨、熱帶雨林消失、沙漠化、資源過度利用、物種減少等等。1980年，國際暨自然資源保育聯盟、聯合國環境委員會和世界野生動物基金會指出：「人類為追求經濟發展及享用自然界資源，必須接受資源有限的事實，並考慮生態體系的負荷能力，同時更須考慮人類後代子孫之需。」雖然自此之後，永續發展的概念受到普遍關注，但可惜人們作得仍不夠多、也不夠好，大多數人並不情願改變。[7]

　　高爾（Al Gore）拍攝的《不願面對的真相》（*An Inconvenient Truth*）裡提到：「人類正面對嚴重的生存危機。如果大多數的科學家是對的，我們大概只有十年的時間去避免整個地球發生巨大的毀滅，包括極端的氣候、洪水、乾旱、傳染病，

4　陳新（2002），〈我們為甚麼要敘述歷史〉，《史學理論研究》，3，5-18。

5　蘭克所言。原文為「歷史給本書〔拉丁和條頓民族史〕的任務是：批判過去，教導現在，以利於未來。」參見張廣智、陳新（2000），《西方史學史》，上海：復旦大學，頁212。

6　參見 Greenspan, A.（2007），《我們的新世界》，台北：大塊文化，頁523。

7　李隆生（2001），〈從永續發展的觀點論我國產業政策應作之調整〉，《台灣經濟金融月刊》，37: 2，82-90。

以及過去所不曾經歷的大災難……我們不能再只是將全球暖化視
為一個政治議題，它其實是對人類文明最大的道德挑戰。」[8]

很多人對這部電影感到動容，但有多少人真正相信片中所說
的「科學證據」？有多少人會因為片中的「科學證據」而大幅改
變我們的生活方式？或許絕大部份的人們認為高爾只是危言聳
聽，俾讓我們能夠繼續過現在的美好生活—經濟成長、自由自在
不受限制、富裕的物質生活！難道讓日子過的更好有錯嗎？不要
太杞人憂天了！過去不是一直都沒事嗎？我們的世界怎會一夕變
天呢？明天，我還要有更好的物質生活，地球撐得住的！如果、
僅只是如果，《不願面對的真相》的預言，大致上是對的，那麼
後代子孫（如果還有後代子孫）會不會覺得我們狂妄自大和愚昧
無知呢？

> 世界自然基金會曾發表報告指出，未來數十年，污染、興
> 建水庫、氣候變遷會造成嚴重的水荒。全球十大瀕臨危機
> 的河流流域，亞洲就佔了五條，包括長江、湄公河、怒
> 江、恆河、印度河，這五大河共哺育八億七千多萬人。水
> 源危機不但影響食用水，也將影響漁業與食物安全，最終
> 將導致營養不良與疾病叢生。全世界已經出現糧食短缺現
> 象，黃豆粉價格已經比去年同期上漲50%，糖、麵粉價格

---

[8] 原文如下："Humanity is sitting on a ticking time bomb. If the vast majority of the world's scientists are right, we have just ten years to avert a major catastrophe that could send our entire planet into a tail-spin of epic destruction involving extreme weather, floods, droughts, epidemics and killer heat waves beyond anything we have ever experienced……we can no longer afford to view global warming as a political issue - rather, it is the biggest moral challenges facing our global civilization." 參見 about the film, An Inconvenient Truth, http://www.climatecrisis.net/aboutthefilm/（2007/10/18 查詢）。

都相繼漲價。管理大師彼得聖吉在接受《天下雜誌》訪問時說，目前他最擔心的是世界糧食危機。所有人都會受害。食物、水和能源這三大資源系統，相互關連，都會影響到每個人。尤其因為中國經濟的進步，人民飲食習慣改變，從過去以穀物為主，到現在吃許多的肉，與生活在富裕環境中的人們相似，所以需要更多的穀物來養殖牛羊等肉類來源。其中玉米不但因為要用作飼料而價格大漲，更因為拿來作石油代替品，也缺貨連連。有如彼得聖吉在《第五項修煉》所說，解決問題的「方法」反而自己變成了「問題」，如果沒有系統思考解決問題，見樹不見林，不能根本解決問題。「糧食問題不解決，全球都是輸家，」彼得聖吉說。[9]

　　危機或許迫在眉睫，而大多數的人們卻仍沉浸在過往繁華的氣氛裡，不願面對真相並做出必要的改變！

---

[9]　楊艾俐（2007），〈全世界資源荒〉，《天下雜誌》，382，44-46。

附錄A　1400-1911年世界歷史大事年表

1404-33	中國航海家鄭和航行到印度和東非
1421	中國的明朝遷都北京。
1453	拜占廷帝國滅亡。
1492	探險家哥倫布到達美洲加勒比海群島。
1497-98	葡萄牙的航海家瓦斯科・達・伽馬首闢由歐洲繞非洲到印度的航道。
1519-22	西班牙艦隊在麥哲倫的率領下第一次環繞世界。
1520	阿茲特克帝國毀滅。
1526	印度開始蒙兀兒帝國統治時期。
1581	義大利人利瑪竇來到中國，在一定程度上促進了中國科學的發展。
1588	英國海軍打敗西班牙龐大的「無敵艦隊」。
17 世紀	所有歐洲列強都在非洲海岸建立了貿易點。
1600	英國東印度公司成立。
1602	荷蘭東印度公司成立。
1603	日本德川幕府統治開始。
1620s	日本「鎖國」政策日漸成形。
1624	荷蘭人侵略台灣。
1644	滿族入關，中國清朝取代明朝。
1652	荷蘭在南非建立開普敦殖民地。
1662	鄭成功收復台灣。
1668	英國東印度公司取得孟買。
1683	康熙皇帝取得台灣，統一了中國。
1690	英國在加爾各達建立殖民地。
1707	印度蒙兀兒皇帝奧朗則布去世，帝國分裂，歐洲商人獲得了更多的侵略機會。
1727	中俄簽訂《布連斯奇條約》和《恰克圖條約》，劃分了雙方邊境。
1740s	英國和法國在印度爭奪權力。
1763	英國戰勝法國結束「七年戰爭」，《巴黎和約》使印度成為

	英國的勢力範圍。
1765	英國人瓦特改進和製造了新的蒸汽機，工業革命開始。
1776	美國宣佈獨立，亞當斯密出版《國富論》。
1780-84	第四次英、荷戰爭，荷蘭人海上貿易和殖民勢力遭受極為嚴重的傷害。
1788	英國在澳大利亞建立了殖民地新南威爾士。
1789	法國革命在巴黎開始。
1793	馬戛爾尼以大使身分出訪中國。
1795	荷蘭東印度公司解散。
1815	滑鐵盧之役，拿破崙戰爭結束。英國從荷蘭取得開普敦殖民地的控制權。
1821	墨西哥從西班牙獨立。
1822	巴西從葡萄牙獨立。
1832	摩斯在美國發行摩斯電碼。
1839-42	中國銷毀英國輸入的鴉片，引發了第一次的鴉片戰爭。
1842	《南京條約》簽訂，香港被英國佔用。
1849	葡萄牙侵佔中國澳門地區。
1851-64	太平天國之亂
1851	I. S. 辛格製成第一台腳踏式縫紉機。
1853-54	美國海軍迫使日本簽訂《親善條約》。
1856	貝塞麥在英國發明工業煉鋼法。
1857-60	第二次鴉片戰爭（英、法聯軍之役），簽訂《天津條約》和《北京條約》，中國喪失更多主權。
1858	英國東印度公司關閉。
1859	達爾文《物種源始》一書出版。
1862-94	中國洋務運動—「自強運動」。
1862	法國侵佔印度支那。
1866	諾貝爾發明炸藥。
1869	蘇伊士運河開通，日本開始「明治維新」。
1870-79	多數西歐國家進入工業化階段。
1876	英國維多利亞女王開始兼任印度女王。
1880-89	英國和法國分別進入緬甸和越南。
1882	英國開始對埃及進行殖民統治。
1883	愛迪生發明燈泡。
1885	本茨在德國設計並製造了世界上第一輛內燃機車。
1894-95	中日甲午戰爭，中國慘敗，簽訂《馬關條約》。

1898	光緒皇帝「百日維新」，美國取得原西屬菲律賓，各強權在中國租借權的爭奪。
1900-01	中國發生義和團之亂，最後發生八國聯軍之役，中國慘敗，簽訂《辛丑條約》。
1901-11	清末新政
1903	萊特兄弟造出並成功試飛第一架可操縱的動力飛機。
1904-05	發生在中國東北地區的日、俄戰爭，最後以俄國戰敗告終。
1904	法屬西非聯盟成立。
1905	愛因斯坦發表《狹義相對論》。
1908	鄂圖曼蘇丹王室結束，現代的土耳其共和國建立。
1910	日本併吞朝鮮。
1911	中國爆發辛亥革命，清政府被推翻，中國君主制度結束。

資料來源：基本上只列出和中國有關，以及西方向外擴張的重大事件。主要摘錄自尤義賓（2006），《世界通史》，台北：漢宇國際文化，頁 393-396。少數摘錄自 Pagden, A. (2004)，《西方帝國簡史》，台北：左岸文化，頁 10-13；以及李隆生（2005），《晚明海外貿易數量研究》，台北：秀威，頁 73。另外，部份是作者補充。

附錄B　清代帝系

廟號	年號	諡號	名字	享年	在位期間
世祖	順治	章皇帝	福臨	24	1644-1661
聖祖	康熙	仁皇帝	玄燁	68	1662-1722
世宗	雍正	憲皇帝	胤禛	58	1723-1735
高宗	乾隆	純皇帝	弘曆	89	1736-1795
仁宗	嘉慶	睿皇帝	顒琰	61	1796-1820
宣宗	道光	成皇帝	旻寧	69	1821-1850
文宗	咸豐	顯皇帝	奕詝	31	1851-1861
穆宗	同治	毅皇帝	載淳	19	1862-1874
德宗	光緒	景皇帝	載湉	38	1875-1908
無	宣統	無	溥儀	62	1909-1911

資料來源：閻崇年（2005），《正說清朝十二帝》，台北，聯經，頁 67、101、128、161、181、203、222、255、286、309。

附錄C　貨幣、度量衡單位換算

1擔＝100斤　＝　60.453公斤　＝　133.33磅[1]

1箱（Malwa鴉片）＝100斤[2]

1箱（孟加拉鴉片）＝120斤[3]

1英鎊＝20先令＝240便士（1971年以前）[4]

1英鎊＝3兩銀＝4元[5]

1英鎊＝4.87美元[6]

1元[7]＝0.75兩銀[8]

---

[1] Pritchard, E. H. (1970), The Crucial Years of Early Anglo-Chinese Relations 1750-1800, New York: Octagon Books, pp. 192-193.

[2] Pritchard, E. H. (1970), The Crucial Years of Early Anglo-Chinese Relations 1750-1800, New York: Octagon Books, pp. 192-193. Malwa 位於印度旁遮省。

[3] Pritchard, E. H. (1970), The Crucial Years of Early Anglo-Chinese Relations 1750-1800, New York: Octagon Books, pp. 192-193.

[4] Pritchard, E. H. (1970), The Crucial Years of Early Anglo-Chinese Relations 1750-1800, New York: Octagon Books, pp. 192-193.

[5] Pritchard, E. H. (1970), The Crucial Years of Early Anglo-Chinese Relations 1750-1800, New York: Octagon Books, pp. 192-193. 另外,Attman 提出在十八世紀,1 英鎊等於 4.25 西班牙銀元(rix-dollar),以及 1 西元含銀 25.98 克 (grammes)。參見 Attman, A. (1986), Precious metal and balance of payments in international trade 1500-1800, in W. Fischer et al. ed. The Emergence of a World Economy 1500-1914, 113- 122, Berne: International Economic History Association.

[6] 英國在 1816 年（拿破崙戰爭後一年）正式採用金本位，直到一次世界大戰後的 1919 年，這段時期英國物價非常穩定，和美元的匯率大致維持在 1 英鎊等於 4.87 美元的價位。引自 Pound sterling, Wikipedia encyclopedia, http://en.wikipedia.org/wiki/Pound_sterling（2006/07/13 查詢）。

[7] 本書的元／銀元指的是西班牙銀元（簡稱西元）或墨西哥銀元。西班牙銀元，係指 1535-1821 年間西班牙所鑄的銀幣，約在 1860 年以前，中國流通的外國銀幣幾乎都為西班牙銀元。1860 年以後，墨西哥銀元在中國流

1日本貫＝100兩銀[9]

1兩銀＝3.5荷蘭盾[10]

1海關兩＝1.1兩銀[11]

通的數量日增，到了 1910 年，在中國流通的外國銀幣，據估算以墨西哥
銀元為主，約 11 億元。墨西哥在 1821 年脫離西班牙獨立，1824 年開始
鑄造墨西哥銀元，大約在 1854 年輸入中國。根據 1856 年英國造幣廠的化
驗結果，西班牙銀元含銀 370.9 英厘（grain）（1 英厘 = 0.0648 公克），
相當 50.12 便士、0.2088 英鎊或 0.6378 海關兩；墨西哥銀元含銀 371.57 英
厘，相當 50.21 便士、0.2092 英鎊或 0.6389 海關兩。中國民間仿鑄外國銀
元，在十九世紀上半期就已是公開的祕密，官鑄銀元則要遲至 1890 年。
另外，外國銀元剛流入中國時（晚明），以其含銀量計算價值，每塊銀元
約值紋銀六、七錢，後來因使用方便、流通日廣，價值比相同含銀量的銀
錠稍高。參見張研（2002），《清代經濟簡史》，台北：雲龍，頁 202-
208。除此，林滿紅指出一個西班牙／墨西哥銀元，約重 0.73 兩，含銀約
90-94%，所以一個西班牙／墨西哥銀元的含銀量約為 0.67 兩，相當中國
銀兩的 0.7-0.8 兩銀，0.6-0.7 海關兩，但有時因其交易方便，當銀 8 錢以
上。參見林滿紅（1991），〈中國的白銀外流與世界金銀減產（1814-
1850）〉，《中國海洋發展史論文集》第四輯，1-44，台北：中央研究院
人文社會科學研究中心。

8　Pritchard, E. H. (1970), The Crucial Years of Early Anglo-Chinese Relations
1750-1800, New York: Octagon Books, pp. 192-193.

9　劉序楓（1999），〈財稅與貿易：日本「鎖國」期間中日商品之展
開〉，《財政與近代歷史論文集》，275-318，台北：中央研究院近代史
研究所。

10　十七世紀 60 年代，每兩銀等於 3.5 荷蘭盾；十七世紀 80 年代，每兩銀等
於 4.125 荷蘭盾；到了十八世紀的 1729 年、1731 年、1732 和 1733 年，
每兩銀分別等於 3.64、3.57、3.64、3.55 荷蘭盾。以上匯率參見全漢昇
（1996），〈明清間美洲白銀輸入中國的估計〉，《中國近代經濟史論
叢》，31-43，台北：稻禾。另外，針對 1776-1788 期間，莊國土使用 1 兩
銀等於 3.47 荷蘭盾。參見 Zhuang, G. (1993), Tea, Silver, Opium and War,
Xiamen: Ximen University Press, p. 173.

11　1 海關兩 = 1.11400 上海兩 = 1.19000 廣東兩 = 1.08750 漢口兩 = 1.05550 天
津兩 = 1.04360 九江兩。參見 Hsiao, L. L. (1974), China's Foreign Trade
Statistics 1864-1949, Cambridge: Harvard University Press, p. 16. 所以 1 海關
兩大約等於 1.1 兩銀。另外，1 海關兩 = 581.55 英厘。參見 Morse, H. B.
(1921), Trade and Administration of China, Shanghai: Kelly and Walsh, pp.
151-157.

附錄D　清代銀、錢兌價（文／兩銀）

年	SCCR	年	SCCR	年	SCCR	年	SCCR
1644	700	1766	910	1815		1864	1190
1647	1000	1767	930	1816	1177	1865	1250
1657		1768	950	1817	1217	1866	1420
1670	1250	1769	950	1818	1245	1867	1690
1684	850	1770	950	1819		1868	1690
1722	780	1771	950	1820	1226	1869	1750
1723	800	1772	950	1821	1267	1870	1780
1724	820	1773	950	1822	1252	1871	1850
1725	845	1774	955	1823	1249	1872	1880
1726	900	1775	960	1824	1269	1873	1720
1727	925	1776	910	1825	1253	1874	1610
1728	950	1777	890	1826	1271	1875	1660
1729	980	1778	870	1827	1341	1876	1630
1730	950	1779	850	1828	1339	1877	1510
1731	925	1780	910	1829	1380	1878	1420
1732	900	1781	925	1830	1365	1879	1420
1733	880	1782	940	1831	1388	1880	1440
1734	860	1783	955	1832	1387	1881	1420
1735	840	1784	970	1833	1363	1882	1470
1736	820	1785	985	1834	1356	1883	1630
1737	800	1786	1000	1835	1420	1884	1720
1738	755	1787	1020	1836	1487	1885	1720
1739	830	1788	1040	1837	1559	1886	1720
1740	830	1789	1060	1838	1637	1887	1720
1741	830	1790	1080	1839	1679	1888	1690
1742	815	1791	1100	1840	1644	1889	1460
1743	800	1792	1120	1841	1547	1890	1530
1744	825	1793	1140	1842	1572	1891	1530
1745	850	1794	1150	1843	1656	1892	1530
1746	825	1795	1150	1844	1724	1893	1470
1747	850	1796		1845	2025	1894	1360

1748	775	1797		1846	2208	1895	1250
1749	790	1798	1090	1847	2167	1896	1200
1750	805	1799	1033	1848	2299	1897	1200
1751	820	1800	1070	1849	2355	1898	1200
1752	840	1801	1040	1850	2230	1899	1200
1753	850	1802	997	1851		1900	1220
1754	850	1803	967	1852		1901	1240
1755	850	1804	920	1853	2220	1902	1250
1756	850	1805	936	1854	2270	1903	1280
1757	850	1806	963	1855	2100	1904	1300
1758	850	1807	970	1856	1810	1905	1340
1759	850	1808	1040	1857	1720	1906	1350
1760	850	1809	1065	1858	1420	1907	1370
1761	825	1810	1133	1859	1610	1908	1400
1762	800	1811	1085	1860	1530	1909	1520
1763	850	1812	1094	1861	1420	1910	1660
1764	870	1813	1090	1862	1210	1911	1730
1765	890	1814	1102	1863	1130		

資料來源：1644-1722 年，參見楊端六《清代貨幣金融史稿》頁 182-183；
1723-1806 年，參見陳昭南《雍正乾隆年間的銀錢比價變動》頁
12；1807-1850 年，參見嚴中平《中國近代經濟史統計資料選
輯》頁 37；1853-1911 年，參見羅綏香《犍為縣志》28a-b。轉引
自 Lin, M. H. (2006), China Upside Down, Cambridge: Harvard
University Press, pp. 86-87.

附錄E　清代江南米價（兩銀／石）

年	均價	使用的官方 記載數目	31 年移動 平均價格	年	均價	使用的官方 數記載目	31 年移動 平均價格
1638	1.90			1787	2.19	12	1.68
1639	1.90			1788	1.62	11	1.71
1640	2.80			1789	1.49	6	1.75
1641	3.90	*		1790	1.42	9	1.79
1642	5.00			1791	1.46	2	1.82
1643	2.50			1792	1.37	4	1.82
1644	2.50			1793	1.36	4	1.86
1645	2.50			1794	1.44	5	1.90
1646	3.00			1795	1.37	6	1.91
1647	4.00			1796	1.23	12	1.93
1648	3.10	*		1797	1.18	7	1.96
1649	2.20			1798	1.16	10	1.98
1650	1.80			1799	1.20	12	2.01
1651	3.90			1800	1.26	11	2.05
1652	3.30			1801	1.57	12	2.07
1653	2.70		2.18	1802	2.00	12	2.06
1654	2.50		2.14	1803	2.48	12	2.06
1655	2.50		2.11	1804	2.69	12	2.08
1656	1.60	*	2.06	1805	2.79	4	2.11
1657	0.70		1.97	1806	2.92	3	2.14
1658	1.35	*	1.83	1807	2.35	1	2.17
1659	2.00		1.76	1808	2.98	4	2.21
1660	1.85	*	1.71	1809	2.95	11	2.25
1661	1.70		1.65	1810	2.63	12	2.28
1662	1.70		1.58	1811	2.41	12	2.31
1663	0.90		1.48	1812	2.64	12	2.34
1664	0.95	*	1.44	1813	2.61	12	2.37
1665	1.00		1.44	1814	2.90	11	2.41
1666	0.70		1.43	1815	3.09	1	2.44
1667	0.60		1.33	1816	2.78	12	2.48

1668	0.55	*	1.25	1817	2.27	11	2.52
1669	0.50		1.19	1818	2.37	5	2.54
1670	1.00		1.14	1819	2.11	12	2.56
1671	1.30		1.09	1820	2.33	12	2.55
1672	1.10		1.08	1821	2.48	1	2.53
1673	0.60		1.07	1822	2.49	*	2.50
1674	0.60		1.07	1823	2.50	1	2.50
1675	0.70	*	1.03	1824	2.50	*	2.47
1676	0.80		1.01	1825	2.50	1	2.46
1677	0.80		0.97	1826	2.28	4	2.46
1678	0.90		0.95	1827	2.17	12	2.46
1679	1.80		0.96	1828	2.18	7	2.45
1680	2.30		0.95	1829	2.22	12	2.44
1681	1.50	*	0.94	1830	2.28	10	2.42
1682	0.70		0.94	1831	2.51	12	2.38
1683	0.90		0.95	1832	2.60	11	2.35
1684	0.90		0.96	1833	2.77	12	2.35
1685	0.90		0.97	1834	2.96	12	2.34
1686	1.00	*	0.97	1835	2.37	12	2.35
1687	1.10		0.96	1836	2.25	12	2.34
1688	0.60		0.95	1837	2.17	12	2.31
1689	1.10		0.97	1838	2.08	12	2.27
1690	1.00		0.99	1839	2.24	12	2.23
1691	1.00		1.02	1840	2.51	12	2.20
1692	0.70		1.03	1841	2.57	12	2.17
1693	1.00		1.06	1842	2.55	12	2.18
1694	1.10		1.07	1843	2.56	12	2.20
1695	0.70		1.04	1844	2.38	12	2.21
1696	0.70	1	0.99	1845	2.24	12	2.19
1697	0.80	*	0.96	1846	1.91	12	2.21
1698	0.90	1	0.97	1847	1.95	12	2.27
1699	0.86	*	0.97	1848	1.98	11	2.31
1700	0.83	*	0.98	1849	2.20	7	2.34
1701	0.80	1	0.98	1850	2.39	12	2.34
1702	0.92	*	0.98	1851	2.18	12	2.36
1703	1.04	*	0.97	1852	1.32	12	2.36
1704	1.16	*	0.98	1853	1.35	8	2.35

1705	1.28	*	0.97	1854	1.38	1	2.35
1706	1.40	1	0.96	1855	1.46	9	2.34
1707	1.30	3	0.96	1856	1.48	1	2.32
1708	1.60	4	0.97	1857	2.66	8	2.30
1709	1.20	10	0.98	1858	2.79	10	2.27
1710	0.90	7	0.98	1859	2.37	9	2.25
1711	0.80	7	0.99	1860	1.68	3	2.22
1712	0.70	2	1.01	1861	2.96	*	2.20
1713	0.90	9	1.02	1862	4.24		2.20
1714	0.90	9	1.03	1863	3.82		2.21
1715	1.20	7	1.04	1864	3.96		2.20
1716	1.00	11	1.05	1865	2.84	4	2.18
1717	1.00	9	1.07	1866	3.00	12	2.15
1718	0.80	10	1.09	1867	2.26	12	2.13
1719	0.70	10	1.09	1868	1.81	11	2.14
1720	0.80	14	1.09	1869	1.96	12	2.15
1721	0.90	5	1.08	1870	2.08	12	2.16
1722	1.00	9	1.07	1871	1.90	12	2.18
1723	1.00	5	1.07	1872	1.79	12	2.19
1724	1.20	7	1.06	1873	1.72	12	2.16
1725	1.20	11	1.06	1874	1.72	12	2.13
1726	0.90	11	1.08	1875	1.53	11	2.13
1727	1.30	14	1.10	1876	1.53	9	2.13
1728	1.20	1	1.13	1877	1.83	12	2.10
1729	1.20	*	1.15	1878	2.27	12	2.03
1730	1.20	*	1.17	1879	1.81	12	1.97
1731	1.20	1	1.17	1880	1.50	12	1.91
1732	1.30	*	1.19	1881	1.33	12	1.90
1733	1.40	2	1.22	1882	1.63	12	1.88
1734	1.20	1	1.25	1883	1.79	12	1.91
1735	1.00	1	1.28	1884	1.69	12	1.95
1736	1.00	11	1.32	1885	1.59	12	1.98
1737	1.10	12	1.37	1886	1.97	12	1.99
1738	1.30	12	1.39	1887	1.96	11	2.05
1739	1.40	12	1.41	1888	1.73	1	2.10
1740	1.20	12	1.43	1889	1.87	12	2.16
1741	1.34	12	1.48	1890	2.14	12	2.20

1742	1.53	12	1.51	1891	1.88	12	2.25
1743	1.60	11	1.52	1892	2.01	12	2.33
1744	1.55	12	1.55	1893	2.04	12	2.40
1745	1.42	12	1.58	1894	2.02	12	2.43
1746	1.37	12	1.60	1895	2.11	12	2.50
1747	1.61	12	1.62	1896	2.36	12	2.65
1748	2.04	12	1.64	1897	2.59	12	2.81
1749	1.69	12	1.65	1898	3.20	12	2.94
1750	1.64	11	1.67	1899	2.85	12	3.01
1751	1.93	11	1.70	1900	2.80	12	3.14
1752	2.31	12	1.72	1901	2.65	11	3.27
1753	1.73	12	1.74	1902	3.54	11	3.37
1754	1.64	12	1.76	1903	3.52	12	3.47
1755	1.89	11	1.78	1904	3.47	10	3.59
1756	2.73	11	1.80	1905	2.87	11	3.77
1757	1.70	7	1.80	1906	3.12	10	3.95
1758	1.75	12	1.80	1907	3.98	12	4.17
1759	1.95	12	1.80	1908	4.06	12	4.38
1760	2.18	12	1.82	1909	3.34	12	4.57
1761	1.82	12	1.84	1910	3.91	12	4.78
1762	1.91	11	1.85	1911	6.20		5.11
1763	1.82	6	1.86	1912	6.16		5.40
1764	1.74	8	1.87	1913	5.60		5.60
1765	1.93	7	1.87	1914	4.21		5.83
1766	1.92	12	1.87	1915	5.74		6.17
1767	1.67	11	1.88	1916	5.53		6.39
1768	1.73	12	1.87	1917	5.06		6.58
1769	1.97	12	1.87	1918	5.14		6.67
1770	2.00	11	1.88	1919	5.39		6.82
1771	1.62	7	1.91	1920	7.47		7.01
1772	1.55	11	1.89	1921	7.51		
1773	1.36	11	1.89	1922	8.68		
1774	1.63	12	1.88	1923	8.74		
1775	2.05	12	1.86	1924	7.96		
1776	2.09	12	1.84	1925	8.50		
1777	1.87	12	1.82	1926	12.24		
1778	1.75	12	1.81	1927	11.48		

1779	2.33	12	1.79	1928	8.61		
1780	1.87	9	1.78	1929	10.50		
1781	1.68	12	1.76	1930	13.22		
1782	1.98	12	1.74	1931	9.54		
1783	2.05	8	1.72	1932	8.82		
1784	1.77	10	1.70	1933	6.26		
1785	2.09	11	1.68	1934	7.98		
1786	2.63	9	1.67	1935	9.56		

資料來源：Wang, Y. C. (1992), Secular trends of rice prices in the Yangzi Delta, 1638-1935, in T. G. Rawski and L. M. Li ed. Chinese History in Economic Perspective, 35-68, Berkeley: University of California Press.

*號代表無資料，該年米價採線性內差估計。

附錄F　1888-1911年中國金、銀進出口

年	黃金			白銀		
	進口	出口	餘額	進口	出口	餘額
1888			-1673			-1910
1889			-1626			6005
1890		1788	-1783			-3558
1891		3736	-3693			-3132
1892	346	7685	-7339	10326	15710	-5384
1893	461	7921	-7460	19989	10218	9771
1894	39	12812	-12773	36406	10654	25752
1895	305	7182	-6877	46936	11019	35917
1896	768	8883	-8115	17653	15932	1721
1897	1126	9638	-8512	20405	18596	1809
1898	869	8572	-7703	31357	26372	4985
1899	696	8336	-7640	24702	23352	1350
1900	6194	4991	1202	39159	23714	15445
1901	910	7545	-6635	14362	20460	-6098
1902	193	9603	-9410	18437	32282	-13845
1903	4004	3899	105	23001	29047	-6046
1904	9931	1484	8447	23519	37128	-13609
1905	11110	4051	7059	31429	38625	-7196
1906	7007	3166	3841	19333	38011	-18678
1907	8274	5824	2450	7070	38278	-31208
1908	1514	13032	-11518	20117	32384	-12267
1909	1014	7835	-6821	30864	24024	6841
1910	3559	4536	-977	44599	22804	21795
1911	4024	2491	1533	61083	22777	38306
1912	9297	1838	7458	45098	25850	19249
1913	3065	4451	-1386	55711	19743	35968
1914	861	13862	-13001	16499	30122	-13623
1915	819	18211	-17392	20718	39100	-18382
1916	19903	8102	11801	37088	65766	-28678
1917	13872	5025	8847	27507	48490	-20983

1918	1228	2282	-1053	36124	12629	23495
1919	51079	9896	41182	62094	8968	53125
1920	50067	68469	-17502	126354	33715	92639
1921	29499	45960	-16461	89545	57114	32431
1922	9808	5685	4123	75687	36114	39573
1923	10146	15813	-5667	93941	26745	67196
1924	2047	11782	-9735	49529	23527	26002
1925	1845	2883	-1038	73927	11403	62524
1926	1607	9205	-7598	78781	25577	53204
1927	2077	3376	-1299	81889	16805	65084
1928	6329	270	6059	111662	5267	106395
1929	1005	2976	-1971	121430	15604	105826
1930	2575	19110	-16535	102560	35554	67006
1931	10	32120	-32110	75888	30443	45445
1932	161	70335	-70174	62255	69601	-7346
1933	268	69635	-69367	80432	94855	-14423

資料來源：Liang-lin Hsiao (1974), China's Foreign Trade Statistics 1864-1949, Cambridge: Harvard University Press, pp. 126-129. 餘額等於進口減去出口，淨流入為正、淨流出為負。1888-1933 年，白銀淨進口總值達 8.38493 億海關兩；黃金淨出口總值達 2.88737 億海關兩，佔同一時期白銀淨進口總值的 34.4%。單位：千海關兩。

附錄G　1890、1913、1933、1952年中國的GDP

	1890	1913	1933	1952
農、林、漁業	14576	16769	19180	17664
手工業	1646	1932	2220	2330
現代工業	26	156	740	1350
礦業	45	87	230	680
電力	0	5	160	390
營建	364	420	480	960
現代運輸和通訊	84	208	460	880
傳統運輸和通訊	1085	1150	1210	1210
貿易	1747	2257	2820	2950
政府	602	692	850	
金融	64	124	220	3281
個人服務	239	293	350	
住宅服務	805	926	1060	
國內生產毛額	21283	25019	29980	31695

資料來源：OECD Development Center (1998), Chinese Economic Performance in the Long Run, Paris: OECD, Table C.1.附記：上表的單位為1933年當時的百萬元。

　　1933年（民國22年），中國的經濟數據是對日抗戰前，最好和最完整的經濟統計資料。「民國二十年四月，國民政府主計處成立，即致力推動中央及地方各級政府機關應用現代化統計方法，辦理政府決策所需的各種統計。二十四年第一輯中華民國統計提要出刊，始有表示全國國情的統計公開提供各界應用，資料時期為自民國二十年至二十二年，且以二十二年的資料最完整。之後直至二十九年及三十四年才又有第二及第三輯統計提要發

表。」[1]下表1933年的GDP數字，基本上根據Liu, T. C. and K. C. Yeh (1965), The Economy of the Chinese Mainland: National Income and Economic Development 1933-1959, Princeton: Princeton University Press. 的數字稍加修正而來。

---

[1] 韋端，〈我國國民所得統計的創辦及其發展（一）〉，《行政院主計處・主計故事》，http://www.dgbas.gov.tw/ct.asp?xItem=1502&ctNode=99（2007/10/15 查詢）。

附錄H　1807-1902年
北京郊區無技術勞工日薪

年	文	年	文	年	文	年	文
1807	81	1831	92	1855		1879	375
1808	83	1832	89	1856	110	1880	410
1809		1833		1857	105	1881	401
1810		1834		1858	130	1882	
1811		1835	94	1859		1883	387
1812	81	1836	85	1860	255	1884	356
1813	80	1837	96	1861		1885	395
1814		1838	91	1862		1886	402
1815		1839		1863		1887	395
1816	87	1840		1864		1888	361
1817	80	1841	98	1865	265	1889	421
1818	89	1842	100	1866		1890	393
1819	87	1843		1867		1891	390
1820	95	1844		1868		1892	372
1821		1845	86	1869		1893	410
1822	99	1846	96	1870	287	1894	443
1823		1847	87	1871	333	1895	
1824	83	1848	68	1872	355	1896	448
1825	88	1849	80	1873	382	1897	
1826		1850	94	1874	388	1898	
1827	88	1851		1875	389	1899	
1828		1852	93	1876	370	1900	422
1829	95	1853	93	1877	368	1901	462
1830	96	1854	90	1878	348	1902	470

資料來源：Gamble, S. D. (1943), Daily wages of unskilled Chinese laborers 1807-1902, The Far Eastern Quarterly, 3: 1, 41-73.

參考文獻

中文部份

一、論文

王大慶（2000），〈1980 年以來中國古代重農抑商問題研究綜述〉，《中國史研究動態》，3，11-18。

王良行（1994／95），〈清末中英通商的科技轉移效果〉，《興大歷史學報》，4，55-76。

王業鍵（2003），〈中國近代貨幣與銀行的演進〉，《清代經濟史論文集（一）》，161-274，台北：稻鄉。

王業鍵（2003），〈世界各國工業化類型與中國近代工業化的資本問題〉，《清代經濟史論文集（二）》，317-336，台北：稻鄉。

王業鍵（2003），〈明代經濟發展並論資本主義萌芽問題〉，《清代經濟史論文集（一）》，17-34，台北：稻鄉。

王業鍵（2003），〈清代經濟芻議〉，《清代經濟史論文集（一）》，1-16，台北：稻鄉。

王業鍵（1996），〈全漢昇在中國經濟史研究上的重要貢獻〉，《中國經濟史論叢》，1-17，台北：稻禾。

全漢昇（1990），〈近代中國的工業化〉，《中國經濟史研究（二）》，237-245，台北：稻鄉。

全漢昇（1990），〈美洲發現對於中國農業的影響〉，《中國經濟史研究（二）》，225-236，台北：稻鄉。

全漢昇（1990），〈從貨幣制度看中國經濟的發展〉，《中國經濟史研究（二）》，405-429，台北：稻鄉。

全漢昇（1996），〈上海在近代中國工業化中的地位〉，《中國經濟史論叢》，697-733，台北：稻禾。

全漢昇（1996），〈三論明清間美洲白銀的輸入中國〉，《中國近代經濟史論叢》，19-29，台北：稻禾。

全漢昇（1996），〈再論十七八世紀的中荷貿易〉，《中國近代經濟史論叢》，183-216，台北：稻禾。

全漢昇（1996），〈明清間中國絲綢的輸出貿易及其影響〉，《中國近代經濟史論叢》，99-105，台北：稻禾。

全漢昇（1996），〈明清間美洲白銀的輸入中國〉，《中國經濟史論叢》，435-450，台北：稻禾。

全漢昇（1996），〈明清間美洲白銀輸入中國的估計〉，《中國近代經濟史論叢》，31-43，台北：稻禾。

全漢昇（1996），〈美洲白銀與十八世紀中國物價革命的關係〉，《中國經濟史論叢》，475-508，台北：稻禾。

全漢昇（1996），〈美洲白銀與明清間中國海外貿易的關係〉，《中國近代經濟史論叢》，45-66，台北：稻禾。

全漢昇（1996），〈美洲白銀與明清經濟〉，《中國近代經濟史論叢》，67-73，台北：稻禾。

全漢昇（1996），〈書評柏金斯：一三六八至一九六八年中國農業的發展〉，《中國近代經濟史論叢》，501-505，台北：稻禾。

全漢昇（1996），〈清季的貨幣問題及其對於工業化的影響〉，《中國經濟史論叢》，735-744，台北：稻禾。

全漢昇（1996），〈略論新航路發現後的中國海外貿易〉，《中國近代經濟史論叢》，75-90，台北：稻禾。

全漢昇（1996），〈鴉片戰爭前江蘇的棉紡織業〉，《中國經濟史論叢》，625-649，台北：稻禾。

全漢昇（1996），〈鴉片戰爭前的中英茶葉貿易〉，《中國近代經濟史論叢》，217-233，台北：稻禾。

何漢威（1993），〈從銀賤錢荒到銅元氾濫–清末新貨幣的發行及其影響〉，《中央研究院歷史語言研究所集刊》，62：3，389-494。

吳聰敏（2004），〈從平均每人所得的變動看臺灣長期經濟的發展〉，《經濟論文叢刊》，32：3，293-319。

李木妙（1997），〈明清之際中國的海外貿易發展──以馬戛爾尼使華前的中英貿易為案例〉，《新亞學報》，18，99-149。

李伯祥等（1980），〈關於十九世紀三十年代鴉片進口和白銀外流的數量〉，《歷史研究》，5，79-87。

李金明（1995），〈清初遷海時期的海外貿易形式〉，《南洋問題研究》，3，1-8 & 25。

李金明（1995），〈清康熙末年禁止南洋貿易對華僑的影響〉，《南洋問題研究》，4，41-45。

李登峰（2002），〈簡論明清時期廣東對外絲綢貿易〉，《五邑大學學報（社科版）》，4: 1，58-62。

李隆生（2001），〈從永續發展的觀點論我國產業政策應作之調整〉，《台灣經濟金融月刊》，37: 2，82-90。

李隆生（2004），〈海外白銀對明後期中國經濟影響的研究〉，《香港社會科學學報》，28，141-156。

李隆生、鄧嘉宏（2007），〈經濟全球化對高等教育的衝擊與其因應之道〉，《國會月刊》，35: 12，36-55。

汪敬虞（2003），〈「同治銀幣」的歷史意義〉，《中國經濟史研究》，4，3-14。

林仁川（1998），〈清初台灣鄭氏政權與英國東印度公司的貿易〉，《中國社會經濟史研究》，1，8-15 & 38。

林天蔚（1982），〈試論我國的重農抑商時代與重農輕商時代〉，《中國文化復興月刊》，15: 5，27-32。

林滿紅（1989），〈世界經濟與近代中國農業——清人汪輝組一段乾隆糧價記述之解析〉，《近代中國農村經濟史論文集》，291-325，台北：中央研究院近代史研究所。

林滿紅（1990），〈明清的朝代危機與世界經濟蕭條——十九世紀的經驗〉，《新史學》，1: 4，127-147。

林滿紅（1991），〈中國的白銀外流與世界金銀減產（1814-1850）〉，吳劍雄主編《中國海洋發展史論文集》第四輯，1-44，台北：中央研究院人文社會科學研究中心。

林滿紅（1993），〈銀與鴉片的流通及銀貴錢賤現象的區域分布（1808-1854）——世界經濟對近代中國空間方面之一影響〉，《中央研究院近代史研究所集刊》，22（上），89-135。

林滿紅（1994），〈嘉道年間貨幣危機爭議中的社會理論〉，《中央研究院近代史研究所集刊》，23（上），161-203。

林滿紅（1997），〈與岸本教授論清乾隆年間的經濟〉，《中央研究院近代史研究所集刊》，28，235-252。

張廷茂（2003），〈清康雍時期遠東商業優勢的爭奪──論澳門與巴達維亞的貿易關係〉，《江海學刊》，3，158-163。

張海英（1999），〈海外貿易與近代蘇州地區的絲織業〉，《江漢論壇》，3，45-50。

張國輝（1997），〈晚清貨幣制度演變述要〉，《中國社會科學院經濟研究所》，5，14-33。

許華（1998），〈海權與近代中國的歷史命運〉，《福建論壇（文史哲版）》，5，25-28。

陳小錦（2001），〈明清時期澳門在中西貿易中的地位〉，《廣西師院學報（哲社版）》，22：2，114-118。

陳仁義、王業鍵、胡翠華（1999），〈十八世紀蘇州米價的時間序列分析〉，《經濟論文》，27：3，311-334。

陳君靜（2002），〈略論清代前期寧波口岸的中英貿易〉，《寧波大學學報（人文版）》，15：1，83-87。

陳國棟（1982），〈回亂肅清後雲南銅礦經營失敗的原因（1874-1911）〉，《史學評論》，4，73-97。

陳慈玉（1988），〈十八世紀中國雲南的銅生產〉，《國史釋論：陶希聖先生九秩榮慶論文集上冊》，283-299，台北：食貨。

陳新（2002），〈我們為甚麼要敘述歷史〉，《史學理論研究》，3，5-18。

喻常森（2000），〈明清時期中國與西屬菲律賓的貿易〉，《中國社會經濟史研究》，1，43-49。

馮立軍（2000），〈清初遷海與鄭氏勢力控制下的廈門海外貿易〉，《南洋問題研究》，104，85-94。

黃啟臣（2003），〈明中葉至清初的中日私商貿易〉，《文化雜誌》，49（冬），69-88。

黃鴻釗（1999），〈明清時期澳門海外貿易的興衰〉，《江海學刊》，6，118-132。

楊艾俐（2007），〈全世界資源荒──中美俄日出招搶能源〉，《天下雜誌》，382，44-46。

劉光欽（2003），〈晚清時期的對外經濟貿易〉，《南通師範學院學報（哲社版）》，19: 4，89-93。

劉序楓（1999），〈明末清初的中日貿易與日本華僑社會〉，《人文及社會科學集刊》，11: 3，435-473。

劉序楓（1999），〈財稅與貿易：日本「鎖國」期間中日商品之展開〉，《財政與近代歷史論文集》，275-318，台北：中央研究院近代史研究所。

劉序楓（1999），〈論清代的中日貿易與貿易結帳方式〉，《淡江史學》，10，185-202。

鄭友揆（1986），〈十九世紀後期銀價、錢價的變動與我國物價及對外貿易的關係〉，《中國經濟史研究》，2，1-27。

錢江（1986），〈1570-1760 年中國和呂宋貿易的發展及貿易額的估算〉，《中國社會經濟史研究》，3，69-78 & 117。

鮑靜靜（1999），〈對外貿易與晚清上海外國銀行的興起〉，《歷史教學問題》，2，31-33。

戴一峰（1995），〈赫德與澳門〉，《中國經濟史研究》，3，83-90。

韓昇（1996），〈清初福建與日本的貿易〉，《中國社會經濟史研究》，2，59-64。

聶德寧（1994），〈明末清初的海外貿易〉，《廈門大學學報（哲社版）》，3，64-70。

魏寬永（1999），〈林則徐首倡仿西法鑄銀幣〉，《西安政治學院學報》，12: 6，92-94。

蘇全有（2000），〈近代中國生絲出口緣何落敗於日本〉，《北京商學院學報（社會科學版）》，15: 6，60-64。

二、專書

尤義賓（2006），《世界通史》，台北：漢宇國際文化。

王曉秋、尚小明（1998），《戊戌維新與清末新政——晚清改革史研究》，北京：北京大學。

行政院經濟建設委員會經濟研究處（1988），《日本對外貿易》，台北：行政院經濟建設委員會。

余文堂（1995），《中德早期貿易關係》，台北：稻禾。

余捷瓊（1940），《1700-1937 年中國銀貨輸出入的一個估計》，長沙：商務。

吳承明（1996），《市場、近代化、經濟史論》，昆明：雲南大學。

吳思（2002），《潛規則：中國歷史上的進退遊戲》，台北：究竟。

宋鴻兵（2008），《貨幣戰爭──誰掌握了貨幣，誰就能主宰這個世界》，台北：遠流。

李伯重（2002）：《發展與制約》，台北：聯經。

李伯重（2003），《多視角看江南經濟史（1250-1580）》，北京：三聯。

李隆生（2005），《晚明海外貿易數量研究──兼論江南絲綢產業與白銀流入的影響》，台北：秀威。

李慶新（2004），《明代海洋貿易制度研究》，天津：南開大學歷史學研究所博士論文。

汪敬虞（1983），《十九世紀西方資本主義對中國的經濟侵略》，北京：人民。

周澤喜、胡金根（1992），《中國工業化進程中的對外貿易》，北京：中國物價。

林仁川（1987），《明末清初私人海上貿易》，上海：華東師範大學。

茅海建（1995），《天朝的崩潰──鴉片戰爭再研究》，北京：三聯。

唐力行（1997），《商人與中國近世社會》，台北：台灣商務。

唐晉（2006），《大國崛起》，北京：人民。

唐德剛（1999），《晚清七十年》，長沙：岳麓書社。

孫鐵（2006），《影響世界歷史的重大事件》，台北：大地。

張研（2002），《清代經濟簡史》，台北：雲龍。

張家驤（1973），《中華幣制史》，台北：鼎文。（據 1925 年排印本影印）

張廣智、陳新（2000），《西方史學史》，上海：復旦大學。

張曉寧（1999），《天子南庫──清前期廣州制度下的中西貿易》，江西：江西高校。

曹永和（2000），《台灣早期歷史研究續集》，台北：聯經。

曹樹基（2001），《中國人口史──第五卷清時期》，上海：復旦大學。

許滌新、吳承明（1993），《中國資本主義發展史》第三卷，北京：人民。

陳准（1993），《工業化——中國面臨的挑戰》，北京：中國人民大學。

陳國棟（2005），《東亞海域一千年》，台北：遠流。

陳耀權（1997），《清代前期中英貿易關係研究》，香港：新亞研究所
　　碩士論文。

彭信威（1965），《中國貨幣史》，上海：上海人民。

費正清（1994）：《費正清論中國》，台北：正中。

黃仁宇（1993）：《中國大歷史》，台北：聯經。

黃仁宇（1995），《近代中國的出路》，台北：聯經。

黃亨俊（2001），《清代官銀錢號發行史》，台北：國立歷史博物館。

黃宗智（2000），《長江三角洲小農家庭與鄉村發展》，北京：中華。

劉詩平（2007），《金融帝國——匯豐》，香港：三聯。

蔣廷黻（1982），《中國近代史研究》，台北：里仁。

鄭友揆（1984），《中國的對外貿易和工業發展（1840-1948 年）》，上
　　海：上海社科院。

蕭清（1992），《中國古代貨幣思想史》，台北：台灣商務。

閻崇年（2005），《正說清朝十二帝》，台北，聯經。

戴逸（1999），《18 世紀的中國與世界》，瀋陽，遼海。

嚴中平（1955），《中國近代經濟史統計資料選輯》，北京：科學。

嚴中平（1961），《清代雲南銅政考》，台北：文海。

三、翻譯

Braudel, F. ／顧良、施康強譯（1982），《15 至 18 世紀的物質文明、經
　　濟和資本主義》第三卷，北京：三聯。

Feuerwerker, A. ／林載爵譯（1978），《中國近百年經濟史》，台北：
　　華世。

Frank, A. G. ／劉北成譯（2001），《白銀資本——重視經濟全球化中的
　　東方》，北京：中央編譯。

Greenspan, A. ／林茂昌譯（2007），《我們的新世界》，台北：大塊文化。

Morse, H. B. ／張匯文等譯（2000），《中華帝國對外關係史》第一卷，
　　上海：上海書店。

Pagden, A. ／徐鵬博譯（2004），《西方帝國簡史——遷移、探索與征服的三部曲》，台北：左岸文化。

Pomeranz, K. and S. Topik ／黃中憲譯（2007），《貿易打造的世界——社會、文化、世界經濟，從 1400 年到現在》，台北：如果。

Roberts A. ／黃煜文譯（2006），《假如日本不曾偷襲珍珠港——史上12 起關鍵事件的另一種插曲》，台北：麥田。

Twitchett, D. and J. K. Fairbank 主編／張玉法譯、李國祈總校訂（1987），《劍橋中國史－晚清篇（下）1800-1911》，台北：南天。

Twitchett, D. and J. K. Fairbank／張玉法譯（1987），《劍橋中國史——晚清篇（上）1800-1911》，台北：南天。

Wakeman, F. ／王小荷譯（2004），《大門口的陌生人——1839~1861 華南的社會動亂》，台北：時英。

珀金斯 ／宋海文等譯（1984），《中國農業的發展（1368-1968年）》，上海：上海譯文。

倪來恩、夏維中（1990），〈外國白銀與明帝國崩潰〉，《中國社會經濟史研究》，3，46-56。

羅德里克・帕拉克 ／Roderich Ptak（1994），〈中國人、葡國人和荷蘭人在中國與東南亞之間的茶葉貿易〉，《文化雜誌》，18，9-22。

外文部份

一、論文

Allen, R. C. et al. (2007), Wages, prices, and living standards in China, Japan, and Europe 1738-1925, Economics Series Working Papers, 316, Department of Economics, University of Oxford.

Attman, A. (1986), Precious metal and balance of payments in international trade 1500-1800, in W. Fischer et al. ed. The Emergence of a World Economy 1500-1914, 113-122, Berne: International Economic History Association.

Atwell, W. S. (1982), International bullion flows and the Chinese economy circa 1530-1650, Past and Present, 95, 68-90.

Atwell, W. S. (1997), A seventeenth-century "general crisis" in East Asia?, in G. Parker and L. M. Smith ed. The General Crisis of the Seventeenth Century, 235-254, New York: Routledge.

Atwell, W. S. (1998), Ming China and the emerging word economy, c. 1470-1650, in D. Twitchett and F. W. Mote ed. The Cambridge History of China (Vol. 8) – The Ming Dynasty 1368-1644 (Part 2), 376-416, Cambridge: Cambridge University Press.

Bjork, K. (1998), The link that kept the Philippines Spanish: Mexican merchant interests and the Manila trade 1571-1815, Journal of World History, 9: 1, 25-50.

Chen, C. N. ／陳昭南 (1975), Flexible bimetallic exchange rates in China 1650-1850—A historical example of optimum currency areas, Journal of Money, Credit and Banking, 7: 3, 359-376.

Fairbank, J. K. and S. Y. Teng (1941), On the Ch'ing Tributary System, Harvard Journal of Asiatic Studies, 6: 2, 135-246.

Feuerwerker, A. (1970), Handicraft and manufactured cotton textiles in China 1871-1910, Journal of Economic History, 30: 2, 304-341.

Feuerwerker, A. (1984), The state and the economy in late imperial China, Theory and Society,13: 3, 297-326.

Feuerwerker, A. (1992), Presidential address, The Journal of Asian Studies, 51: 4, 757-769.

Flynn, D. O. and A. Giráldez (2002), Cycles of silver: Global economic unity through the mid-eighteenth century, Journal of World Economy, 13: 2, 391-427.

Foreman-Peck, J. and R. Michie (1986), The performance of the nineteenth century international gold standard, in W. Fischer et al. ed. The Emergence of a World Economy 1500-1914, 383–412, Berne: International Economic History Association.

Gaastra, F. S. (1983), The export of precious metal from Europe to Asia by the Dutch East India Company 1602-1795, in J. F. Richards ed. Precious Metals in the Later Medieval and Early Modern Worlds, 447-476, Durham: Carolina Academic Press.

Gamble, S. D. (1943), Daily wages of unskilled Chinese laborers 1807-1902, The Far Eastern Quarterly, 3: 1, 41-73.

Harley, C. K. (1986), Late nineteenth century transportation, trade and settlement, in W. Fischer et al. ed. The Emergence of a World Economy 1500-1914, 593-617, Berne: International Economic History Association.

Jonathan, S. (1975), Opium smoking in Ch'ing China, in F. Wakeman, Jr. and C. Grant eds. Conflict and Control in Late Imperial China, 143-173, Berkeley: University of California Press.

Latham, A. J. H. (1986), The international trade in rice and wheat since 1868; A study in market integration, in W. Fischer et al. ed. The Emergence of a World Economy 1500-1914, 645-663, Berne: International Economic History Association.

Liu, T. J. ／劉大中 and J. C. H. Fei (1977), An analysis of the land tax burden in China 1650-1865, The Journal of Economic History, 37: 2, 359-381.

Ma, D. (1996), The modern silk road: The global raw-silk market 1850-1930, The Journal of Economic History, 56: 2, 330-355.

Maddison, A. (1983), A comparison of levels of GDP per capita in developed and developing countries 1700-1980, The Journal of Economic History, 43: 1, 27-41.

Remer, C. F. (1926), International trade between gold and silver countries: China, 1885-1913, The Quarterly Journal of Economics, 40: 4, 597-643.

Schön, L. (1986), Market development and structural change in the mid-nineteenth century – with special reference to Sweden, in W. Fischer et al. ed. The Emergence of a World Economy 1500-1914, 413-427, Berne: International Economic History Association.

Sugihara, K. (1986), Patterns of Asia's integration into the world economy 1880-1913, in W. Fischer et al. ed. The Emergence of a World Economy 1500-1914, 709-728, Berne: International Economic History Association.

Tomlinson, B. R. (1986), Exchange depreciation and economic development: India and the silver standard 1872-1893, in W. Fischer et al. ed. The Emergence of a World Economy 1500-1914, 413-427, Berne: International Economic History Association.

Twigger, R. (1999), Inflation: the value of the pound 1750-1998, House of Commons Library, research paper 99／20.

von Glahn, R. (1996), Myth and reality of China's seventeenth-century monetary crisis, The Journal of Economic History 56: 2, 429-454.

von Glahn, R. (2007), Foreign silver coins in the the market culture of nineteenth century China, The International Journal of Asian Studies, 4, 51-78.

Wang, Y. C.／王業鍵 (1972), The secular trend of prices during the Ch'ing period (1644-1911),《中國文化研究所學報》，5: 2, 347-371.

Wang, Y. C.／王業鍵 (1992), Secular trends of rice prices in the Yangzi Delta, 1638-1935, in T. G. Rawski and L. M. Li ed. Chinese History in Economic Perspective, 35-68, Berkeley: University of California Press.

Wills, J. E. Jr. (1998), Relations with maritime Europeans 1514-1662, in D. Twitchett and F. W. Mote ed. The Cambridge History of China (Vol. 8) – The Ming Dynasty 1368-1644 (Part 2), 333-375, Cambridge: Cambridge University Press.

二、專書

Boxer, C. R. (1990), The Dutch Seaborne Empire 1600-1800, Harmondswoth: Penguin.

Chang, C. L.／張仲禮 (1962), The Income of the Chinese Gentry, Seattle: University of Washington Press.

Chaunu, P. (1960), Les Philippines et le Pacifique des Iberiques, Paris: S.E.V.P.E.N.

Curtin, P. D. (1984), Cross-Cultural Trade in World History, Cambridge: Cambridge University Press.

Dhaudhure, K. N. (1978), The Trading World of Asia and the English East India Company 1660-1760, Cambridge: Cambridge University Press.

Felderer, B. and S. Homburg (1987), Macroeconomics and New Macroeconomics, Berlin: Springer-Verlag.

Glamann, K. (1958), Dutch-Asiatic Trade 1620-1740, Hague: Martinus Nijhoff.

Greenberg, M. (1951), British Trade and the Opening of China 1800-1842, Cambridge: Cambridge University Press.

Ho, P. T. ／何炳棣(1959), Studies on the Population of China 1368-1953, Cambridge: Harvard University Press

Hsiao, L. L. ／蕭亮林 (1974), China's Foreign Trade Statistics 1864-1949, Cambridge: Harvard University Press.

Jörg, C. J. A. (1982), Porcelain and the Dutch China Trade, The Hague: M. Nijhoff.

Lin, M. H. ／林滿紅 (2006), China Upside Down: Currency, Society, and Ideologies, 1808-1856, Cambridge: Harvard University Press.

Liu, T. C. and K. C. Yeh ／劉大中和葉孔嘉 (1965), The Economy of the Chinese Mainland, Princeton: Princeton University Press.

Maddison, A. (1995), Monitoring the World Economy, 1820-1992. Paris: OECD.

Morse, H. B. (1921), Trade and Administration of China, Shanghai: Kelly and Walsh.

Morse, H. B. (1966), The Chronicles of the East India Company Trading to China 1635-1834, Taipei: Ch'eng-Wen Publishing Co.

OECD Development Center (1998), Chinese Economic Performance in the Long Run, Paris: OECD.

Pomeranz, K. (2000), The Great Divergence, Princeton: Princeton University Press.

Pritchard, E. H. (1970), The Crucial Years of Early Anglo-Chinese Relations 1750-1800, New York: Octagon Books.

Remer, C. F. (1967), The Foreign Trade of China, Taipei: Ch'eng-Wen Publishing Co.

Vilar P. (1991), A History of Gold and Money 1450 to 1920, London: Verso.

Zhuang, G. ／莊國土 (1993), Tea, Silver, Opium and War: The International Tea Trade and Western Commercial Expansion into China in 1740-1840, Xiamen: Ximen University Press.

永積洋子（1987），《唐船輸出入品數量一覽 1637~1833 年》，東京：創文社。

松浦章（2002），《清代海外貿易史の研究》，京都：朋友書店。

南亮進（2002），《日本の經濟發展》，東京：東洋經濟新報社。

網路資料

〈〔晚清變局叢談〕「北洋系」是怎樣興起的〉，《中國網》，http://big5.china.com.cn/international/txt/2007-06/29/content_8457514.htm（2007/10/08 查詢）。

〈中國第一鈔──中國通商銀行五十兩流通正票〉，《新華網》，http://news.xinhuanet.com/collection/2004-05/11/content_1461872.htm（2007/11/04 查詢）。

〈日本茶葉歷史〉，《中國茶藝師培訓網》，http://www.cys.zj001.net/show_hdr.php?xname=09CEF01&dname=V1B6P01&xpos=8（2007.09.07 查詢）。

〈世界上最早的火車出現在哪裡？什麼時候？〉，《中國雅虎‧知識堂》，http://ks.cn.yahoo.com/question/1406062801854.html（2007/10/13 查詢）。

〈林則徐〉，《維基百科》，http://zh.wikipedia.org/wiki/%E6%9E%97%E5%88%99%E5%BE%90#.E6.8E.88.E5.91.BD.E7.A6.81.E7.85.99（2007/10/07 查詢）。

〈南京條約〉，《百度百科》，http://baike.baidu.com/view/18410.htm（2007/10/08 查詢）。

〈為甚麼工業革命發生在英國〉，《百度知道》，http://zhidao.baidu.com/question/1430206.html（2007/10/13 查詢）。

〈美國旗昌輪船公司成立〉，《中華博物》，http://www.gg-art.com/history/hcontent_b.php?year=1862（2006/10/23 查詢）。

〈海國圖志〉，《維基百科》，http://zh.wikipedia.org/w/index.php?title=%E6%B5%B7%E5%9C%8B%E5%9C%96%E5%BF%97&variant=zh-tw（2007/10/07 查詢）。

〈國富論〉，《維基百科》，http://zh.wikipedia.org/wiki/%E5%9C%8B%E5%AF%8C%E8%AB%96（2007/10/07 查詢）。

〈湖北煉鐵廠（漢冶萍公司）：亞洲最大鋼鐵聯合企業〉，《新浪網》，http://news.sina.com.cn/c/2004-12-21/19025289288.shtml（2006/10/22 查詢）。

〈嗚喂──船塢往事〉，《黃埔信息網》，http://big5.hp.gov.cn/mtbd/t2 0061008_36349.htm（2006/10/22 查詢）。

〈電報〉，《維基百科》，http://zh.wikipedia.org/wiki/%E7%94%B5%E6 %8A%A5（2007/11/04 查詢）。

〈關平兩〉，《維基百科》，http://zh.wikipedia.org/wiki/%E5%85%B3% E5%B9%B3%E4%B8%A4（2006/11/05 查詢）。

about the film, An Inconvenient Truth, http://www.climatecrisis.net/aboutthe film/（2007/10/18 查詢）。

Audrey Ronning Topping, History paints a scandalous portrait of Britain, http://bbs.chinadaily.com.cn/viewthread.php?gid=2&tid=555475&extra= page%3D1&page=8（2007/10/07 查詢）。

Commissioner Lin: Letter to Queen Victoria 1939, Internet Modern History Sourcebook, http://www.fordham.edu/halsall/mod/1839lin2.html（2007/10/07 查詢）。

John Tepaske, Economic history of Latin America, United States and New World, 1500-1800, Economic History Data Desk, http://www.historyd atadesk.com（2007/09/22 查詢）。

Pound sterling, Wikipedia encyclopedia, http://en.wikipedia.org/wiki/Pound_ sterling（2006/07/13 查詢）。

Why the silver price is set to soar, http://www.gold.ie/Articles_of_Interest/AO I_08- 05-07_Why_the_Silver_Price_Is_Set_to_Soar.htm（2007/10/20 查詢）。

申學鋒（2006），〈清代財政收入規模與結構變化述論〉，http://www. 66wen.com/07lsx/lishixue/lishixue/20061119/31664.html（2007/10/06 查詢）。

朱伯康，〈中國近代稅制〉，《中國大百科智慧藏》，http://134.208. 10.81/cpedia/Content.asp?ID=7339（2006/10/29 查詢）。

約翰·K.張，《共產黨統治中國的工業發展：計量分析》，頁 60—61，http://hist.cersp.com/book/200701/5084_3.html（2007/10/15 查詢）。

韋端，〈我國國民所得統計的創辦及其發展(一)〉，《行政院主計處‧主計故事》，http://www.dgbas.gov.tw/ct.asp?xItem=1502&ctNode=99（2007/10/15 查詢）。

馬維良（2004），〈清代雲南回族的礦冶業〉，http://www.wehome.org/show.aspx?id=286&cid=41（2007/10/01 查詢）。

陳爭平（2007），〈19 世紀中國海關關稅制度的演變〉，《國學網》，http://economy.guoxue.com/article.php/13268（2007/09/24 查詢）。

劉大中和葉孔嘉，《中國大陸經濟》，頁 142-143 & 512-513，http://hist.cersp.com/book/200701/5084_3.html（2007/10/15 查詢）。

潘維（2007），〈對新興國家不公平的自由貿易〉，http://www.sis.pku.edu.cn/pub/panwei/DocumentView.aspx?Id=6089（2007/10/07 查詢）。

羅偉國（2004），〈《清季的洋務新政》出版〉，《古籍整理》，400，http://www.guoxue.com/gjzl/gj400/gj400_08.htm（2007/10/22 查詢）。

國家圖書館出版品預行編目

清代的國際貿易：白銀流入、貨幣危機和晚清
工業化 / 李隆生著.-- 一版. -- 臺北市：
秀威資訊科技, 2010.01
　　面； 公分. -- (史地傳記類；AC0013)
BOD 版
參考書目：面
ISBN 978-986-221-352-0(平裝)

1. 國際貿易史 2. 貨幣史 3. 晚清史

558.09207　　　　　　　　　　　　　98021601

史地傳記類　AC0013

清代的國際貿易
——白銀流入、貨幣危機和晚清工業化

作　　者 / 李隆生
發 行 人 / 宋政坤
執行編輯 / 藍志成
圖文排版 / 蘇書蓉
封面設計 / 陳佩蓉
數位轉譯 / 徐真玉　沈裕閔
圖書銷售 / 林怡君
法律顧問 / 毛國樑　律師
出版印製 / 秀威資訊科技股份有限公司
　　　　　台北市內湖區瑞光路 583 巷 25 號 1 樓
　　　　　電話：02-2657-9211　傳真：02-2657-9106
　　　　　E-mail：service@showwe.com.tw
經 銷 商 / 紅螞蟻圖書有限公司
　　　　　台北市內湖區舊宗路二段 121 巷 28、32 號 4 樓
　　　　　電話：02-2795-3656　傳真：02-2795-4100
　　　　　http://www.e-redant.com

2010 年 1 月 BOD 一版
定價：380 元

讀　者　回　函　卡

感謝您購買本書，為提升服務品質，煩請填寫以下問卷，收到您的寶貴意見後，我們會仔細收藏記錄並回贈紀念品，謝謝！

1.您購買的書名：＿＿＿＿＿＿＿＿＿＿＿＿＿＿＿＿＿

2.您從何得知本書的消息？

　　□網路書店　　□部落格　　□資料庫搜尋　　□書訊　　□電子報　　□書店

　　□平面媒體　　□ 朋友推薦　　□網站推薦　□其他＿＿＿＿＿＿

3.您對本書的評價：(請填代號　1.非常滿意 2.滿意 3.尚可 4.再改進)

　　封面設計＿＿　　版面編排＿＿　　內容＿＿　　文/譯筆＿＿　　價格＿＿

4.讀完書後您覺得：

　　□很有收獲　　□有收獲　　□收獲不多　　□沒收獲

5.您會推薦本書給朋友嗎？

　　□會　□不會，為什麼？＿＿＿＿＿＿＿＿＿＿＿＿＿＿＿＿＿

6.其他寶貴的意見：＿＿＿＿＿＿＿＿＿＿＿＿＿＿＿＿＿

＿＿＿＿＿＿＿＿＿＿＿＿＿＿＿＿＿＿＿＿＿＿＿＿＿＿＿

＿＿＿＿＿＿＿＿＿＿＿＿＿＿＿＿＿＿＿＿＿＿＿＿＿＿＿

＿＿＿＿＿＿＿＿＿＿＿＿＿＿＿＿＿＿＿＿＿＿＿＿＿＿＿

讀者基本資料

姓名：＿＿＿＿＿＿＿＿＿　年齡：＿＿＿　性別：□女 □男

聯絡電話：＿＿＿＿＿＿＿　E-mail：＿＿＿＿＿＿＿＿＿

地址：＿＿＿＿＿＿＿＿＿＿＿＿＿＿＿＿＿＿＿＿＿＿＿＿

學歷：□高中(含)以下　　□高中　　□專科學校　　□大學

　　　□研究所(含)以上　□其他＿＿＿＿＿＿＿

職業：□製造業 □金融業 □資訊業 □軍警 □傳播業 □自由業

　　　□服務業 □公務員 □教職　　□學生 □其他＿＿＿＿＿

秀威與 BOD

BOD（Books On Demand）是數位出版的大趨勢，秀威資訊率先運用 POD 數位印刷設備來生產書籍，並提供作者全程數位出版服務，致使書籍產銷零庫存，知識傳承不絕版，目前已開闢以下書系：

一、BOD 學術著作—專業論述的閱讀延伸
二、BOD 個人著作—分享生命的心路歷程
三、BOD 旅遊著作—個人深度旅遊文學創作
四、BOD 大陸學者—大陸專業學者學術出版
五、POD 獨家經銷—數位產製的代發行書籍

BOD 秀威網路書店：www.showwe.com.tw
政府出版品網路書店：www.govbooks.com.tw

　　永不絕版的故事・自己寫・永不休止的音符・自己唱